EL PODER DE LA PREDICACIÓN Y LA ENSEÑANZA

MULTI SEN SO RIAL

EL PODER DE
LA PREDICACIÓN
Y LA ENSEÑANZA
MULTI SEN SO RIAL

RICK BLACKWOOD

AUMENTE
LA ATENCIÓN,
LA COMPRESIÓN
Y LA RETENCIÓN

La misión de Editorial Vida es ser la compañía líder en comunicación cristiana que satisfaga las necesidades de las personas, con recursos cuyo contenido glorifique al Señor Jesucristo y promueva principios bíblicos.

EL PODER DE LA PREDICACIÓN Y LA ENSEÑANZA MULTISENSORIAL
Edición en español publicada por
Editorial Vida – 2011
Miami, Florida

©2011 by Rick Blackwood

Originally published in the USA under the title:
The Power of Multisensory Preaching and Teaching
©2008 by Rick Blackwood
Published by permission of Zondervan, Grand Rapids, Michigan 49530
All rights reserved.
Further reproduction or distribution is prohibited.

Traducción: *José Ruíz*
Edición: *Rojas & Rojas Editores, Inc.*
Diseño interior: *Cathy Spee*

RESERVADOS TODOS LOS DERECHOS. A MENOS QUE SE INDIQUE LO CONTRARIO, EL TEXTO BÍBLICO SE TOMÓ DE LA SANTA BIBLIA NUEVA VERSIÓN INTERNACIONAL.
© 1999 POR BÍBLICA INTERNACIONAL.

ISBN: 978-0-8297-5725-5

CATEGORÍA: Ministerio cristiano / Predicación

IMPRESO EN ESTADOS UNIDOS DE AMÉRICA
PRINTED IN THE UNITED STATES OF AMERICA

11 12 13 ❖ 6 5 4 3 2 1

A MI ESPOSA RHONDA

Rhonda, te dedico este libro, aunque con una página no tengo ni para empezar para poder decirte «gracias». Me gustaría poder escribir un libro entero para decirle al mundo las razones por las que mi vida es más feliz, más placentera, más realizada, y un millón de veces más divertida por ti. Utilizando las palabras de Stevie Wonder, «eres el sol de mi vida».

Nunca olvidaré la primera vez que te miré. En ese momento pensé: «¡Nunca he visto a una chica tan guapa!». Me dejaste sin respiración, y sigues haciéndolo todavía. Nunca pensé que quisieses salir con un tipo como yo, y muchos menos casarte conmigo. ¡Pero lo hiciste! «¡Tuvo que ser una obra de Dios!».

La trayectoria de nuestras vidas ha sido absolutamente apasionante. Desde nuestros días de novios, a nuestros días en la universidad, a nuestro primer y segundo hijo, a las iglesias que Dios nos ha permitido servir, a nuestro recién nieto, todo ha sido asombroso.

Gracias por ser el constante aliento en mi vida. Hay cosas que nunca hubiese podido hacer ni lograr sin ti a mi lado. Este libro es desde luego un buen ejemplo.

Espero haber aportado a tu vida algo del gozo que tú has aportado a la mía. Me parece apropiado dedicar un libro acerca de la comunicación fenomenal a una esposa que personifica la palabra «fenomenal».

CONTENIDO

RECONOCIMIENTOS..9

PRIMERA PARTE

PRESENTACIÓN DEL EFECTO MULTISENSORIAL........................11

Capítulo 1

Bienvenido a la revolución multisensorial............................13

Capítulo 2

Elevar: De buena comunicación a comunicación fenomenal..........23

Capítulo 3

Previsión: Resultados dramáticos..43

Capítulo 4

Testigo presencial: La prueba neurológica............................64

Capítulo 5

Adoptar: La ratificación teológica.......................................78

Capítulo 6
Experiencia: El poder de la exposición bíblica
y la comunicación multisensorial..88

SEGUNDA PARTE

PREPARACIÓN DE UN MENSAJE MULTISENSORIAL......................95

Capítulo 7

Preparación: Prepárese para hacer
viajes multisensoriales..97

Capítulo 8
Proceso: Diseño de viajes multisensoriales..........................113

Capítulo 9

Procedimientos: Uso eficaz de los
componentes multisensoriales..134

TERCERA PARTE

CÓMO PREDICAR UN MENSAJE MULTISENSORIAL.....................153

Capítulo 10
Atención: Asegúrese de recibirlo..155

Capítulo 11
Comprensión: Asegúrese de que lo entiendes...................172

Capítulo 12
Retención: Asegúrese de que nunca se les olvide.............190

EPÍLOGO 204

APÉNDICE A: DISEÑO Y METODOLOGÍA DE INVESTIGACIÓN.......................207

APÉNDICE B: USO DE MATERIAL GRÁFICO EN LA SERIE DE SERMONES..........213

NOTAS...218

CRÉDITOS FOTOGRÁFICOS...224

RECONOCIMIENTOS

Dios ha bendecido mi ministerio rodeándome de gente capaz de superar mis incapacidades. Ese ha sido el caso de Christ Fellowship, y fue el caso en la producción de este libro. *El poder de la predicación y la enseñanza multisensorial* es el producto de muchas mentes, y los siguientes reconocimientos no son simples gracias obligatorias. Son una sincera expresión de gratitud hacia todos los participantes.

Christ Fellowship, quiero empezar con ustedes. Ustedes son el gozo y regocijo de mi corazón ante el Señor. La investigación realizada en este libro fue posible porque Dios ha tejido un maravilloso tapete en sus vidas. Los quiero a todos con todo mi corazón.

Brad Waggoner del Seminario Teológico Bautista del Sur (Southern Baptist Theological Seminary), muchas gracias por dirigirme en la investigación y composición de mi disertación. Sin su paciencia y orientación nunca podría haberlo logrado.

Michael Anthony del Colegio Teológico de Talbot (Talbot School of Theology), le agradezco por guiarme en el diseño de la investigación de esta obra. Sus instrucciones las guardé al dorso de una servilleta en el Seminario del Sur (Southern Seminary), pero a menudo las consulté como una luz guiadora.

Equipo de investigación, les doy las gracias por el esmerado trabajo que hicieron durante la fase de investigación de este proyecto. Paulette Johnson y Debbie Sutton, gracias por su experiencia estadística.

Eric Geiger, gracias por aportar una cultura de excelencia a Christ Fellowship. Ha sido una gran contribución a la vida de nuestra iglesia.

Todo el personal de Christ Fellowship, les agradezco que hayan hecho de Christ Fellowship un lugar maravilloso para trabajar y servir. ¡Los quiero a todos!

El Equipo de Diseño y el Equipo de Adoración de Christ Fellowship, les doy gracias por crear mis sermones en formato multisensorial. Su creatividad y talentos siguen asombrándome semana tras semana. Gracias a Alex Fagundo por tomar fotografías de tan buena calidad para esta obra.

Paul Engle, gracias por ser mi editor y creer en mí a lo largo de este proceso. Su sabiduría y aliento me han ayudado en cada paso de esta trayectoria. Por último, gracias a Zondervan por brindarme esta oportunidad.

PRIMERA PARTE

PRESENTACIÓN DEL EFECTO MULTISENSORIAL

El alimento sólido es para los que han alcanzado madurez, para los que por el uso tienen los sentidos ejercitados en el discernimiento del bien y del mal.

HEBREOS 5:14, Reina-Valera 1995

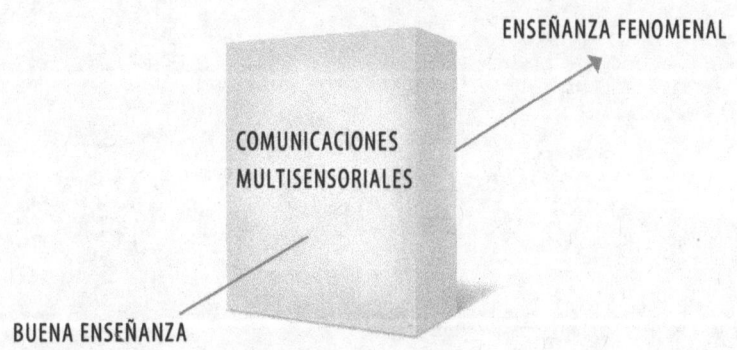

En su monumental obra, *De buena a grandiosa*, Jim Collins dice: «Lo bueno es el enemigo de lo fabuloso. Y esa es una de las principales razones por las que tenemos tan poco de lo que llega a ser fabuloso»[1]. Collins escribe esa declaración en el contexto de organizaciones comerciales, pero la misma realidad puede ser aplicada a la enseñanza. El enemigo de la enseñanza *fabulosa* es la *buena* enseñanza.

Muchos pastores y educadores cristianos se conforman con la buena enseñanza cuando fácilmente podrían progresar a la enseñanza fabulosa, y en efecto a una enseñanza fenomenal. La meta de esta obra es mostrarle una estrategia de comunicación que puede ayudarle a dar ese paso.

CAPÍTULO 1

BIENVENIDO
A LA REVOLUCIÓN MULTISENSORIAL

Equipado con cinco sentidos, el hombre explora el universo a su alrededor y llama la aventura ciencia.

EDWIN HUBBLE

¿Se considera usted un *buen* comunicador o un comunicador *fabuloso*? Si se considera un buen comunicador, ¿quiere progresar a ser un comunicador fabuloso? Y si ya es un comunicador *fabuloso*, ¿le gustaría subir el listón a *fenomenal*? ¡Sí que puede! ¡Y relájese, no le va a complicar la vida!

Imagínese enseñar la Biblia con tal poder de captación que la gente «esté al filo de sus asientos» llena de interés. Imagínese ser tan comprensible que la gente que normalmente «no entiende» de hecho «entienda» cuando usted enseñe. Imagínese ser tan gráfico y tan explícito en sus explicaciones de contenido bíblico que la gente lo encuentre inolvidable. Cautivador, comprensible e inolvidable. ¿Se imagina el efecto?

¡Se imagina usted el efecto que tendría sobre su iglesia! Su audiencia comprendería el texto que enseña, captaría la visión que proyecta, y serían «hacedores de la Palabra» en lugar de oidores solamente. Tal es el efecto de la *comunicación multisensorial*; bienvenido a la revolución.

Es curioso que muchos pastores-maestros ya utilizan este método de enseñanza, ¡y lo utilizan porque tiene efectos poderosos! Se llama multisensorial porque conecta a *múltiples sentidos*. A diferencia de la predicación, que estimula solo el sentido del oído, la comunicación multisensorial estimula múltiples sentidos, es decir, los sentidos del oído, la vista, el tacto, y en ocasiones incluso el olfato y el gusto.

En lugar de ocupar solo los oídos de su congregación, la comunicación multisensorial le permite ocupar sus oídos, ojos y manos, e incluye a la persona de una forma más integral en el proceso de aprendizaje.

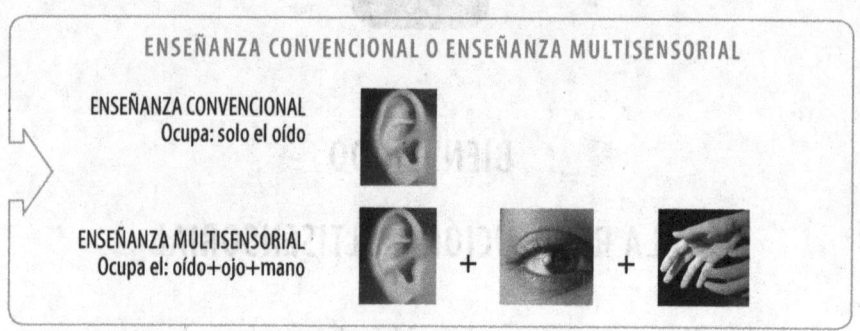

CARACTERÍSTICAS IDENTIFICABLES

Las características identificables de la predicación multisensorial son el uso de objetos, ejemplos prácticos, herramientas interactivas, vídeo clips, drama, arte, música, trasfondos temáticos, comida, agua, aromas, y otros elementos creativos que estimulan la percepción sensorial. Un creciente número de pastores-educadores están haciendo uso de la comunicación multisensorial para aumentar el impacto de su enseñanza, y lo están haciendo sin comprometer la integridad de la enseñanza bíblica.

SENSIBLE A LOS SENTIDOS

En pocas palabras, el maestro multisensorial reconoce los sentidos como *receptores de la información*. Es decir, los sentidos actúan como antenas, las cuales reciben información y proceden a trasmitirla al cerebro para procesamiento, aprendizaje y actuación.

Con esa realidad neurológica establecida, el maestro multisensorial dirige su enseñanza a tantos de esos receptores como le sea posible, sabiendo que cuantos más sentidos estimule durante la enseñanza, mayores serán los niveles de aprendizaje en la audiencia.

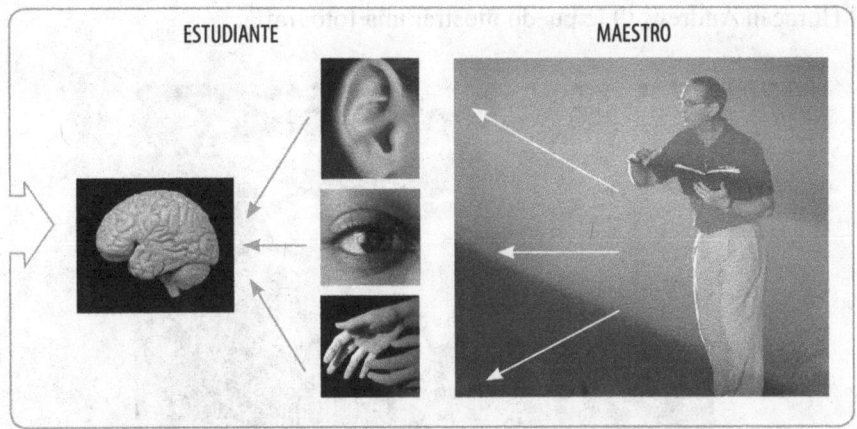

Además, el maestro multisensorial entiende que las personas tienen *preferencias de aprendizaje* mediante las cuales *prefieren* aprender y mediante las cuales aprenden *mejor*. Dicho de otra forma: algunas personas en nuestra congregación prefieren aprender mediante el *oír*; otras necesitan *ver* el concepto para poder aprenderlo; y muchas otras aprenden mejor relacionándose con el maestro. El maestro bíblico John MacArthur nos recuerda las *preferencias de aprendizaje* con las palabras: «¿De qué forma aprende usted mejor? Las preferencias varían de persona a persona»[1].

El comunicador multisensorial es sensible a las preferencias individuales de aprendizaje y planea de forma estratégica su enseñanza para conectar con *todos* los estudiantes en su audiencia, no solo con *algunos* de ellos. Al reconocer que una congregación se compone de estudiantes auditivos, visuales y relacionales, el maestro multisensorial modifica su estilo de enseñanza y mezcla elementos verbales, visuales y relacionales en su comunicación.

EL PODER VISUAL

Durante la investigación doctoral que engendró a este libro, pude corroborar una corazonada que tuve. La gente tiene mayores niveles de atención, comprensión y retención cuando la enseñanza se presenta en un formato en el que el material gráfico es más prevalente. De hecho, Dios ha *programado* nuestros cerebros hacia lo visual. Según la corporación 3M, procesamos *imágenes* 60.000 veces más rápido que el *texto*[2]. Esto se debe a que la información del texto la asimilamos de forma secuencial, mientras que las imágenes las procesamos de manera instantánea. Se dice que una imagen vale más que mil palabras. Por ejemplo, me harían falta al menos mil palabras para decirle cómo Christ Fellowship, la iglesia en donde sirvo en Miami, quedó dañada durante el Huracán Andrew. O le puedo mostrar una fotografía.

¿Qué es más rápido? ¿Cuál es más fácil de recordar? ¿Cuál de los dos métodos graba mejor la imagen en su mente?

En su obra *Visual Literacy: Learn to See, See to Learn*, la Dra. Lynell Burmark dice que existe una progresión natural en la forma en que procesamos la información: «Primero la imagen, después los pensamientos». Habla de una carta que circula en Internet que describe la reacción de un niño a esta preciosa puesta de sol. «Querido Dios, nunca pensé que el violeta y el naranja iban bien hasta que vi la puesta de sol que creaste el martes. Fue fabuloso». —Eugene

«Nunca pensé hasta que vi»[3]. Algunas veces no entendemos algo hasta que lo vemos. Job expresó la secuencia «ver = comprensión» cuando escribió: «De oídas había oído hablar de ti, pero ahora te veo con mis propios ojos. Por tanto, me retracto de lo que he dicho, y me arrepiento en polvo y ceniza» (Job 42:5-6). Había oído, pero ahora veo. ¿Traducción? «¡Ahora que veo, entiendo mejor!».

¿Puede una comunicación llena de imágenes conseguir el mismo efecto en su congregación? ¡Sin lugar a dudas! En un informe publicado hace años por Xerox Corporation se revelaba que el 83% de lo que aprendemos lo recibimos a través de la vista[4]. De hecho, nuevas investigaciones han revelado que se tarda un 40% menos en explicar ideas complejas con el uso de imágenes visuales[5]. Helen Keller, que era muda, sorda y ciega, expresó esto en referencia a la vista: «De todos los sentidos, la vista debe ser el más encantador».

EL PODER DE LA INTERACCIÓN

Durante mi investigación, he descubierto otro hecho por el que tuve una corazonada. La gente aprende aun más cuando incorporamos la interacción a la comunicación verbal y visual. Un proverbio chino dice algo así:

Oigo y olvido
Veo y recuerdo
Hago y entiendo

Aunque esa cita puede que no sea exacta, destaca el efecto de la enseñanza que incorpora el oído, la vista y la interacción. Una vez oí a una maestra de escuela pública hablar sobre este método en referencia a la enseñanza de un niño. Puso un ejemplo de enseñar a un niño las maravillas del océano y ofreció tres opciones de enseñanza:

Opción #1: Habla al niño acerca del océano. Ahora, pídele al niño que te diga lo que ha aprendido.

Opción #2: Habla sobre el océano y muéstrale al niño fotografías del océano. Muéstrale imágenes de su color y de sus inmensos horizontes. Muéstrale fotografías de una puesta de sol. Ahora, pídele que te diga lo que ha aprendido.

Opción #3: Ve al océano, y lleva a un niño de cinco años. Déjale que sienta la arena entre los dedos, déjale que experimente con las olas, déjale que sienta el olor del agua salada, y déjale que chapotee y nade en la marea. Ahora, hablémosle sobre las maravillas del océano de Dios.

La secuencia anterior hace que el estudiante pase de una experiencia de aprendizaje monosensorial (solo oído) a una experiencia sensorial dual (oído y vista) y a una experiencia multisensorial (oído, vista, olfato, y tacto).

La investigación en este libro demuestra que cuantos más sentidos estimulemos en el estudiante, más elevados serán los niveles de aprendizaje. Esto es tan cierto en el aula como en el santuario. Aunque no podemos colocar a nuestra congregación en el océano, podemos colocarlos en el proceso de aprendizaje. Les podemos mostrar imágenes visuales y utilizar herramientas interactivas para que participen en el proceso de aprendizaje. A propósito, ¿qué opción de enseñanza preferirías para aprender? ¿La 1, la 2, o la 3?

LA REVOLUCIÓN MULTISENSORIAL

Muchos pastores y educadores cristianos han adoptado el poder de la comunicación multisensorial y han emprendido una revolución en la predicación-enseñanza. He utilizado la palabra «revolución» porque por muchos años las metodologías de enseñanza tradicional han ignorado la función de los sentidos en el aprendizaje. Con mucha frecuencia, la enseñanza tradicional también ha ignorado los diferentes estilos de aprendizaje y las preferencias sensoriales a través de las cuales el estudiante potencia al máximo su aprendizaje y acelera el ritmo del mismo.

Esta tendencia ha sido especialmente generalizada en la educación pública. Que los colegios públicos no hayan reconocido los diferentes estilos de aprendizaje ha fomentado un formato de clase universal para la enseñanza, lo cual ha frustrado el aprendizaje de muchos.

Muchos educadores del sistema público despachan un estilo de enseñanza «de talla única», el de la conferencia, por ejemplo, e ignoran el hecho de que cada persona aporta una determinada serie de características de aprendizaje al entorno educativo[6]. La verdad es que un «estilo de enseñanza» no es aplicable a todos los «estilos de aprendizaje».

Más lamentable aun es el hecho que la iglesia ha contraído la «enfermedad de la conferencia». La misma metodología de la conferencia que se impone en la educación pública satura a la iglesia evangélica. En lugar de mostrarse dispuesta a probar los modelos multisensoriales bíblicos de enseñanza, la iglesia ha imitado la metodología de «talla única» de la cultura. Tal enseñanza al estilo de conferencia ha restringido el impacto total de la enseñanza de la Palabra y ha dado como resultado un recorte en «la práctica de la Palabra». Ya es hora de cambiar. El educador Stephen Brookfield motiva a todos los maestros a pensar en la metodología de comunicación al escribir:

Más tarde o más temprano, algo pasa que obliga al maestro a plantearse la posibilidad de que pueden estar obrando bajo suposiciones que no son adecuadas para sus situaciones. El reconocer la discrepancia entre lo *que es* y lo que *debe ser* es a menudo el comienzo de la trayectoria crítica[7].

EL AVIVAMIENTO MULTISENSORIAL

El «avivamiento» de la comunicación multisensorial va cimentándose en la iglesia evangélica de hoy. Utilizo la palabra «avivamiento» porque la comunicación multisensorial es tan antigua como la Biblia misma. Durante años, la iglesia rechazó las metodologías de enseñanza multisensorial por considerarlas simples, ingenuas e incluso impías. Sin embargo, en la actualidad muchos pastores y educadores cristianos están avivando estrategias de enseñanza multisensorial con resultados extraordinarios. De hecho, tras una investigación significativa de las disciplinas relacionadas con la teología, la neurología y los experimentos cognitivos, nuestros resultados demuestran de manera concluyente que la enseñanza multisensorial puede hacer que seamos comunicadores más eficaces. Y si usted es como este pastor servidor, necesita toda la ayuda que pueda encontrar.

Todos los que enseñamos la Palabra de Dios queremos captar la atención de la gente y luego impartir la verdad de la Palabra de Dios de una manera *comprensible* e *inolvidable*. La comunicación multisensorial realza esa capacidad y ha ayudado a muchos pastores y maestros cristianos a ser más interesantes, más comprensibles y más inolvidables.

Lo que más me gusta de la enseñanza multisensorial es que transforma la enseñanza bíblica a ambos lados de la dinámica de la comunicación; es decir, el maestro y la congregación.

Para el maestro, la comunicación multisensorial brinda la oportunidad de ser creativo, de incorporar variedad, y de divertirse en el proceso educativo. ¡Ay! ¿He dicho «divertirse»? La enseñanza multisensorial puede ayudarnos a evitar una comunicación rutinaria y permitir expresarnos desde diferentes puntos de vista.

Para la congregación, se beneficia en recibir una experiencia multidimensional. El proceso de aprendizaje trasciende al mero sentido del oído; se convierte en una experiencia auditiva, visual y participativa. Es así como el aprendizaje puede ser divertido, diverso e inolvidable.

¿ES USTED IRREMEDIABLEMENTE «BUENO»?

Hablando de *buenas compañías*, Jim Collins hace esta pregunta introspectiva: «¿Puede una buena compañía llegar a ser una gran compañía, y, si puede, cómo es posible? ¿O es la enfermedad de "ser simplemente buena" algo irremediable?»[8]. ¡Caramba! Esa es la misma pregunta que nos hacemos los comunicadores. ¿Puede un buen comunicador llegar a ser un gran comunicador y, si puede, cómo es posible? ¿O es la enfermedad de «ser nada más que bueno» algo irremediable?

¡Pastores, líderes de grupos pequeños y otros educadores cristianos han de comunicar eficazmente o morir! La comunicación eficaz exige que el comunicador sea interesante, comprensible e inolvidable. Dicho de otra forma: Los comunicadores eficaces son capaces de impactar las competencias cognitivas de la atención, la comprensión, y la retención.

Usted no es irremediablemente «bueno». *El poder de la predicación y la enseñanza multisensorial* puede ayudarle a pasar de una enseñanza buena a una enseñanza fabulosa; o de una enseñanza fabulosa a una enseñanza fenomenal. Considere formar parte de una iglesia donde existe un equipo de personas que lo ayuden a soñar en la comunicación del sermón. Imagínese el gozo de ser creativo e imaginativo; la mayoría de los comunicadores lo son. Imagínese el estimular los dones creativos de otros para poder trasmitir el mensaje.

En la primera parte examinaré *por qué* la comunicación multisensorial es tan potente y *cómo* puede esta aumentar los niveles de atención de la congregación de manera significativa así como elevar el nivel de comprensión y retención. La investigación neurológica, la afirmación teológica y los experimentos cognitivos que este libro presenta demuestran concluyentemente que cuantos más sentidos estimulamos en nuestra enseñanza, más altos serán los niveles en la atención, comprensión y retención por parte de la audiencia. En otras palabras, conforme se eleva la estimulación sensorial en la enseñanza, se elevan los niveles de aprendizaje en la audiencia. Esta sección también presenta el matrimonio de la exposición bíblica con la comunicación multisensorial. Se presenta la precedencia teológica para demostrar que la comunicación multisensorial y la exposición bíblica no se excluyen mutuamente.

En la Segunda Parte usted recibirá ayuda práctica que le equipará para enseñar en un formato multisensorial. Esta sección también ofrece información crucial para preparar a su congregación a recibir este tipo de sermones. Por último, ofrece consejos paso a paso para confeccionar un equipo que le ayude a crear mensajes multisensoriales.

En la Tercera Parte, este libro ofrece ejemplos prácticos para la predicación y la enseñanza en formato multisensorial e incluye ejemplos que van de sermones simples a intermedios y a avanzados.

Independientemente del nivel de especialización del pastor, *El poder de la predicación y la enseñanza multisensorial* muestra al pastor *por qué* y *cómo* la enseñanza multisensorial hace que la gente permanezca «al filo de sus asientos» con interés y a su vez aprendiendo y recordando más que nunca. Después de leer este libro, pastores, educadores cristianos e incluso educadores seculares pueden aumentar la eficacia de su comunicación sensiblemente.

Debemos destacar que existen disidentes bien conocidos que ven este estilo de enseñanza con gran escepticismo. ¿Por qué? Porque lo ven solo como la última moda, lo cual no es bíblico y pone en peligro la dignidad de la predicación bíblica. Yo entiendo ese escepticismo. *El poder de la predicación y la enseñanza multisensorial* rebate ese concepto y demuestra que este estilo de predicación puede ser *eficaz* y *bíblico*.

Esta es una lista de beneficios de la comunicación multisensorial:

1. Gana más pronto la atención de la audiencia y la mantiene más tiempo.

2. Aporta mayor claridad a la enseñanza.

3. Genera retención a largo plazo.

4. Fomenta su aplicación.

5. Hace que la enseñanza y el aprendizaje sean divertidos (ay, he vuelto a decirlo).

EL PODER DE LA PREDICACIÓN Y LA ENSEÑANZA MULTISENSORIAL

Al final de cada capítulo hemos incluido preguntas para su discusión. Dedique tiempo a comprender estas preguntas. Utilícelas con sus miembros de personal, líderes de grupos pequeños, equipo de potencial creativo y otros que tenga como objetivo enseñar la Palabra.

PREGUNTAS PARA LA DISCUSIÓN

1. Sin volver a mirar la fotografía de los daños causados por el huracán a Christ Fellowship, ¿qué porcentaje de la fotografía puede usted recordar en su memoria?

2. En lo que se refiere a la enseñanza del niño sobre el océano, ¿cuál de las tres metodologías de enseñanza piensa que podría generar el mayor nivel de atención? ¿Por qué?

3. ¿Si fuese usted un niño, ¿qué estilo de comunicación preferiría para aprender? ¿Por qué?

4. ¿Cómo explicaría usted la diferencia entre monosensorial y multisensorial?

ELEVAR:
DE BUENA COMUNICACIÓN A COMUNICACIÓN FENOMENAL

Lo bueno es el enemigo de lo fabuloso. Y esa es una de las claves por lo que poseemos tan poco de lo que se hace fabuloso.
JIM COLLINS

EL DÍA QUE CAMBIÉ EN EL PÚLPITO

¡No podía creerme el efecto! La gente estaba literalmente al borde de sus asientos al escuchar mi sermón. Estaba arriesgándome, pero era un riesgo que sentía tenía que correr. Puesta en escena: Yo era el pastor de una gran congregación multicultural en Miami, Florida, y estaba a punto de probar mi primer sermón multisensorial. En mi tiempo devocional, me di cuenta que Jesús era un maestro multisensorial. Combinaba la comunicación verbal, visual e interactiva para crear un poderoso efecto. Por tanto, decidí experimentar con este modelo para la exposición de un texto bíblico. Así es como me preparé para el experimento.

Antes del culto, organicé el escenario con algunos accesorios visuales sencillos. También pedí a los ujieres que entregasen a todos los que entrasen en el auditorio un pequeño instrumento con el que podrían interactuar con el mensaje. A medida que la gente entraba al santuario, los niveles de atención se iban disparando porque el escenario que la gente estaba acostumbrada a ver durante años había cambiado repentinamente. Ahora tenía accesorios y recursos visuales sobre la plataforma. La gente entraba en la sala cuchicheando y haciéndose preguntas y deseando saber qué significaba todo aquello. No sabían qué esperar.

EL PODER DE LA PREDICACIÓN Y LA ENSEÑANZA MULTISENSORIAL

Había llegado la hora de averiguar si mi riesgo iba a valer la pena. En cuanto empecé a enseñar utilizando los recursos visuales que había puesto sobre el escenario, vi algo que me sorprendió. La gente estaba de veras inclinándose, como permaneciendo al filo de sus asientos en su interés. No estaban solo *escuchándome* a mí, sino *observando*, como si estuviese haciendo algo que tenían que ver.

Era muy evidente que los niveles de atención de la audiencia habían aumentado. Los niveles de atención parecían intensificarse aun más a medida que interaccionaban con el instrumento que habían recibido. A estas alturas, la audiencia parecía incapaz de sufrir cualquier distracción. De hecho, ¡la única persona que parecía estar distraída era este servidor! Me distraje de momento con la respuesta de la audiencia. En medio de mi enseñanza, se me ocurrió que no estaban solo utilizando los oídos, sino empleando los oídos, los ojos y las manos. Su participación no era pasiva, sino agresiva. No participaban de manera parcial, sino que se mostraban totalmente involucrados, ¡absortos!

También resultaba obvio que los niveles de comprensión de la audiencia habían aumentado. Tras el mensaje, varias personas vinieron al frente y me dijeron: «Rick, realmente he *entendido* lo que estabas diciendo porque fue muy visual e interactivo». Una señora que era nueva en nuestra iglesia me dijo: «Soy una persona que aprende a través de lo visual, y todos los recursos visuales me han ayudado a entender las cosas claramente». En base a estos testimonios anecdóticos, la enseñanza multisensorial no solo había afectado a los niveles de atención, sino que también había aumentado los niveles de comprensión.

Fue entonces cuando llegó el momento de la sorpresa. Semanas más tarde, me di cuenta que la gente seguía hablando del mensaje. De hecho, fue el tema de charla en torno a Christ Fellowship por algún tiempo. La correlación me abrió los ojos por completo. Mi sermón multisensorial no solo había aumentado los niveles de *atención* y *compresión*, sino que también había aumentado los niveles de *retención*. La combinación de la presentación verbal con el poder de los recursos visuales y la interacción manual hizo que la retención de la información funcionase de maravilla. La audiencia podía recordar la enseñanza del sermón, porque lo oyeron, lo vieron y participaron en ello.

SAQUEMOS LA CUENTA

La metodología multisensorial parece haber impactado tres competencias del aprendizaje: la *atención*, la *comprensión* y la *retención*. En otras palabras, lo que vimos fue una correlación entre el número de sentidos estimulados y los niveles de atención, comprensión y retención. Parecía como si cuantos más sentidos estimulaba en la enseñanza, más aprendían las personas. O dicho de otra forma: A medida que aumentaban los niveles sensoriales, la eficacia de la comunicación parecía aumentar de buena a fabulosa.

Tenga en cuenta que yo no disponía de datos objetivos para corroborar tal corazonada. A esas alturas, yo no estaba siquiera seguro de si creía que tal correlación existía. No obstante, era difícil negar lo que estaba pasando. Si «ver es creer», debía creer en el efecto multisensorial. Por cierto, el mensaje formaba parte de un sermón expositivo versículo a versículo del libro de Efesios.

VERIFICACIÓN DEL EFECTO MULTISENSORIAL

Después de esa experiencia decidí verificar una vez más mi concepto. Esta vez le pedí a uno de nuestros pastores que enseñase. Tony Isaacs es nuestro pastor de grupos pequeños así como uno de nuestros pastores docentes en Christ Fellowship. Tal y como yo lo había hecho en mi sermón multisensorial, Tony preparó el escenario con recursos visuales y elementos interactivos antes de comunicar su mensaje exegético. A medida que el sermón progresaba, yo estuve posicionado detrás de una cortina para observar la reacción de la congregación. Mi asombro fue total al presenciar la respuesta.

Normalmente, cuando Tony hablaba, la gente prestaba atención, pero en esta ocasión la respuesta fue totalmente diferente. Permítame darle una imagen visual de lo que estaba presenciando desde detrás de la cortina. Reclínese en su asiento e imagínese que está escuchando a alguien hablar. Ahora, póngase derecho e inclínese hacia delante, como si una visión intrigante o inolvidable le cautivase. Esto es lo que vi cuando Tony estaba enseñando. La congregación parecía estar tan concentrada que nada podía haberles distraído de lo que estaban aprendiendo. Estaban anclados a su enseñanza verbal, visual e interactiva.

Tony siempre ha sido un buen maestro, pero nunca había generado ese nivel de atención. Él se había trasformado ante mis ojos de un *buen comunicador* en un *comunicador fenomenal*.

DEMOSTRACIÓN

La verdad sea dicha, yo había presenciado este efecto en mi ministerio hace años. Cuando era un pastor joven en Charlotte, Carolina del Norte, nuestra pequeña iglesia presentaba un sermón infantil los domingos por la mañana en el auditorio principal. Este mensaje para niños corría a cargo de una joven que conocía los efectos de la comunicación multisensorial antes de que fuese popular. Era hora de la demostración.

Cada domingo, antes de que les hablase a los adultos, los niños en el auditorio se apresuraban al frente para ser cautivados por la enseñanza multisensorial de Debbie Wendell. Los niños, sin embargo, no eran los únicos cautivados por la enseñanza de Debbie; los adultos también estaban cautivados, ¡tanto como el pastor! Sus mensajes eran inolvidables. Hasta el día de hoy, esos mensajes han quedado marcados en mi memoria.

Por ejemplo, un domingo ella estaba enseñando acerca de las palabras que salen de nuestras bocas. Su argumento era el siguiente: Cuando hablamos palabras dañinas a alguien, es difícil retraer esas palabras. Una vez que salen de nuestra boca, el daño que pueden causar es difícil de reparar.

Para demostrar este argumento, entregó a cada niño un tubo pequeño de pasta dentífrica y les pidió que lo apretasen y pusieran un poco en un trozo de cartón. Una vez que los niños lo hicieran, les pidió que metiesen de nuevo la pasta en el tubo. Se puede usted imaginar el esfuerzo que tuvieron que hacer para volver a meter la pasta en el tubo. Seguidamente ella estableció su argumento: Así como es difícil volver a meter pasta en el tubo una vez que la hemos sacado, es difícil volver a meter palabras en nuestra boca una vez que han salido. Su moraleja final fue simple pero clara: «Ten cuidado de lo que sale de tu boca».

Al término de su sermón me dije: «Estoy a punto de enseñar un sermón, y algunas personas en mi congregación se sentirán aburridas escuchándolo antes de que termine, pero nadie olvidará la lección de Debbie». ¿Por qué era tan eficaz? Era eficaz porque era verbal, visual e interactiva. La audiencia empleó los sentidos del oído, la vista y el tacto. Eso dio como resultado altos niveles de atención, comprensión y retención a largo plazo.

EL EFECTO ANTIABURRIMIENTO

Según pensé en la reacción de la audiencia a la enseñanza multisensorial de Debbie, la enseñanza multisensorial de Tony y a la mía propia, me ocurrió algo importante. Existía un denominador común en las tres: ¡ausencia de aburrimiento en la audiencia!

La audiencia en los tres casos se mostró centrada, atenta y totalmente absorta en la enseñanza. De hecho, parecía evidente que había un efecto antiaburrimiento conexo a la comunicación multisensorial. Yo estaba observando ese efecto con mis propios ojos, aunque lo que me preguntaba en ese momento era: ¿Es este efecto antiaburrimiento real, y si lo es, cómo se puede demostrar?

El aburrimiento de la audiencia es el enemigo numero uno de todos los comunicadores. Es, concretamente, el enemigo de los que enseñamos la Palabra de Dios, porque lo que enseñamos tiene consecuencias eternas. No podemos permitirnos aburrir a nuestras congregaciones porque la vida y la muerte eterna están en juego. Haddon Robinson, considerado uno de los mejores comunicadores bíblicos de nuestros días, nos advierte acerca de los devastadores efectos de aburrir a nuestras congregaciones:

> El aburrimiento es como el ántrax. Te puede matar [...] Los sermones sosos, insípidos, no solo causan sueño y cabezadas, sino que también destruyen la vida y la esperanza. ¿Qué mayor daño podemos causarles a las personas de fe que hacerles sentir que Dios y Jesús y la Biblia son tan aburridos como los anuncios de los periódicos dominicales?[1].

¡Impresionante!

Aun así, tal aburrimiento está muy generalizado en muchas iglesias. En la misma obra, Robinson continua propinando este codazo a muchos pastores: «Más personas se han aburrido con la fe que las que han sido disuadidas de la fe»[2]. ¡Ay!

Ya en 1857, Anthony Trollope escribió acerca del dolor de escuchar algunos sermones. «Quizá, no existe mayor apuro causado sobre la humanidad en países civilizados y libres de nuestro día que la necesidad de escuchar sermones»[3]. La crítica de Trollope sobre la predicación del siglo XIX sigue siendo real. Las congregaciones a menudo languidecen durante los sermones porque la comunicación no logra acaparar su atención y provoca un estado de aburrimiento comatoso. ¡No tiene por qué ser así!

Si el aburrimiento de la audiencia es la enfermedad, la previsibilidad de la comunicación es la causa fundamental de la enfermedad. No hay nada que propague el aburrimiento de la audiencia como un estilo de comunicación estancado y previsible. John Killinger escribe: «Considerando los muchos sermones que la mayoría de los predicadores pronuncian en la vida, es fácil comprender por qué los sermones quedan reducidos a fórmulas y patrones, y por consiguiente llegan a ser previsibles. Pero la previsibilidad elimina el interés»[4]. Esto me pareció obvio.

La comunicación multisensorial, por otro lado, es por excelencia imprevisible y llena de variedad. Es la antítesis de la comunicación que peca de rutinaria. La maravilla de la comunicación multisensorial yace no solo en su poder de emplear múltiples sentidos, sino en su capacidad de ser diversa y variable. La propia naturaleza de la enseñanza multisensorial evita la rutina, las fórmulas y las pautas.

Sin embargo, la pregunta que me estaba quitando el sueño era esta: ¿Puede la comunicación multisensorial producir mayores niveles de atención y menos aburrimiento en nuestras audiencias? ¿Puede tal correlación ser validada?

EL EFECTO TRANSPARENCIA

En la película *Algunos hombre buenos*, Jack Nicholson hace el papel del coronel Nathan Jessup. Mientras estaba situado en la tribuna de los testigos, este le hace una pregunta a un abogado de la Marina, papel desempeñado por Tom Cruise, sobre comprensión intelectual: «¿Está claro?».

Cruise responde: «Sí».

Nicholson vuelve a hacerle la misma pregunta: «¿Está claro?».

En uno de esos momentos clásicos de Hollywood, Tom Cruise responde: «Como el agua». Esto es lo importante: La comunicación transparente resulta en una comprensión transparente.

Mucha gente dice que asiste a Christ Fellowship específicamente porque el estilo de comunicación multisensorial hace que la información sea *clara*… como el agua. La enseñanza verbal, visual e interactiva equivale a una mejor comprensión para ellos. Los tres pastores docentes —Eric Geiger, Tony Isaacs, y un servidor— enseñamos en formato multisensorial, y la gente nos sigue diciendo que eso es precisamente lo que necesitan para poder entender mejor la enseñanza.

Pero vuelvo a repetir la pregunta: ¿Puede la comunicación multisensorial realmente producir mayores niveles de comprensión en las audiencias? Escuchaba testimonios anecdóticos, ¿pero podían estos testimonios ser verificados? ¿Era solo subjetivo, o podía ser probado y demostrado como hecho objetivo?

En calidad de maestros, nosotros tenemos que comunicar de una forma clara. No hay nada más frustrante para la audiencia de una iglesia que aguantar un sermón que no entienden. Si les dejas a oscuras con demasiada frecuencia, no van a volver. Es más, si la audiencia no logra comprender el mensaje que enseñamos, les será imposible ser «hacedores de la Palabra» que enseñamos.

En otras palabras, *la comprensión de la audiencia exige claridad del maestro*. Si la comunicación multisensorial puede hacer que nuestra comunicación sea clara, es cuestión de sentido común que consideremos su práctica.

EL EFECTO INOLVIDABLE

Según mi observación de los tres casos arriba mencionados, existía otro denominador común: *una mayor retención en la congregación*. Es lo que yo llamo *efecto inolvidable*. La enseñanza de Debbie parecía inolvidable; la enseñanza de Tony parecía inolvidable; y mi enseñanza multisensorial parecía perdurar en la memoria de Christ Fellowship durante mucho más tiempo que mis presentaciones de sermones tradicionales. ¿Pero estaba mi percepción basada en la realidad? Oía testimonios del efecto inolvidable, ¿pero podía demostrarse tal efecto en una prueba de laboratorio?

Como maestros de la Palabra, nuestra misión es la de grabar la verdad bíblica en la mente de nuestra congregación. Queremos que recuerden las verdades que enseñamos para que puedan meditar en ellas y aplicarlas a sus vidas. Sin embargo, ¿cómo pueden actuar sobre lo que no recuerdan?

No olvidemos nunca que gran parte de lo que enseñamos se olvida. Ni siquiera nosotros podemos acordarnos en algunas ocasiones, mucho menos nuestra congregación. ¿Puede la comunicación multisensorial cambiar eso? ¿Puede la comunicación multisensorial hacer que nuestra enseñanza sea menos olvidable y más memorable?

VALIDEMOS EL EFECTO

Parecía existir una correlación entre el número de sentidos estimulados por los maestros y los niveles de aprendizaje de aquellos a quienes enseñaban. Yo lo llamo *el efecto multisensorial*: Cuantos más sentidos estimula el maestro, mayores son los niveles de atención, comprensión y retención en la audiencia. Yo tenía una *corazonada*. ¿Podría probarla? Es más, si la gente muestra mayores niveles de *atención*, si muestra mayores niveles de *comprensión*, si puede recordar lo que enseñamos, ¿existe también una mayor probabilidad de que *practiquen* lo que enseñamos?

Volvamos a la mañana cuando yo observaba a Tony Isaacs enseñar en Christ Fellowship. Según observaba a Tony hablar y veía la reacción de la congregación, empecé a desarrollar una fórmula lógica y la anoté al dorso del boletín de la iglesia:

Claridad verbal + Recursos visuales + Interacción = Máximo aprendizaje

Pero, ¿era esta una fórmula acertada para la enseñanza en las iglesias? ¿Aumentan los niveles de aprendizaje en las congregaciones cuando los combinamos con claridad verbal y recursos visuales? ¿Aumentan aun más cuando añadimos el componente de participación de la audiencia? Hasta ahora, todo lo que yo tenía eran experiencias anecdóticas sin evidencia concluyente del efecto multisensorial. Esto es lo que los investigadores denominan *observación informal*. Pero yo quería saber con certeza si existía una relación comprobable entre la enseñanza multisensorial y el aprendizaje congregacional. Quería una prueba objetiva.

En colaboración con mis asesores doctorales en el Seminario Teológico Bautista del Sur en Louisville, Kentucky, sugerimos un diseño de investigación que validaría o invalidaría el efecto de la enseñanza multisensorial. El experimento intentaría determinar si la enseñanza multisensorial supera al formato de la conferencia en lo referente al efecto sobre la atención, comprensión y retención congregacional. En otras palabras, ¿aumentan los niveles de enseñanza cuando aumenta la estimulación sensorial?

En mi posición de pastor principal de Christ Fellowship en Miami, FL, tenía el contexto perfecto en el que llevar a cabo mi investigación y probar la teoría de la enseñanza multisensorial. Cuando dirigí la investigación, la congregación contaba con miembros de sesenta y una nacionalidades diferentes (en la actualidad tenemos setenta y seis). Cuando uno habla en Christ Fellowship parece que uno estuviese hablando frente a la asamblea de las Naciones Unidas. La adoración es lo más parecido a la escena de Apocalipsis 5:9 que uno pueda encontrar aquí en la tierra: «gente de toda raza, lengua, pueblo y nación». Esta audiencia me ofrecía un grupo demográfico ideal para realizar mis pruebas:

- Tenía una congregación numerosa.
- La muestra comprendía adultos de sesenta y una nacionalidades distintas.
- Disponía de una muestra de diferentes razas, edades y culturas.
- Disponía de tres cultos donde probar tres metodologías distintas de enseñanza.
- Disponía de formidable recursos visuales y tecnológicos.

Muchos otros proyectos similares al mío salen adelante con muestras de audiencia mucho más pequeñas. Tal investigación, si se lleva a cabo a fondo y con integridad, es de gran estima entre los investigadores. Un grupo demográfico reducido limita la aplicación que se puede dar a otros contextos de aprendizaje. Sin embargo, al tener a disposición los recursos arriba enumerados, la aplicación de las recomendaciones puede realizarse a una escala mucho más amplia.

LA PRUEBA

A fin de probar los efectos de la enseñanza multisensorial, planeamos tres tipos de sermones. El contenido sería el mismo en los tres, pero las técnicas de presentación variarían. Las tres técnicas de comunicación se denominarían:

Verbal: enseñanza a estilo conferencia comunicada en un formato *verbal*, que solo conecta a la congregación a través del sentido del oído.

Verbal + Visual: enseñanza comunicada en un formato *verbal + visual*, que conecta con la congregación a través del sentido del *oído* y de la *vista*.

Verbal + Visual + Interactiva: enseñanza comunicada en un formato *verbal + visual + interactivo*, que conecta a la congregación a través del sentido del *oído*, la *vista* y el *tacto*.

Para evaluar la eficacia de estos tres estilos de enseñanza, lo que hicimos fue crear una serie de pruebas diseñadas para medir los niveles de atención, niveles de comprensión, y niveles de retención. La prueba se llevó a cabo en tres ocasiones diferentes para garantizar la fiabilidad de la misma. Reunimos a un equipo de maestros, pastores y otros educadores para supervisar el experimento y garantizar la precisión e integridad.

Después de efectuar los tres estilos de predicación, medimos y comparamos los *niveles de atención, niveles de comprensión y niveles de retención* entre los estilos de enseñanza. Fue durante esta investigación cuando pudimos sacar conclusiones acerca del efecto multisensorial como un modo de enseñanza eficaz.

Para ser sincero con el lector, nosotros preveíamos mejores resultados en la enseñanza en aquellos a los que se les enseñó utilizando la comunicación multisensorial. Nuestra corazonada era que la enseñanza multisensorial superaría a la presentación estilo conferencia. El efecto, no obstante, fue mucho más eficaz de lo que nos imaginamos. ¡Las diferencias de aprendizaje entre los que recibieron el aprendizaje a través del estilo conferencia y los que fueron tratados con comunicación multisensorial eran asombrosas! ¡Nuestro estadístico nos dijo que lo que averiguamos era de *suma importancia!*

Más adelante, este libro abordará en más detalle cómo se llevó a cabo esta investigación y cómo se revelaron los resultados. De cualquier forma, estos son los detalles preliminares. Los que fueron tratados con comunicación multisensorial mostraban claramente mayores niveles de atención, mayores niveles de comprensión, y una memoria mucho más duradera de lo que se les había enseñado. De hecho, la diferencia era tan significativa que los resultados se aproximaron principalmente al nivel ,001.

Permítame citar a mi amigo y colega ministerial Eric Geiger en referencia a estos resultados: «Cuando un investigador descubre una relación al nivel ,05, lo que hace es llamar a un amigo y presume de ello. Cuando encuentra algo alrededor de los niveles ,01, llama a un publicista y se dispone a escribir un libro. Es raro encontrar algo al nivel ,001. ¡Si usted es una persona de estadística, lo consideraría muy significativo!».

En pocas palabras, el efecto de la comunicación multisensorial se traduce en un aumento en los niveles de atención, comprensión y retención en la congregación, lo que a su vez se traduce en una mejor aplicación del sermón. En otras palabras, el *aprender* la Palabra y el *hacer* la Palabra se aceleran cuando la gente oye el sermón, ve el sermón, e interacciona con el sermón, en lugar de solo oírlo. Para los que aprenden a través del formato visual, el efecto tiene esta fórmula:

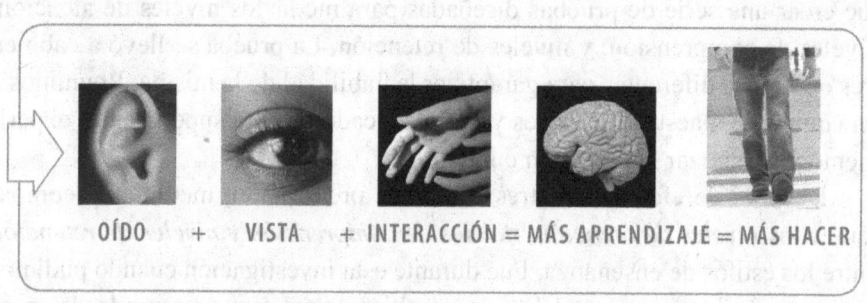

OÍDO + VISTA + INTERACCIÓN = MÁS APRENDIZAJE = MÁS HACER

MAYOR APROVECHAMIENTO

Cuando empecé a experimentar con la comunicación multisensorial en 2001, ya llevaba veinte años como pastor-maestro. Para ser sincero, pensé que yo ya había maximizado mi capacidad como comunicador. Eso sí, hay que tener en cuenta que yo había ganado un premio a la predicación mientras cursaba estudios bíblicos universitarios, y he seguido mejorando mi capacidad verbal y presentación homilética. Pero en base a mis propios cálculos, ya en el año 2000 había llegado al máximo en mis técnicas de comunicación. Me había acostumbrado a terminar mi ministerio didáctico como un comunicador bastante bueno.

COMUNICACIÓN EN CONFERENCIAS

Me esperaba otra sorpresa. Como observará en el siguiente capitulo, la eficacia de mi comunicación aumentó de manera significativa cuando sustituí la conferencia por la comunicación multisensorial. En cada una de las tres dimensiones (atención, comprensión y retención) mi eficacia aumentó de manera extraordinaria. De hecho, los niveles promedios de comprensión y retención de la congregación aumentaron un 66,5% cuando utilicé la comunicación sensorial dual (verbal y visual) y el 76,1% cuando utilicé la multisensorial (verbal + visual + interactiva). ¡Un jugador de béisbol que aumenta su promedio de bateo un 76,1% pasaría de ser un buen bateador a un gran bateador, o de gran bateador a bateador fenomenal!

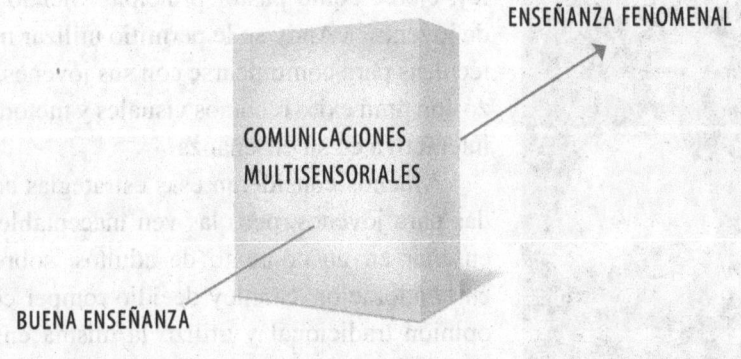

ENSEÑANZA FENOMENAL

COMUNICACIONES MULTISENSORIALES

BUENA ENSEÑANZA

La comunicación multisensorial puede causar ese tipo de impacto. Claro, no mejoré como *conferenciante*, sino como *comunicador*. Mi talento como conferenciante seguía siendo el mismo. No fue mi talento de comunicación lo que aumentó los resultados, sino la técnica de comunicación que empleé. Bien sea usted un buen comunicador o un gran comunicador, la presentación multisensorial puede realzar de manera significativa sus resultados como comunicador bíblico.

MUCHOS PASTORES-MAESTROS CONOCEN EL EFECTO

Muchos pastores que tienen pasión por enseñar la Palabra de Dios entienden el poder de la enseñanza multisensorial. Y por eso la utilizan. Como pastores, nuestra vocación es *enseñar*. Está de más decir que una enseñaza eficaz es aquella que utiliza una comunicación eficaz. O dicho de otra forma: Los grandes maestros son grandes comunicadores.

Los pastores-maestros que emplean la comunicación multisensorial no lo hacen porque quieren seguir las tendencias actuales, sino para ser más eficaces. Saben que los integrantes de sus congregaciones prefieren aprender a través de diferentes estilos, y entienden que un estilo de enseñanza no es válido para todos esos integrantes. Para establecer contacto con todos los miembros de la audiencia en lugar de solo con unos cuantos, enseñan con un formato multisensorial.

Las conferencias sobre cómo utilizar la comunicación multisensorial para aumentar el impacto de la enseñanza son cada vez más populares. A continuación presentamos a dos de los más destacados pioneros en estos asuntos.

Andy Stanley. Andy Stanley emprendió North Point Community Church en Alpharetta, Georgia, en 1995. Con anterioridad, sirvió como pastor de jóvenes en la Primera Iglesia Bautista de Atlanta, donde su padre, Charles Stanley, ejerce como pastor principal. Siendo pastor de jóvenes, a Andy se le permitió utilizar muchas técnicas para comunicarse con sus jóvenes. Utilizó con gran éxito recursos visuales y metodología interactiva en su enseñanza.

Andy Stanley

Muchos consideran esas estrategias adecuadas para jóvenes, pero las ven inaceptables para enseñar en un contexto de adultos, sobre todo en la adoración. Stanley decidió romper con esa opinión tradicional y utilizó la misma enseñanza multisensorial que había empleado como pastor de jóvenes en sus comienzos en North Point Community Church. Como consecuencia, el estilo de comunicación de Andy junto a su pasión por hacerlo cautivador, claro, y memorable ha dado como resultado un crecimiento explosivo de su iglesia.

Parece extraño que algunos piensen que es legítimo utilizar tales técnicas de enseñanza con niños y jóvenes, pero consideran ilegítimo trasladar tal creatividad al contexto adulto. Reg Grant, del Seminario Teológico de Dallas, escribe: «Los niños dependen de cualquier cosa que ayude a comunicar las ideas —historias, anécdotas, palos, piedras— lo que tengan a mano. Como adultos, en el presente, consideramos esos elementos naturales de persuasión como materia foránea, fragmentos extraños de un mundo previo a la educación formal. ¿Qué ha ocurrido?»[5].

Kerry Shook. Kerry Shook es un predicador imaginativo e imprevisible. Con ocho personas al principio, Kerry presencia en la actualidad la asistencia de 15.000 personas a Fellowship of the Woodlands los fines de semana, y algunos llevan un par de zapatos extra.

Kerry Shook

Hace varios años, Shook se enteró a través de los refugios locales que el calzado y la ropa interior eran los dos artículos que más necesitaban los indigentes. Tras predicar un mensaje sobre los pobres, Shook exhortó a los asistentes a dejar sus zapatos sobre el escenario si así lo deseaban. Al final de los cultos del fin de semana, la iglesia había recogido más de 4.500 pares de zapatos.

¡Qué imprevisible! ¡Menuda comunicación verbal, visual e interactiva!

EFECTOS SIGNIFICATIVOS DE LA PREDICACIÓN MULTISENSORIAL
Sobre el crecimiento de la iglesia Christ Fellowship en Miami

Existe un mosaico de factores que han contribuido al crecimiento espiritual y numérico en Christ Fellowship. Estoy convencido de que el estilo de enseñanza multisensorial de los pastores-maestros es uno de esos factores.

Permítame darle un poco de historia. Asumí el cargo de pastor principal de Christ Fellowship en 1996. Al principio, la iglesia experimentó algo de crecimiento, pero después alcanzó un periodo de estancamiento. Como pastor-maestro principal me propuse dedicarme a la exposición de las Escrituras, lo cual, aun estoy convencido, es la forma más eficaz de enseñanza bíblica. Sin embargo, Christ Fellowship parecía estancada numéricamente.

Junto con los demás pastores docentes, empezamos a enseñar con un formato multisensorial. Empezamos a combinar claridad verbal con recursos visuales y enseñanza interactiva. Al principio, nuestra meta de cambiar los métodos de enseñanza no tenía que ver con el crecimiento de la iglesia. Solo queríamos aumentar los niveles de atención, comprensión, y retención de lo que estábamos enseñando. Miami-Dade es el segundo condado en Estados

Unidos con el mayor número de personas que no asisten a la iglesia. Por esa razón, captar la atención y comunicarla con claridad son factores innegociables.

De inmediato, empezamos a ver los efectos de captar la atención de las personas y de aumentar la comprensión y la reatención. Pero lo que no esperábamos era el crecimiento de la iglesia. Poco después de combinar la exposición con la comunicación multisensorial, empezamos a experimentar un crecimiento substancial. Este año, Christ Fellowship figura en la posición ochenta y uno entre las cien iglesias de mayor crecimiento en los Estados Unidos. También aparecemos entre las primeras cien en bautismos en nuestra denominación.

Entre el montaje de estrategias y bendiciones que han contribuido al crecimiento de Christ Fellowship se destacan tres. En primer lugar, mantuvimos nuestra lealtad a la exposición bíblica. Segundo, simplificamos nuestro proceso de discipulado (véase *Iglesia Simple* de Eric Geiger). Por último, adoptamos el método multisensorial para enseñar las Escrituras a nuestra gente. Estoy convencido de que estas tres dinámicas han sido factores fundamentales para las bendiciones de Dios en Christ Fellowship.

La iglesia multicultural

Una de las grandes bendiciones asociadas con pastorear una iglesia en la ciudad de Miami es la diversidad. Miami es una mezcla de culturas, razas y creencias. Algunos consideran ese tipo de diversidad como una maldición. Otros lo consideran un obstáculo inquebrantable. Christ Fellowship, sin embargo, ha preferido aceptar esa diversidad como un regalo de Dios. Cada fin de semana celebramos el tapiz de color y cultura que precisamente define quién somos como pueblo de Dios. Y a propósito, si los pronósticos son correctos en cuanto al futuro, su iglesia va a tener que parecerse más a Christ Fellowship. Usted también tendrá que aceptar la diversidad que tanta bendición trae a este gran país nuestro.

Existen, no obstante, algunos retos. Uno de los grandes retos es el reto de la comunicación transcultural. En Miami no nos estamos comunicando con un campo misionero de una cultura; nos estamos comunicando con un campo misionero de múltiples culturas. Hace poco, un amigo misionero que trabaja en el extranjero me dijo que es mucho más fácil alcanzar a gente de una nacionalidad en el campo misionero que a un contexto multicultural como lo es Miami.

Cada fin de semana en Christ Fellowship se congregan personas de más de setenta nacionalidades, gente que ha aprendido a procesar información en un sin fín de maneras. Debemos expresarnos de una forma que sea sensible a esas necesidades, y la comunicación multisensorial nos ha ayudado a hacerlo.

David Hesselgrave, experto en la comunicación y las misiones, subraya esta idea al escribir:

> No solo es *quién* dice *qué* a *quién*, sino *cómo* se dirige el mensaje al oyente lo que determina cómo se descifra el mensaje. El lenguaje es fundamental en la comunicación, pero no basta por sí solo. Como ya hemos dicho, las palabras cobran fuerza con las fotografías, las acciones, los sonidos, el silencio, los olores y los objetos.

Me es imposible tomar mis observaciones como absoluta prueba, pero puedo ofrecer lo que creo que es patente: La claridad verbal en combinación con el apoyo de recursos visuales, la creatividad y la comunicación interactiva ha sido una bendición de Dios. Estoy convencido de que nos ha ayudado a comunicarnos a través de las múltiples culturas que definen a la ciudad de Miami.

Los que no asisten a la iglesia

Miami es un entorno diferente en lo que se refiere a alcanzar a los inconversos. En un estudio demográfico realizado cuando vine a Christ Fellowship, las estadísticas revelaron que solo un 7% de la población en un radio de dieciséis kilómetros se consideraba protestante. Pronto me di cuenta de que me encontraba en un lugar muy diferente a lo que estaba acostumbrado. Ya no estaba pastoreando una iglesia en una comarca del cinturón bíblico.

Si la gente iba a venir a Christ Fellowship, no vendrían transplantados de otras iglesias. Tendríamos que alcanzar a la gente en las calles, invitarlos a la iglesia, y comunicarnos con ellos con un estilo cautivador y transparente. Estoy convencido de que la combinación del poder de la Palabra con un claro proceso de comunicación nos ha permitido alcanzar a la gente de esta ciudad en la que la mayoría de las personas no asisten a la iglesia.

Hace poco, invité a mis nuevos vecinos, que no asisten a ninguna iglesia, a nuestra iglesia. Decidieron asistir a uno de nuestros cultos de fin de semana y conocieron al Señor de forma personal e intima. Conversando con ellos posteriormente, uno de los factores que mencionaron fue la forma en la que la comunicación multisensorial los ayudó a entender el mensaje. Como veremos más adelante, Jesús utilizó todo tipo de elementos visuales e interactivos para conectar con los inconversos, y si él lo hizo, ¿por qué no nosotros?

Un mundo dominado por los sentidos

Hace poco, mi esposa viajaba en un avión desde Miami a Charlotte, Carolina del Norte. El asiento de al lado estaba ocupado por un adolescente que jugaba con un aparato multisensorial llamado GameBoy™. El juguete electrónico combina elementos verbales, visuales e interactivos. Rhonda quedó asombrada, no solo del aparato, sino del poder con que mantenía la atención del muchacho. Rara fue la vez que levantó la mirada. El juego verbal, visual e interactivo lo mantuvo absorto durante todo el vuelo de dos horas de duración.

Es evidente que la tecnología moderna es cada vez más multisensorial en su comunicación. Podemos ver un aumento en la estimulación de los sentidos contemplando la progresión tecnológica de la radio, a la televisión, y a las computadoras.

- La radio es estrictamente monosensorial en su comunicación: solo emplea el oído.
- La televisión es sensorial dual: oído y vista.
- La computadora es multisensorial: oído, vista e interacción.

Cuando pensaba en lo absorto que aquel muchacho estaba con su aparato, me acordé de una investigación reciente. Algunos expertos neurológicos y cognitivos creen que la tecnología multisensorial ha creado una cultura dominada por lo multisensorial. En otras palabras, la tecnología moderna ha hecho que mucha gente en nuestra cultura *dependa de más de un sentido*. Esas personas tienen dificultad en prestar atención a no ser que reciban la enseñanza en un formato que se amolde a sus vidas.

Los investigadores creen que la exposición temprana a la televisión y a otras formas tecnológicas de comunicación ha generado el comienzo de esta dependencia. Por ejemplo, una reciente investigación neurológica vincula el déficit de atención en los niños a la temprana exposición a la televisión. Según un estudio realizado por el Hospital Infantil y Centro Médico Regional de Seattle, la temprana exposición a la televisión en niños de edades comprendidas entre un año y tres está asociada a problemas de atención a la edad de siete años. Las recientes conclusiones de la investigación revelan que la televisión puede estimular excesivamente y reprogramar de manera permanente el desarrollo del cerebro y condicionarlo visualmente cuando se trata de la capacidad de concentración. Un grupo de investigadores escribió: «Teorizamos que la muy temprana exposición a la televisión durante períodos críticos del desarrollo sináptico está asociada a problemas de atención subsiguientes».

En otras palabras, muchas personas que se sientan en nuestra congregación, especialmente las más jóvenes, tienen cerebros neurológicamente programados y dependientes de la enseñanza multisensorial. Sus mentes *necesitan* la enseñanza multisensorial para la máxima atención, comprensión y retención. Pastores, maestros cristianos y otros dedicados a comunicar la Palabra deben aceptar esta realidad. El gran predicador John Stott ha reconocido esta dependencia y los problemas que plantea para los pastores: «La televisión dificulta que la gente escuche con atención e interés, y en consecuencia que los predicadores mantengan la atención de la congregación»[8].

Cualquiera que procure enseñar debe aceptar estos datos neurológicos. Pastores y maestros pueden desear que sus estudiantes fuesen más auditivos, pero la realidad es que muchos de ellos son visuales e interactivos. Podemos desear que pudiesen aprender de nuestras conferencias, pero la realidad es que muchos no pueden. Necesitan oír nuestra enseñanza, ver nuestra enseñanza, y participar en ella para un máximo aprendizaje. La comunicación multisensorial satisface esta necesidad multisensorial.

EL «EFECTO ESPECIAL»: EFECTO

La comunicación multisensorial aporta a la predicación lo que los efectos especiales aportan a las películas: hace que la presentación sea más gráfica. Algunas personas se imaginan que la comunicación multisensorial «diluye» el mensaje del evangelio. ¡La verdad es que lo enciende! En mi propia predicación, el uso de la comunicación multisensorial ha dado mayor intensidad y evidencia a las verdades teológicas. Es interesante que nunca haya sido acusado de predicar con demasiada debilidad. Sin embargo, sí me han acusado de ser demasiado explícito. Ese es el poder de la comunicación multisensorial.

Un ejemplo clásico de esto es el efecto de la película *La Pasión de Cristo*. Como a muchos pastores, me invitaron a ver la película antes de su estreno. Tengo que confesar que desconfiaba de cualquier cosa que Hollywood produjera acerca de nuestro Salvador. ¡Vaya sorpresa que me llevé! Y recuerde que yo había leído sobre la crucifixión de Cristo, había enseñado el tema en gran detalle, había *oído* a grandes teólogos enseñarlo y había llorado al *oír* sobre su sufrimiento.

Pero cuando *vi* la crucifixión dramatizada, mi reacción fue extraordinariamente diferente. ¡Cuando vi la película en el cine y *oí* la flagelación, *vi* la sangre salpicada y *sentí* el trueno de Dios en la sala, me sentí quebrantado! Durante la escena de la flagelación, tuve el deseo de gritar: «¡Basta!». El oírlo, verlo y sentirlo me hizo sentirme inmerso en la escena. La diferencia entre oír acerca de algo y experimentarlo es como de la noche a la mañana.

Ese es el efecto de la enseñanza multisensorial. No es que detraiga el mensaje en absoluto, sino que lo hace más intenso, le aporta detalles pintorescos y proporciona impacto explosivo. La comunicación multisensorial permite que la audiencia oiga, vea, participe y experimente la Palabra de Dios.

OBSERVE USTED MISMO EL EFECTO

En algunas ocasiones hay que medir dos cosas a fin de determinar si existe una diferencia. Hay otras veces cuando es obvio. En estas fotografías, nadie necesita medir los efectos para saber que sí existe una diferencia. La fotografía de Jarred a la izquierda muestra su peso cuando llevaba una dieta poco sana. La fotografía opuesta muestra a Jarred después de someterse a tratamiento a base de una dieta baja en grasas. La diferencia es patente. Nadie necesita decir: «Súbase a la báscula para ver si ha perdido peso». Posiblemente no sepamos su peso exacto, pero esta observación comparativa muestra una diferencia extraordinaria en el efecto de la dieta.

Jarred antes y después de la dieta

En el próximo capítulo mediremos las diferencias entre la enseñanza estilo conferencia y la enseñanza multisensorial que se produjeron en Christ Fellowship. No obstante, el lector necesita saber que no necesitamos medir los niveles de atención para saber que existía una diferencia. Era obvio; cualquiera podía ver la diferencia. Se veía en la postura de las personas. Se les veía en el rostro. Se oía en las conversaciones.

Quizá la mejor manera de conocer el poder de la predicación multisensorial es comprobándolo usted mismo. Le recomiendo que lleve a cabo una prueba comparativa. Predique a estilo conferencia en un culto y a estilo multisensorial en el siguiente. La diferencia será clara y presente. Prepárese para la sorpresa. En los siguientes capítulos voy recopilar la evidencia experimental, los datos neurológicos, y la verdad teológica. Pero no hay nada como verlo uno mismo.

UNA ADVERTENCIA

No estoy diciendo, por supuesto, que los pastores deben de utilizar este método de comunicación como si fuese un mandato bíblico de Dios. Lo que estoy diciendo es que puede aumentar su efectividad de comunicador. Puede estimular los niveles de atención en su congregación, y aumentar los niveles congregacionales de comprensión y retención.

No estoy diciendo que los recursos visuales y la interacción han de dominar el sermón. Permítame ser claro. La precisión textual es la porción más importante de la enseñanza bíblica. Detrás de eso viene la necesidad de claridad verbal. Una sólida enseñanza bíblica debe comenzar con una sólida exégesis seguida de claridad verbal. Los recursos visuales y la interacción con la audiencia deben considerarse ayudas a ese proceso. La comunicación multisensorial no es un fin, sino un medio para alcanzar un fin. El objetivo final es el de producir «hacedores de la Palabra» por medio de mayores niveles de atención, comprensión y retención.

Debo confesar que he presenciado enseñanza multisensorial que parecía una presentación de diapositivas. En esos casos, los elementos multisensoriales dominaron el mensaje bíblico y también restaron su efecto. Cualquier cosa en exceso puede incluso distraer a nuestra audiencia de la Palabra que intentamos enseñar. Eso no es lo que estamos recomendando. Cuando se utiliza bien, este método puede ser una herramienta útil para hacer discípulos de nuestro Señor. Cuando se utiliza mal, el mismo método puede abaratar el mensaje y robar la gloria que pertenece a nuestro Dios.

PREGUNTAS PARA LA DISCUSIÓN

1. ¿Recuerda a algún predicador o maestro que enseñase utilizando la comunicación multisensorial? ¿Utilizaban recursos visuales, y si los utilizaban, cómo reaccionó usted? ¿Era interactiva la enseñanza, y si lo era, qué efecto le produjo?

2. Describa su estilo de comunicación.
   - Predecible e inalterable
   - Imprevisible y variado

3. ¿Cuál ha sido el estado de la eficacia de su comunicación en los últimos años?
   - Estoy mejorando mis técnicas de comunicación
   - Las técnicas de mi comunicación están estancadas

4. En nuestra cultura, ¿de qué forma ha visto usted a la gente responder a la comunicación multisensorial?

CAPÍTULO 3

PREVISIÓN:
RESULTADOS DRAMÁTICOS

No hay forma de entender el mundo sin antes detectarlo con el radar de nuestros sentidos.

DIANE ACKERMAN

Hank Aaron, el bateador que golpea con mayor fuerza en los Bravos de Atlanta, salió a batear contra los Yankees de Nueva York. Detrás del plato se encontraba Yogi Berra, el gran receptor de los Yankees. En el momento que Hank se situó en la zona del bateador, Yogi decidió confundir a Hank intentando distraerle con la pelota. Su intención era que Hank perdiese de vista la pelota mientras le hacía comentarios.

Yogi le dijo: «Hank, estás agarrando mal el bate. Tienes que poder *leer* la marca del bate. ¿Puedes leerla, Hank? Tienes el bate al revés, por eso no puedes leerla».

En el próximo lanzamiento, Hank envió la pelota a las gradas del jardín izquierdo, y empezó a correr las bases. Yogi se quedó sobre el plato con la máscara en una mano y el guante en la otra, con cara de abatido. Cuando recorrió las bases y llegó al plato, Hank miró a Yogi y le dijo: «Oye, Yogi, no he venido aquí a leer»[1].

Hank Aaron

Hank Aaron fue un gran bateador porque entendió sus objetivos como tal. Sabía *por qué* estaba en la zona del bateador, y sabía lo que tenía que lograr. No salió a la zona del bateador para *leer*. No se paró allí a hablar. Se paró allí a golpear la pelota, cruzar el plato y empujar carreras. Ese era su objetivo, y se concentró en ello.

GRANDES MAESTROS BÍBLICOS
Ellos saben sus objetivos

En mi investigación, he podido averiguar que los grandes maestros bíblicos son como Hank Aaron. Cuando salen a la «zona del maestro» saben *por qué* están allí y lo que se espera que logren. *No* están allí solo para que los oigan. *No* están allí solo para impartir información. Están allí para producir «hacedores de la Palabra». Ese es el objetivo que Dios les ha dado, y en eso se concentran.

«No se contenten sólo con escuchar la palabra, pues así se engañan ustedes mismos. Llévenla a la práctica», dice Santiago (Santiago 1:22). En la mente de un gran maestro de la Biblia, se anota carrera solo cuando la audiencia *hace* lo que se le ha enseñado.

Reconociendo que el objetivo es el de producir «hacedores de la Palabra», los grandes maestros de la Biblia salen a batear con ese objetivo en mente. Determinan de antemano qué texto es el que la audiencia necesita practicar y se obsesionan con que lo hagan. Pueden definir el objetivo, articular el objetivo e impulsar ese objetivo hasta anotar carreras.

Por el contrario, muchos maestros y predicadores de la Biblia se colocan en la posición de maestros sin haber definido la meta de la audiencia. No tienen idea alguna de lo que quieren que su audiencia haga. Es como si su única meta fuese la de ser oídos. Explican el griego, el hebreo y el arameo; pontifican acerca del trasfondo histórico del texto; organizan el sermón en el correcto estilo homilético; pero no tienen idea alguna de lo que quieren que la gente *haga*. No quiero ofenderlo, pero ¿quién necesita oírle hablar? ¿Quién no necesita que Dios lo cambie?

Estamos de acuerdo en que enseñar sin tener claro cuáles son las metas de la audiencia es seguro y previsible, pero también es ineficaz. Hay pocas personas que se hayan entregado más a la predicación bíblica que el Dr. Walter

Kaiser. Aun así, después de hacer un apasionado llamamiento a la predicación expositiva, ofrece esta advertencia: «No puede haber nada más aburrido y que pueda agobiar el alma y el espíritu de la iglesia que el tedioso relato de episodios bíblicos aparentemente inconexos al presente»[2].

Asimismo, Joe Stowell tiene esto que decir acerca de tal despropositada predicación: «La predicación que comunica información es previsible e inofensiva. La predicación que efectúa transformación supone esfuerzo y riesgo. Aun así, ese es el propósito de la predicación. Un sermón eficaz no se mide por su pulida técnica, sino por la capacidad del predicador de vincular la Palabra con la realidad de la vida del oyente»[3]. Para los grandes maestros, producir «hacedores de la Palabra» es como «anotar carreras» y por eso se obsesionan.

Saber cómo anotar carreras

Los grandes maestros no solo tienen el producir «hacedores de la Palabra» como hacer carreras en el béisbol, sino que también conocen la ruta a las bases que conducen a producir tales hacedores. La ruta de la comunicación para dirigir a su audiencia a actuar es muy parecida al recorrido del campo de béisbol. Una secuencia de comunicación de tres bases produce la acción de la congregación. Los educadores aluden a esta secuencia como *la taxonomía de Bloom de objetivos del aprendizaje*[4]. Observemos una gráfica de esta secuencia.

Si la *acción* de la audiencia se tiene como el *home* beisbolero, existen tres bases cognitivas que deben cruzarse primero. Al igual que ningún corredor de bases pisa el *home* para anotar carrera sin antes haber pasado por la primera, segunda y tercera base, ningún maestro puede lograr que su audiencia actúe sin antes hacerles pasar por las bases de la *atención, comprensión* y *retención*.

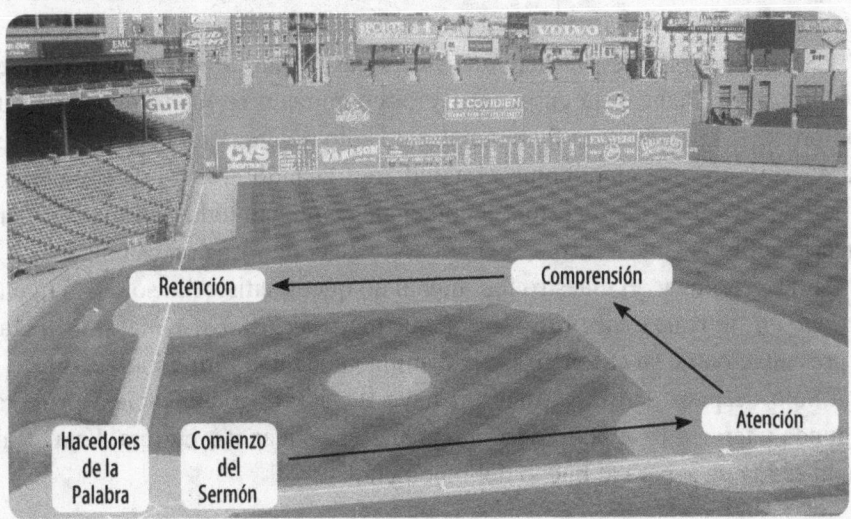

La *primera base* en la secuencia de la comunicación es ganar la *atención* de la audiencia. Una audiencia que no ha prestado atención experimentará dificultad en aplicar lo que se le ha enseñado. Si el maestro pierde la batalla de la atención, pierde la guerra para actuar.

La *segunda base* en la secuencia de la comunicación es la comprensión de la audiencia. La comprensión hace la pregunta: ¿Ha entendido la audiencia lo que se le estaba comunicando? ¿Estaba claro como el agua? No es suficiente que la congregación esté mentalmente atenta a la enseñanza, sino que debe comprenderla. Una audiencia no puede actuar sobre lo que no entiende.

La *tercera base* representa la *retención* de la audiencia. La retención hace la pregunta: ¿Recordará la audiencia lo que se le enseñó? La retención es el «resultado» del aprendizaje que hace posible el recuerdo. La enseñanza eficaz es memorable y recordable. Es imposible que la gente actúe sobre lo que no puede recordar.

Al *home* se llega cuando la audiencia o congregación hace lo que le hemos enseñado de la Palabra.

Pastorean a la audiencia de base en base

La diferencia entre un *buen* maestro y un maestro *fenomenal* es que el maestro fenomenal sabe cómo pastorear a la audiencia al avanzar de base en base. El maestro fenomenal incluso organiza el mensaje pensando en esa secuencia.

En primer lugar, los maestros fenomenales planean de forma estratégica cómo ganar la atención de la audiencia. Ellos planean con antelación cómo captar la mente de su audiencia para pastorearla a la primera base. Se obra con la mayor previsión. Los maestros fenomenales dedican grandes cantidades de energía al principio de la enseñanza con el fin de garantizar que la audiencia esté mentalmente preparada. No soportan la idea de aburrir a la audiencia.

Segundo, los maestros fenomenales se aseguran de que el mensaje sea *comprensible*. Planean la enseñanza y la comunican en un formato fácil de comprender. Los maestros fenomenales no solo quieren que la enseñanza sea clara, ¡sino que sea clara como el agua! Aun cuando el tema es complejo y difícil de entender, los maestros fenomenales emplean todos los medios para hacerlo comprensible a través de un método de comunicación calculado.

En tercer lugar, el maestro fenomenal no queda satisfecho solo con que lo *entiendan*, sino que tiene obsesión con que lo *recuerden*. Estos maestros trazan la presentación de su enseñanza y la comunican de una forma inolvidable.

Solo después de que el maestro haya llevado a su audiencia a primera, segunda y tercera base podrá dirigir a la audiencia a anotar carrera. Esta capacidad es lo que separa al bueno del fenomenal.

No se pierda lo que estoy a punto de escribir porque es esencial para ser un maestro o predicador fenomenal. Usted debe enseñar de una forma que *atraiga la atención* (primera base), que sea *comprensible* (segunda base), y que sea *memorable* (tercera base). Cualquier fallo en cualquiera de esas bases interrumpirá la secuencia para llegar al plato.

Esta es la pregunta de $9,99 (la mitad del precio del libro): ¿Le ayudará la enseñanza multisensorial a llevar a su gente al *home* a anotar carrera? Si adopta un estilo de comunicación multisensorial, ¿será algo más que adoptar una de las últimas modas que vienen y van? ¿O existe prueba irrefutable que demuestre que lo ayudará a convertirse en un maestro o predicador más cautivador, más comprensible y más memorable? La evidencia de nuestra investigación pronuncia un rotundo «sí» a estas preguntas.

LA INVESTIGACIÓN
Los factores que generaron esta investigación

Dos factores generaron el lanzamiento de esta investigación y los experimentos subsiguientes. El primero fue el efecto que estaba presenciando con mis propios ojos. No podía ignorar el efecto multisensorial que estaba apreciando en Christ Fellowship. A medida que hablaba con otros pastores que enseñaban en el formato multisensorial, oía el mismo testimonio. Aunque no tenían evidencia concreta para fundamentar lo que estaban observando, también sabían que la comunicación multisensorial era de gran eficacia. Su éxito, su entusiasmo y el crecimiento de sus iglesias me obligaron a buscar pruebas para el efecto de la comunicación multisensorial.

El segundo factor fue la frustración que estaba escuchando de los pastores y maestros de la Palabra. En el momento de la investigación, yo enseñaba predicación expositiva en un seminario local, y frecuentemente me topaba con pastores y estudiantes que eran buenos comunicadores, pero que necesitaban llevar su capacidad de comunicación a un nivel más elevado. Sus técnicas promedio de comunicación mantenían a sus iglesias en niveles promedio de crecimiento espiritual y numérico.

Seamos realistas: Podemos asistir a una infinidad de seminarios sobre el crecimiento de la iglesia, pero si no podemos comunicarnos con nuestra congregación de forma que les motivemos a actuar, todo es en vano. Si no podemos comunicarnos de una forma cautivadora y motivadora, seguiremos sintiendo frustración con nuestras iglesias.

Nuestras tendencia será, por tanto, culpar a la congregación por su «falta de amor a Dios» en vez de evaluar la eficacia de nuestra propia enseñanza. Esa es la reacción que siempre oigo: «La iglesia no crece porque la gente tiene que experimentar un avivamiento. ¡Es culpa suya!» Culpar a la congregación es mucho más fácil que analizar bien nuestra efectividad como comunicadores.

Pero para los pastores que quieren seguir mejorando su efectividad, estoy convencido de que con la comunicación multisensorial podemos pasar de ser buenos comunicadores a comunicadores fenomenales, el tipo de comunicación bíblica que cautivará a nuestras audiencias y moverá a la gente por las bases para convertirse en hacedores de la Palabra.

Lanzamiento de la prueba

La meta de la prueba era simple: comprobar si la comunicación multisensorial podría ayudar a los pastores y maestros cristianos a ser comunicadores más efectivos. ¿Podría la comunicación multisensorial superar a la comunicación de conferencia en lo que se refiere a la atención, comprensión y retención de la audiencia?

No le aburriré con una sesión de lenguaje investigativo somnífero, pero sí tengo que hacer algunas declaraciones atrevidas. La investigación se llevó a cabo a fondo y el diseño de la investigación fue confiable. Aunque no profesamos que la prueba es inerrante, los asesores que participaron en el experimento consintieron firmemente en la manera de realizar la prueba.

Para los amantes de la investigación, la metodología utilizada para la medición de la atención, comprensión y reatención fue un *diseño cuasi experimental*. Este fue modelado en base al diseño en el texto de *Leedy and Ormord: Practical Research and Design*[5]. La excepción era que estábamos trabajando con una muestra de población mucho más diversa. Al tener una audiencia numerosa con la que probar, con adultos de sesenta y una nacionalidades diferentes, la aplicación de los resultados puede realizarse a una escala mucho mayor. Los experimentos consistieron en tres Diseños de Grupo de Control Único Pos Prueba Cuasi Experimentales. La variable independiente era las tecnologías de enseñanza y la variable dependiente era el efecto sobre la atención, comprensión y retención de la audiencia.

Para medir los niveles de comprensión y retención de la audiencia se administró un examen de rellenar espacios al término de la semana final de tratamiento. Las preguntas (acerca de hechos muy conocidos) se diseñaron con el fin de determinar el entendimiento y la memoria de la congregación en relación al material enseñado durante los tres tipos de presentación. Estos tres tipos de presentación eran:

Verbal
Verbal + Visual
Verbal + Visual + Interactivo

A continuación se acopiaron datos para determinar la relación entre las metodologías de enseñanza y la comprensión y retención de la audiencia.

Para medir los niveles de atención en la audiencia se llevaron a cabo observaciones. No obstante, los niveles de atención se pueden determinar con una simple comparación de los resultados de comprensión y retención. Sin embargo, nosotros queríamos algo más específico que eso. Medimos los niveles de atención en la congregación mediante la observación del contacto de los ojos con el maestro; es decir, a través de la *atracción* al maestro o de la *distracción* del maestro.

La prueba de los niveles de *atención* fue modelada en base a los experimentos realizados por Phye y Andre[6]. Medimos los niveles de atención de la audiencia mediante la observación de áreas aleatorias en la audiencia con cámaras de alta resolución. También se tomaron observaciones en vídeo durante los sermones verbales y durante los sermones multiculturales.

Un panel después realizó un análisis de las grabaciones. Se observaba y se marcaba a cada persona en cada cuadro cuando se apreciaba que su contacto visual se apartaba del maestro. Esta fue una ardua tarea y estoy agradecido por la labor de este panel. Los datos fueron luego recopilados a fin de determinar la relación entre las metodologías de la enseñanza y la atención de la audiencia.

La meta consistía en comparar los niveles de atención cuando la congregación estaba sometida a la comunicación de conferencia y cuando estaba sometida a la comunicación multisensorial. ¿Aumentarían los niveles con la estimulación de más sentidos? Esa era la pregunta que necesitábamos responder. Consideremos las bases de atención, comprensión y retención; al término de cada una presentaremos los resultados de nuestra investigación.

CAPTAR LA ATENCIÓN: SE LLEGA A LA PRIMERA BASE

Como ya hemos establecido, el paso más importante es el de captar la atención. No lograrlo es como quedar eliminado en la primera base. ¡*Out*!

¿Qué es la atención? Dicho en pocas palabras, la atención es la mente que se fija en algún objeto. En sentido negativo, la distracción es el alejamiento de la mente de ese objeto. Si queremos que la gente actúe sobre lo que enseñamos, debemos comunicar de manera que los motive a prestarnos toda su atención.

Desde el momento que uno comienza el sermón, solo dispone de unos segundos para captar la atención de la audiencia. Con cada segundo que pasa

EL PODER DE LA PREDICACIÓN Y LA ENSEÑANZA MULTISENSORIAL

sin que capte su atención, se le hará más y más difícil conseguirlo. Si uno no ha captado la atención en unos minutos, ya han empezado a desconectarse. Su atención se desvía de usted y sus mentes revolotean hacia otras cosas. También debemos darnos cuenta de que muchos inconversos ya están predispuestos a creer que la Biblia es aburrida. Una vez que iniciamos el proceso de comunicación, disponemos de unos segundos para hacerlos cambiar de opinión.

El programa de televisión del Canal de la Historia (History Channel), *Segundos antes del desastre* (*Seconds from Disaster*), documenta paso a paso los errores que provocan grandes desastres como los accidentes aéreos, desastres de los transbordadores espaciales, etcétera. Cada vez que veo ese programa, me acuerdo paso a paso de los errores que provocan desastres en la comunicación. La mayoría de los desastres en la comunicación desde el pulpito ocurren en los primeros momentos de la introducción. Cada vez que nos disponemos a predicar, muchas personas en la congregación mantienen batallas mentales. Algunas están mentalmente cansadas tras una dura semana de trabajo y tendrán dificultad en permanecer despiertas. Otras están enojadas, quizá por haber tenido una discusión de camino a la iglesia. Muchas están preocupadas con asuntos laborales, las finanzas, y otras luchas que les tienen inquietas o molestas.

Conforme usted sale a la zona del bateador para enseñar, tendrá que luchar por captar su atención. No es que no amen a Dios, sino que sufren de un amortecedor cansancio mental por las preocupaciones. Necesitan oír de Dios con desesperación, pero usted solo dispone de unos momentos para captar su atención. Atráigales con prontitud, o se verá eliminado.

La angustia de que lo «ponchen»

Hay pocas cosas tan desmoralizantes como el no poder captar la atención de una audiencia. Es incluso aun más desalentador cuando sentimos que somos «aburridos» al enseñar el libro más poderoso del mundo. Aun así, muchos pastores se sienten de ese modo semana tras semana. Haddon Robinson, maestro de predicación en el Seminario Teológico Gordon Conwell, relata este conmovedor episodio:

El pastor se dejaba caer pesadamente sobre un asiento en el restaurante y jugaba con el vaso de agua. Después hizo un comentario que sonó a confesión. «Estoy aburrido, muy aburrido de mi predicación». Sin embargo, lo que me sorprendió fue cómo lo dijo. No dijo: «Me temo que estoy aburriendo a la congregación». Estaba confesando algo aun más mortificante: «Me estoy aburriendo a mí mismo con mi predicación»[7].

No puedo ni imaginarme la angustia que ese pastor debe haber sentido. El «aburrirse» con su propia predicación es motivo suficiente para dimitir del ministerio. El objetivo fundamental de este libro es ayudar a esos pastores y a otros maestros cristianos. La pasión tras este libro es demostrar que el *talento* en la comunicación no es lo que único que importa; lo que importa son las *técnicas* de comunicación. Puede que no seamos capaces de cambiar el talento natural, pero sí podemos cambiar las técnicas que mejoran el impacto de nuestra comunicación. El pasar de la mera conferencia a la comunicación multisensorial supone que todos los predicadores pueden ser más eficaces para llegar a primera base, o de dicho de otra forma, para captar la atención de la audiencia.

¿Están «totalmente absortos» con su enseñanza?

Cuando se trata de la atención, no es necesario que diga que existen diferentes niveles de atención. La atención no es una condición estática. Los niveles de atención varían desde *fugaces*, a *pasivos*, ya *absortos*. La *atención fugaz* es cuando una persona permanece atenta un rato, pero después esa atención revolotea como un pájaro hacia otro lugar.

La *atención pasiva* es cuando alguien le presta atención a usted, pero su mente se encuentra en piloto automático. Está prestando atención, pero no están absortos en el tema.

La *absorción* es un nivel de atención totalmente distinto. La gente diría que un individuo está *totalmente absorto* en algo. Eso significa que el objeto cuenta con toda la atención de la persona y ocupa el total de su consciencia. La persona está tan enfocada en el objeto que casi nada puede romper su concentración.

Permítame darle un ejemplo de la absorción. El mes pasado fui a la tienda Best Buy para ver los televisores de plasma. Estando allí experimenté una absorción total. Era el 4 de julio a la hora del lanzamiento del trasbordador espacial desde Cape Kennedy en Florida. Varios hombres y yo nos congregamos en la sala de comunicación de alta tecnología. La sala rebosaba de comunicación multisensorial. La televisión de plasma era de alta definición con pantalla de sesenta y seis pulgadas y un potente sistema de sonido envolvente.

La cuenta regresiva marcó cero y la sala se llenó con una enorme explosión de luz y sonido. Ninguno de nosotros habló, y ninguno dejó de mirar al trasbordador. A medida que el trasbordador superaba la torre y se dirigía al cielo azul, la esposa de uno de los que se encontraba en la sala entró y le llamó. Él ni siquiera le respondió. Molesta, le gritó: «¡Héctor!». Él nunca quitó la mirada de la pantalla, y yo tampoco. Eso es estar *totalmente absorto*.

La absorción total es el nivel de atención que debemos captar cuando guiamos a la gente al Lugar Santísimo de la Palabra de Dios. La comunicación multisensorial puede ayudarnos a acumular ese nivel de atención. En Hebreos, Dios exige una absorción total al considerar a Jesucristo. «Por eso es necesario que prestemos más atención a lo que hemos oído, no sea que perdamos el rumbo» (Hebreos 2:1). La frase «prestemos más atención» es la traducción de un término gráfico griego que tiene que ver con el nivel de atención de uno: *proseco*. El núcleo de esta palabra es el verbo *eco*, que significa «aguantar algo», algunas veces en la mente de uno[9]. El prefijo *pros* significa generalmente «ante». *Proseco*, consecuentemente, significa «aguantar algo ante la mente de uno» o «prestar atención a algo»[10]. Esto es la antítesis de una «mente a la deriva» o de una «mente dividida». Cuando se trata de oír el mensaje de Cristo, el escritor de Hebreos dice,: «Debemos estar totalmente absortos en el mensaje».

Hebreos 3:1 comunica la misma idea: «Por lo tanto, hermanos, ustedes que han sido santificados y que tienen parte en el mismo llamamiento celestial, consideren a Jesús». La frase «consideren» es una traducción de la palabra compuesta *katanoeo*. *Katanoeo* significa «dirigir toda la mente de uno a un objeto». J. Behm dice que denota «absorción intelectual»; eso significa «sumirse uno y por tanto percibir»[11]. Ese tipo de absorción e inmersión es por lo que nosotros debemos afanarnos cuando enseñamos la Palabra de Dios.

Dios no tiene reparo alguno en exigir *absorción total*. «De nuevo Jesús llamó a la multitud. *Escúchenme* todos —dijo— y entiendan esto» (Marcos 7:14). Jesús no solo no pidió disculpas por exigir atención, sino que utilizó todos los medios a su alcance para conseguirla. Roy Zuck, maestro del Seminario Teológico de Dallas, dice: «Para motivar, procure cautivar la atención del estudiante desde el comienzo. Jesús lo logró muy bien [...] contando historias, haciendo preguntas y utilizando *recursos visuales*»[12].

Comunicación cautivadora = Absorción total

Por regla general, los individuos aprenden con mayor facilidad y economía cuando están absortos en el proceso de aprendizaje. Aprendemos con mayor eficacia cuando la enseñanza nos atrae por derecho propio, al ser tan cautivadora que nos lleva consigo, por decirlo de alguna forma. Traslademos esa noción al lugar de adoración donde usted y yo enseñamos. La congregación que está sentada al filo de sus asientos es la congregación que aprenderá mejor y de la manera más fácil. El aprendizaje es para ellos una experiencia emocionante y placentera.

Esta es la antítesis de la persona que se encuentra aburrida como una ostra y cuya mente revolotea a otros pensamientos mientras que enseñamos la preciosa Palabra. ¿Qué maestro no ha leído una página entera de material y cuando ha llegado al final de la página no ha absorbido ni un solo pensamiento de la misma? Cuando la congregación está totalmente absorta en sus enseñanzas, no experimentará momentos de inactividad mental.

Según mi experiencia, la comunicación multisensorial capta la atención si se utiliza al comienzo del sermón. O bien cautivamos a la gente al principio del sermón, o la perdemos. Solo disponemos de unos momentos al principio del mensaje para engancharlas y llevarlas a través del proceso de aprendizaje. Ya que el comienzo del sermón es el momento más crucial, es ahí donde se ha de invertir la mayor parte de la energía. Hablaremos más acerca de este tema en la tercera parte, pero por ahora, es suficiente con decir: «Ponga a sus mejores bateadores al principio del sermón». Hágalo verbal, visual e interactivo.

Resultados de la prueba de atención

La pregunta que necesitábamos responder en nuestra prueba de investigación era esta: ¿Puede la comunicación multisensorial superar a la comunicación de conferencia en lo que se refiere a *atraer la atención de la audiencia*? Los resultados de nuestra prueba de investigación han confirmado que sí la supera. La parte de la atención en el diseño de investigación comparaba los niveles de atención de la audiencia en tres pruebas individuales. En cada prueba, la audiencia fue tratada con una presentación estilo conferencia en un mensaje y estilo multisensorial en otro. Se efectuaron observaciones, se recogieron datos, y se trazaron los resultados paralelamente.

Resultados de atención: Prueba 1. Durante la primera semana de pruebas, los niveles de atención fueron extraordinariamente altos cuando la audiencia recibió una comunicación multisensorial en lugar de una presentación estilo conferencia. Para ser más específicos, por cada una de las distracciones ob-

Figura 1. Niveles de atención por tratamiento para la semana 1

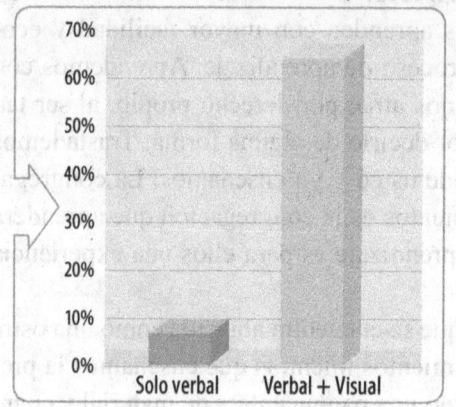

Figura 2. Niveles de atención por tratamiento para la semana 2

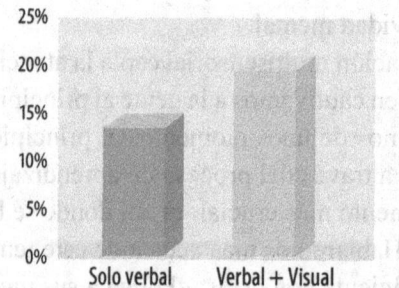

Figura 3. Niveles de atención por tratamiento para la semana 3

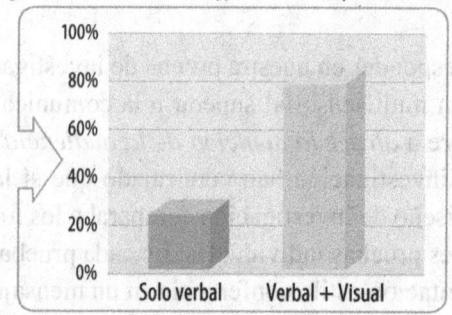

servadas durante los sermones multisensoriales se hallaron 6,67 durante el sermón de conferencia.

Resultados de atención: Prueba 2. Durante la segunda semana de pruebas, los niveles de atención no fueron tan distintos como los de la primera semana de pruebas. No obstante, los niveles de atención fueron más altos cuando a la audiencia se le presentó una comunicación multisensorial en lugar de una presentación estilo conferencia. Concretamente, por cada distracción durante los sermones multisensoriales se hallaron 1,4 durante el sermón de conferencia.

Resultados de atención: Prueba 3. Durante la tercera semana de pruebas, los niveles de atención fueron bastante más altos cuando a la audiencia se le presentó una comunicación multisensorial en lugar de una presentación estilo conferencia. Por cada distracción durante el sermón multisensorial se hallaron 2,5 durante el sermón de conferencia.

Se calculó el término medio de los resultados de atención. El promedio de los niveles de atención de las tres semanas de pruebas demostró que la comunicación multisensorial superó siempre a la presentación estilo conferencia. Por término medio, los niveles de atención fueron 142% más altos cuando la audiencia fue tratada con *Comunicación verbal + Visual* en lugar de solo *Comunicación verbal*.

Amigo mío, no se pierda estos resultados. ¡Mi eficacia didáctica en relación a ganar la atención de la audiencia ascendió a más del doble! Cuando cambié de comunicación estilo conferencia a comunicación multisensorial, mi promedio de bateo mejoró de manera significativa. ¿A qué bateador no le gustaría doblar su promedio de bateo? ¿A qué vendedor no le gustaría doblar su promedio de ventas?

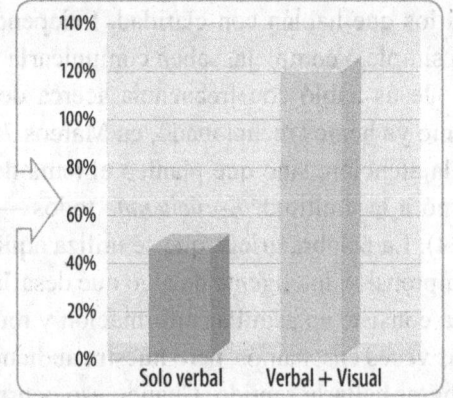

Figura 4. Niveles de atención por tratamiento para todas las pruebas

Durante estas observaciones no se midieron otros factores que eran evidentes. Por ejemplo, uno podía ver los cambios de postura de la audiencia; en realidad, mucha gente se incorporaba en sus asientos o se inclinaba hacia delante en respuesta a las porciones visuales o interactivas. Mientras que hasta ese momento habían estado relajados, ahora demostraban excitabilidad. Tanto las pruebas como observaciones casuales demostraron la superioridad de la comunicación multisensorial en atraer y mantener la atención.

COMPRENSIÓN: LLEGANDO A SEGUNDA BASE

¡Qué frustrante es la confusión! ¿Cuántos de nosotros hemos asistido a una conferencia en una escuela o iglesia, pero no teníamos ni idea de lo que el maestro intentaba comunicarnos? Salimos de ese tipo de experiencias sin la capacidad de actuar sobre lo que se nos ha enseñado. Vale la pena repetir que la audiencia tendrá dificultad en actuar sobre lo que no comprende.

Por consiguiente, después de captar la atención de la congregación, el maestro debe centrarse en abordar el tema de la *comprensión*. Si ganarse la atención de la audiencia representa llegar a primera base, la segunda base requiere la comprensión de

la audiencia. En mi investigación también descubrí que los maestros eficaces son los que hablan con claridad. Independientemente de que la información sea simple o compleja, saben comunicarla.

Jesús habló con frecuencia acerca de la comprensión en su enseñanza. Como ya hemos mencionado, en Marcos 7:14 él no solo sacó a relucir el tema de la atención, sino que planteó el tema del entendimiento. «De nuevo Jesús llamó a la multitud. *Escúchenme* todos —dijo— y entiendan esto» (Marcos 7:14). La palabra griega que se utiliza aquí es *suniemi*, que denota «tener una comprensión inteligente de algo que desafía las ideas o prácticas de uno»[13]. La idea consiste en asimilar información y retenerla para que tenga sentido. Muchas veces enseñamos, pero nuestra audiencia no puede retener la información y lograr hallarle sentido. Cuando eso ocurre, la esperanza de llegar a *home* se desvanece.

Si Jesús se preocupaba en hacer que su enseñanza fuese comprensible, también tenemos que hacerlo. Estamos de acuerdo en que la comprensión es una dinámica de dos vías entre el maestro y el estudiante, pero el maestro debe procurar que su método didáctico no constituya un obstáculo al aprendizaje.

La comprensión es cuestión del cerebro

La comprensión es un fenómeno que ocurre dentro del cerebro. En la actualidad se entiende mucho más acerca de ese proceso gracias a la ciencia y la tecnología moderna. Los recientes avances en la cirugía neurológica, la exploración por resonancia magnética y otros avances tecnológicos han permitido a los científicos observar el cerebro conforme recibe información procedente de los sentidos.

Los científicos ahora pueden captar el cerebro en el mismo momento del aprendizaje. ¿Recuerda usted la analogía de una historieta cómica en la que una bombilla se ilumina en el cerebro para representar a una persona que se da cuenta de algo? En realidad es una «pauta de bombillas», según un estudio realizado por Rotham Research en el Centro para Cuidado Geriátrico Baycrest[14]. El estudio acaparó el interés de los neurocientíficos y lo pregonaron como una importante contribución al entendimiento de las funciones del cerebro en el momento del aprendizaje.

La reciente investigación también muestra que el aprendizaje visual aumenta la actividad del cerebro. Esto es lo que los investigadores del Departamento de Psicología Experimental de la Universidad de Oxford descubrieron:

> La corteza ventral prefrontal desempeña una función en el aprendizaje de tareas en las que los sujetos deben aprender a asociar impulsos y

respuestas visuales. Imágenes obtenidas con tomografía por emisión de positrones así como imágenes por resonancia magnética funcional (MRI) revelan que el aprendizaje aumenta en actividad cuando sujetos normales aprenden tareas asociativas visuales[15].

Como ya veremos en el siguiente capítulo, algunas personas precisan de recursos visuales y participación interactiva para conseguir que se les «iluminen las ideas». Las personas comprenden mejor la información si se la presentan en un formato visual y participativo.

Resultados de las pruebas

Permítanme recordar la pregunta que nos hacíamos en esta sección: ¿Puede la comunicación multisensorial superar a la comunicación de conferencia en cuanto a *niveles de comprensión de la audiencia*? Los resultados de las pruebas confirman que la respuesta es afirmativa. La parte de la prueba de la comprensión comparaba los niveles de comprensión en tres pruebas independientes. En cada prueba, la audiencia se sometió a tres tipos de presentación didáctica:

Verbal
Verbal + Visual
Verbal + Visual + Interactiva

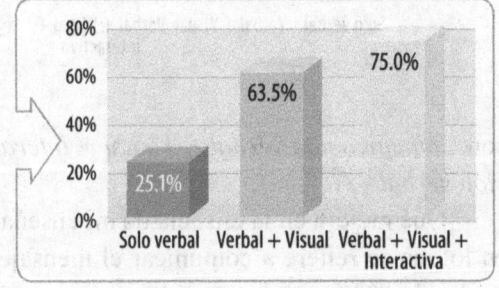

Figura 5. Niveles de comprensión por tratamiento para semana 1

Resultados de la comprensión: Prueba 1. Durante la primera semana de pruebas, los niveles de comprensión fueron bastante más altos cuando la audiencia recibió comunicación multisensorial en lugar de presentación estilo conferencia. Dicho de otra forma: Los niveles de comprensión fueron bastante más altos cuando la audiencia recibió *Comunicación verbal + Visual* comparada con solo la *Comunicación verbal*. Los niveles aumentaron aun más cuando la audiencia recibió *Comunicación verbal + Visual + Interactiva*.

Resultados de la comprensión: Prueba 2. Durante la segunda semana de pruebas, los niveles de comprensión fueron una vez más bastante más altos cuando la audiencia recibió comunicación multisensorial en lugar de presentación estilo conferencia. Los resultados confirmaron los resultados de la semana 1. Cuantos más sentidos añadíamos a la enseñanza, más altos eran los niveles de comprensión.

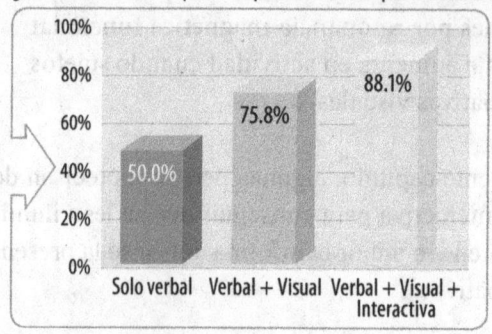

Figura 6. Niveles de comprensión por tratamiento para semana 2

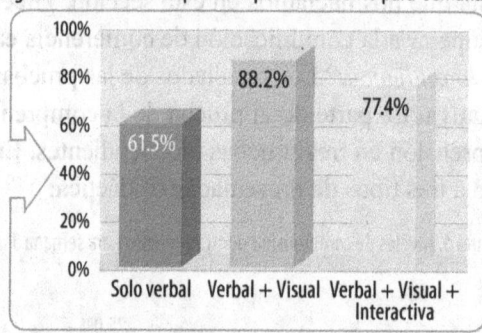

Figura 7. Niveles de comprensión por tratamiento para semana 3

Resultados de la comprensión: Prueba 3. Durante la tercera semana de pruebas, los resultados fueron idénticos a las primeras dos semanas. Los niveles de comprensión fueron una vez más bastante más altos cuando la audiencia recibió comunicación multisensorial en lugar de presentación estilo conferencia.

Se calculó el término medio de los resultados de comprensión. El promedio de los niveles de comprensión de las tres semanas de pruebas demostró que la comunicación multisensorial superó de forma constante a la presentación estilo conferencia. Por término medio, los niveles de atención fueron un 76,1% más altos cuando la audiencia fue tratada con *Comunicación verbal + Visual + Interactiva* en lugar de solo *Comunicación verbal*.

¡Qué mejora en la eficacia de mi enseñanza! La eficacia de mi enseñanza, en lo que se refiere a comunicar el mensaje a la audiencia, aumentó un promedio de 73% cuando añadí los recursos visuales, y un 76,1% cuando añadí recursos visuales y participación.

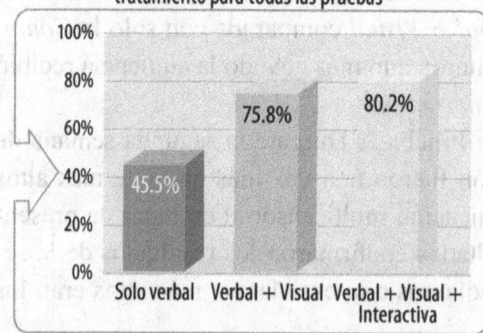

Figura 8. Promedio de niveles de comprensión por tratamiento para todas las pruebas

Una vez más, ¿a qué bateador no le gustaría aumentar su promedio de bateo en un 76,1%? Estoy convencido de que este tipo de claridad me ha permitido esclarecer la Palabra de Dios y la visión que Dios tiene para Christ Fellowship, y ha ayudado a nuestra congregación a anotar carrera como hacedores de la Palabra de Dios. Estoy convencido de que puede ayudarle de la misma forma. Recuerde, no se trata solo de talento, sino también de técnica.

RETENCIÓN: SE DOBLA POR LA TERCERA BASE CAMINO AL HOME

La memoria es fundamental para la acción porque la gente no puede obrar sobre lo que no recuerda. Esto es lo que el salmista dijo: «En mi corazón atesoro tus dichos para no pecar contra ti» (Salmo 119:11). El salmista sabía que controlar su naturaleza pecaminosa depende en gran medida de su capacidad de recordar la Palabra de Dios. Los maestros fenomenales se distancian del pelotón por medio de una comunicación que es memorable.

En el reino espiritual, la capacidad de recordar la Palabra de Dios es lo que alimenta nuestra alma. Si aquellos a los que enseñamos no pueden recordar la información que les impartimos, fracasará en alimentar el alma y afectar el comportamiento.

Que se les pegue

Muchos expertos cognitivos están convencidos de que podemos recordar más de lo que oímos y vemos porque la información se nos queda «pegada» en la mente como cinta adhesiva. Cuando añadimos participación a la ecuación, la memoria aumenta incluso más.

Permítame recordar una vez más la pregunta que nos hacíamos en esta sección de la prueba: ¿Puede la comunicación multisensorial superar a la comunicación de conferencia en lo que se refiere a los *niveles de retención de la audiencia*? ¿Es cierto que la enseñanza visual e interactiva hace que el material permanezca en la mente de la audiencia por más tiempo?

Los resultados de nuestra investigación confirman que la respuesta es afirmativa. La parte de la retención del diseño de investigación comparaba los niveles de retención de la audiencia en tres pruebas independientes. En cada prueba, la audiencia fue tratada con tres tipos distintos de presentación didáctica. Estas son:

Solo verbal

Verbal + Visual

Verbal + Visual + Interactiva

Resultados de retención: Prueba 1. Durante la primera semana de pruebas, los niveles de retención fueron bastante más altos cuando la audiencia fue tratada con comunicación multisensorial en lugar de presentación estilo conferencia. Dicho de otra forma: Los niveles de comprensión fueron bastante más altos cuando la audiencia fue tratada con *Comunicación verbal + Visual* comparada con solo la *Comunicación verbal*. Los niveles aumentaron aun más cuando la audiencia fue tratada con *Comunicación Verbal + Visual + Interactiva*.

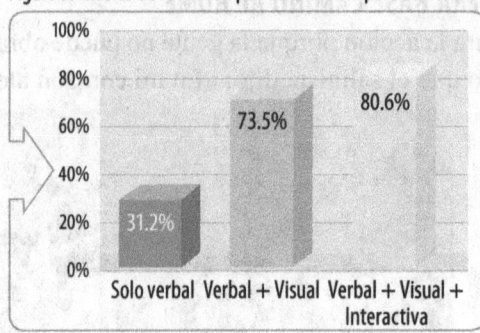

Figura 9. Niveles de retención por tratamiento para semana 1

Resultados de retención: Prueba 2. De igual manera, durante la segunda semana de pruebas, los niveles de retención fueron una vez más bastante más altos cuando la audiencia recibió comunicación multisensorial en lugar de presentación estilo conferencia. Los niveles aumentaron aun más cuando la audiencia fue tratada con *Comunicación verbal + Visual + Interactiva*.

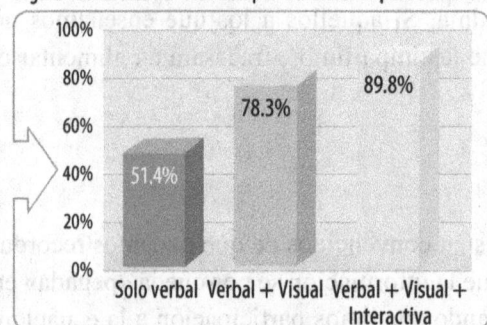

Figura 10. Niveles de retención por tratamiento para semana 2

Resultados de retención: Prueba 3. Durante la tercera semana de pruebas, los niveles de retención fueron una vez más bastante más altos cuando la audiencia fue tratada con comunicación multisensorial en lugar de presentación estilo conferencia. Los niveles no aumentaron aun más en este tratamiento cuando se añadió *Comunicación interactiva* a la *Verbal + Visual*. Sin embargo, la comunicación multisensorial superó de manera significativa a la presentación tipo conferencia.

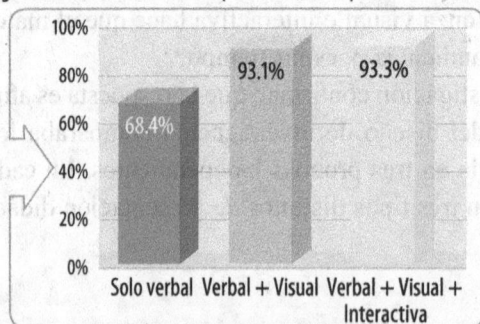

Figura 11. Niveles de retención por tratamiento para semana 3

Se calculó el término medio de los resultados de retención. El promedio de los niveles de retención de las tres semanas de pruebas demostró que la comunicación multisensorial superó de forma constante a la presentación estilo conferencia. Por término medio, los niveles de retención fueron un 74,6% más altos cuando la audiencia fue tratada con *Comunicación verbal + Visual + Interactiva* en lugar de solo *Comunicación verbal*.

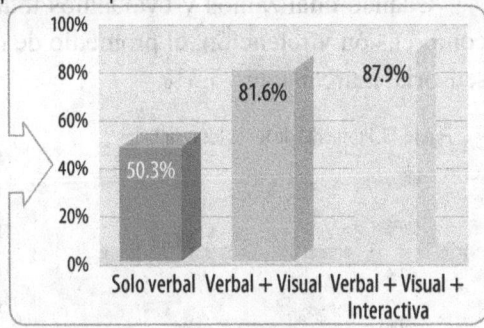

Figura 12. Promedio de niveles de retención por tratamiento para todas las pruebas

Vale la pena repetirlo: ¡Qué gran mejora en la eficacia de mi comunicación! La eficacia de mi enseñanza, en lo que se refiere a hacer que el mensaje sea memorable, aumentó un promedio del 62,2% cuando añadí los recursos visuales, y un 74,6% cuando añadí recursos visuales y participación. Una vez más, ¿a qué bateador no le gustaría aumentar su promedio de bateo en un 74,6%?

Un resultado fascinante

La prueba de retención generó un fascinante desarrollo. Como ya he mencionado, los sermones se predicaron durante un periodo de tres semanas. La prueba de retención fue administrada al término de cada sermón de la tercera semana.

Uno supondría que la gente recordaría más del mensaje de la tercera semana porque se sometieron a la prueba inmediatamente después de oírlo. También, uno supondría que recordarían menos del mensaje de la primera semana en tanto que estuviesen aislados de ese sermón por espacio de tres semanas.

Pero ese no siempre fue el caso. Por ejemplo, si hubiesen escuchado la comunicación multisensorial en la semana 1 y la comunicación estilo conferencia en la semana 3, recordaban mejor la información de la semana 1 que la de la semana 3. En otras palabras, recordaban más acerca del mensaje multisensorial a pesar de que habían pasado tres semanas desde que lo oyeron (73% de precisión). que sobre el mensaje estilo conferencia que acababan de oír (68% de precisión) ¿Por qué? Porque la información estaba grabada de manera visual e interactiva en la mente de la audiencia. Lo habían oído, lo habían visto, y habían participado en ello, y eso se convierte en memoria a largo plazo.

CÁLCULO PROMEDIO DE TODOS LOS RESULTADOS

Cuando analizamos y evaluamos todos los resultados de las pruebas de comprensión y retención, el promedio de mi mejora con comunicación multisensorial marcaba un 75,3%.

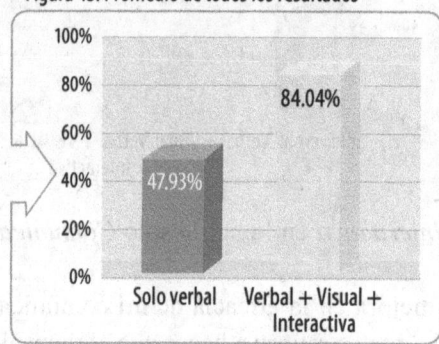

Figura 13. Promedio de todos los resultados

Según la calidad de los comunicadores, la comunicación multisensorial hace que los buenos maestros pasen a ser grandes maestros y los grandes maestros a maestros fenomenales. Esto también constituye mejora suficiente como para tener un impacto significativo en la acción de la audiencia, algo que hemos experimentado en Christ Fellowship. Se ha puesto de manifiesto en el crecimiento de nuestra iglesia, tanto a nivel espiritual como numérico.

A propósito, hemos diseminado el «amor multisensorial» por toda nuestra iglesia. Desde los pequeñitos, pasando por los niños, los jóvenes y hasta los adultos, nuestra iglesia se ha convertido en una experiencia de aprendizaje multisensorial. Christ Fellowship recaudó y gastó cerca de dos millones de dólares para transformar las clases de conferencia tradicional en entornos de aprendizaje sumamente visuales e interactivos. La diferencia ha sido extraordinaria. Los padres nos dicen que sus hijos y jóvenes están deseando venir a la iglesia.

Por último, la comunicación multisensorial no es solo el tema de moda en nuestra iglesia, sino que también se está convirtiendo en el tema de moda en nuestra comunidad. La gente inconversa viene a nuestra iglesia a observar la enseñanza multisensorial que se imparte desde los niños hasta los adultos. Nos ha ayudado a crecer como iglesia y creo firmemente que también puede ayudarle a usted de la misma forma.

Para mí, es como jugar al golf. El golf es un 30% talento y un 70% técnica. La gran comunicación es similar. Si usted pudiese elevar el nivel de su comunicación a estos niveles, ¿haría la inversión para cambiar su estilo de comunicación? Hablemos del tema.

PREGUNTAS PARA LA DISCUSIÓN

1. Conforme prepara su predicación, ¿piensa usted en los resultados? ¿Se dice a sí mismo: «Esto es lo que quiero que la gente *haga*»?

2. Conforme se dispone a enseñar, ¿piensa en el proceso didáctico?
   - ¿Piensa en ganarse la atención de la audiencia?
   - ¿Piensa en ser claro como el agua?
   - ¿Piensa en ser memorable?

3. ¿Qué parte de la comunicación quisiera mejorar?
   - Ganar atención
   - Ser más claro
   - Ser más memorable

4. Si cambia usted a la comunicación multisensorial, ¿cuál será más fácil de llevar a la práctica, los recursos visuales o la participación?

TESTIGO PRESENCIAL:
LA PRUEBA NEUROLÓGICA

El hombre fuerte es aquel capaz de interceptar por voluntad propia la comunicación entre los sentidos y la mente.
NAPOLEÓN BONAPARTE

Nunca olvidaré la primera televisión a color que mi padre compró. Por fin, íbamos a ver programas de televisión en color vivo. Para poder recibir la señal, mi padre compró una antena multiangular de alta potencia que giraba 360 grados y podía recibir múltiples canales. En aquel tiempo, básicamente existían tres cadenas de televisión: ABC, NBC y CBS. En otras palabras, Hollywood tenía la capacidad de comunicar a través de tres cadenas, y nuestra antena multiangular nos permitía recibir las tres.

Desgraciadamente, incluso con esta antena de alta potencia, solo recibíamos un solo canal: NBC. ¿Por qué? La respuesta es simple: ABC no emitía señal alguna a Rock Hill, Carolina del Sur, y CBS no emitía una señal clara.

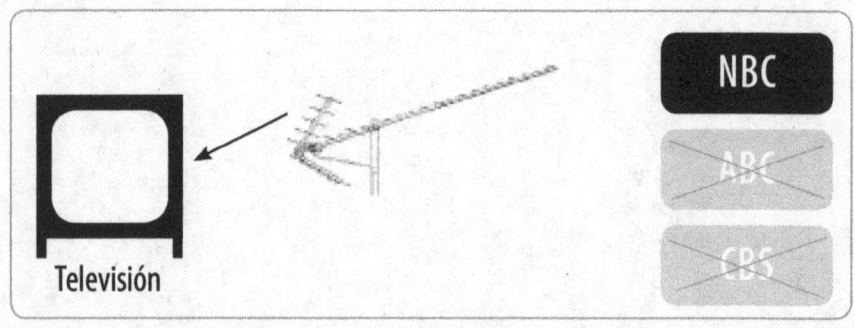

En el receptor, nuestra televisión estaba programada para recibir los tres canales ABC, NBC y CBS. Pero nuestra televisión solo podía recibir la comunicación de un canal: NBC. La ruptura de la comunicación no ocurría en el receptor, sino en el comunicador.

Esta es con mucho la imagen de la predicación de nuestros días. La ruptura en la comunicación ocurre a menudo en el predicador. Como maestros bíblicos, tenemos tres canales sensoriales a través de los cuales comunicamos la información: verbal, visual e interactivo. Correspondiente a esa comunicación tridimensional, la gente de nuestra congregación dispone de una antena neurológica de tres canales con la que reciben esa información. Pueden *oír* la comunicación verbal, pueden *ver* los recursos visuales y puede *tocar* los elementos interactivos.

Sin embargo, en la mayoría de las iglesias, la información es emitida a través de un solo canal: el verbal. La mayoría de los pastores solo son comunicadores «verbales». En otras palabras, si usted no aprende bien por medio del oído, mala suerte. Tenga presente que la mayoría de los pastores no son insensibles. Lo que ocurre es que ellos aprendieron a predicar en una sola dimensión. Para los estudiantes visuales, el estilo unidimensional de enseñanza puede ser representado de esta forma:

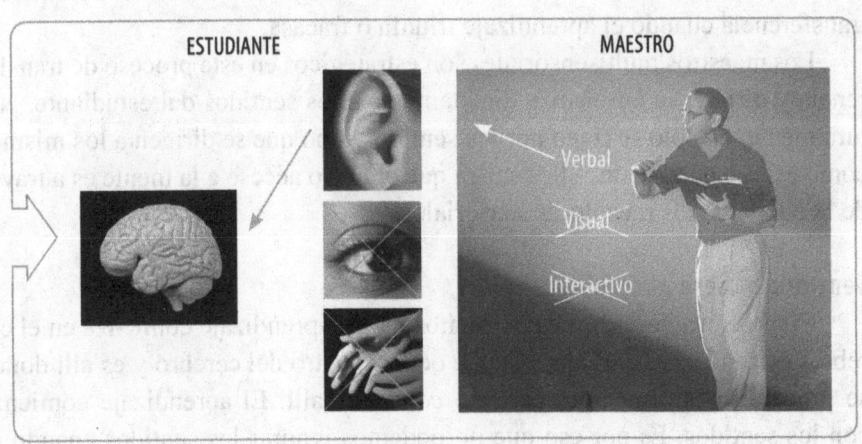

Para concluir, poco después de que mis padres adquiriesen la televisión a color, ABC y CBS por fin decidieron emitir a la zona de Rock Hill. De repente, empezamos a recibir señales de los tres canales, y nos encantó.

En Christ Fellowship, intentamos comunicar a través de los tres canales (verbal, visual e interactivo) a los correspondientes sentidos de recepción (oído, vista y tacto).

EDUCADORES NOSOTROS SOMOS

Para aquellos de nosotros que servimos como pastores, debemos recordar que tenemos un papel doble. Somos líderes y maestros. El papel doble está ligado al cargo que las Escrituras nos dan: pastores-maestros (Efesios 4:11). Como *pastores*, debemos ser pastores-líderes competentes de la grey sobre la que el Espíritu Santo nos ha puesto. La salud espiritual y el crecimiento numérico de la iglesia dependen en gran manera de la competencia del liderazgo de los pastores. Para abordar esa necesidad, parece estarse escribiendo un sinfín de libros sobre el liderazgo pastoral.

Pero debo añadir: La *enseñanza competente* es igual de crucial para la salud espiritual y el crecimiento numérico de la iglesia. Tendremos dificultad en ver que nuestras iglesias crezcan si tenemos problemas a la hora de comunicar lo que dice la Palabra de Dios. Por consiguiente, no debemos olvidarnos de la otra parte de nuestro llamado, es decir, enseñar. En 1 Timoteo 3:2 se nos dice que el pastor debe ser «capaz de enseñar». La frase «capaz de enseñar» es una traducción de la palabra griega *didaktikos*, que significa «experto en la enseñanza».

El trabajo de la enseñanza experta nos guía por la senda de dos vías entre el maestro y el estudiante. La enseñanza experta requiere la transferencia de la información de la mente del maestro a la mente del estudiante. Es durante esa transferencia cuando el aprendizaje triunfa o fracasa.

Los maestros multisensoriales son estratégicos en este proceso de transferencia y dirigen su enseñanza directamente a los sentidos del estudiante. Naturalmente, no solo se rigen por los sentidos, sino que se dirigen a los mismos como acceso a la mente. Ellos saben que el único acceso a la mente es a través de la puerta de los receptores sensoriales.

Sentidos: Acceso al cerebro

Como educadores, quizá pensemos que el aprendizaje comienza en el cerebro. Pero no es así. El aprendizaje ocurre dentro del cerebro y es allí donde se procesa la información, pero no *comienza* allí. El aprendizaje comienza con los sentidos. Es por eso que no podemos ignorar los sentidos cuando se trata de una enseñanza bíblica sana. Los sentidos no son una ocurrencia tardía secundaria de la enseñanza y el aprendizaje. Más bien, los sentidos son los que inician el aprendizaje y la puerta de acceso al cerebro. Lo que viene a continuación puede resultar algo técnico, pero necesitamos entender el papel psicológico-neurológico de los sentidos en lo referente a la ciencia cognitiva del aprendizaje.

Los cinco sentidos reciben información del entorno y la transmiten al cerebro para ser procesada[1]. Williams compara los sentidos a la antena de una televisión. Barbee y Swassing comparan el sistema sensorial a los canales o modalidades a través de las cuales un individuo recibe y retiene información[2]. Con cualquiera de las dos analogías, la cuestión es la misma. Los sentidos operan como receptores del entorno. Cuando se trata de la comunicación, la gente recibe información sensorial del maestro a través del odio, la vista y el tacto y posteriormente trasmiten esa información sensorial al cerebro paras ser procesada. Según Mark Grabe de la Universidad de Dakota del Norte, «la percepción intelectual implica el reconocimiento de la información compilada del entorno por los receptores sensoriales»[3]. En otras palabras, todo aprendizaje comienza al recibir la información del entorno a través de los sentidos.

Sentidos: Avenidas al mundo

Necesito que viajemos a la autonomía del cerebro y a la transmisión de información desde los sentidos al cerebro. En su texto *La bioquímica de la memoria*, el Dr. Samuel Bogoch observa el papel de los sentidos en el aprendizaje: «La transducción sensorial es el proceso a través del cual la información del entorno, recibida por receptores sensoriales periféricos especializados, es convertida al lenguaje de la neurona para su transmisión, abstracción, almacenaje y otras operaciones del sistema nervioso central»[4].

El argumento de Bogoch es que la química neurológica entre los sentidos y el cerebro determina la función de la *recepción* y la función de la *retención*. Dicho de otra forma: El conducto entre los sentidos y el cerebro es el que determina los niveles de atención, comprensión y retención. Esto significa que los sentidos son la puerta de acceso al cerebro: a su atención, comprensión y retención. En consecuencia, si como maestros deseamos potenciar al máximo los niveles de aprendizaje, debemos dirigir nuestra comunicación de forma intencionada a cuantos más sentidos nos sea posible.

Más adelante en su libro, Bogoch lamenta que la ciencia de la recepción sensorial los educadores la han estado ignoro casi por completo. En otras palabras, los educadores suelen ignorar la influencia de los sentidos en lo referente al aprendizaje y la memoria. Entre muchos evangélicos, la enseñanza que va dirigida a los sentidos ha sido demonizada, o percibida como mundana, carnal y nada más que un espectáculo.

Bogoch, sin embargo, ofrece varias y buenas razones para prestar atención a este aspecto de los eventos moleculares. «En primer lugar, este es el suceso inicial en la cronología de la recepción y grabación de la información por el sistema nervioso. En segundo lugar está el hecho de la codificación química para la información experimental, lograda en gran parte si bien casi en su totalidad en el *terminal de entrada* del proceso de transducción sensorial»[5]. O, según Richard Lazarus lo expresa, «nuestros sentidos son nuestras "avenidas al mundo". La única forma de la que disponemos para responder al mundo exterior es en base a la información recibida, y sobre la que se actúa a través de nuestros sistemas sensoriales. Este hecho ubica a la psicología sensorial en un lugar especial en la historia de la ciencia»[6].

Permítanme que lo explique con la mayor claridad posible. El aprendizaje cognitivo en el cerebro marca su inicio en el terminal de entrada, que son los sentidos. Lynn Hamilton, en su destacada obra sobre el autismo, dice esto acerca del cerebro y los sentidos: «Sin los sentidos, el cerebro sería como un eterno prisionero encerrado dentro de los confines del cráneo»[7].

Hacia una teología de los sentidos

El papel de los sentidos en el aprendizaje no solo está respaldado por la neurología sino también por la teología. Tres sentidos primarios conectan con la enseñanza: oído, vista y tacto. Las Escrituras reconocen cada uno de estos receptores sensoriales en 1 Juan, donde el apóstol Juan escribe: «Lo que ha sido desde el principio, lo que hemos *oído*, lo que hemos *visto* con nuestros propios ojos, lo que hemos contemplado, lo que hemos *tocado* con las manos» (1 Juan 1:1).

Observe los tres canales mediante los cuales los individuos aprenden: (1) oído, (2) vista, (3) tacto. El sujeto del texto es Jesús, «lo que ha sido desde el principio». Lo que dice Juan es que él y otros aprendieron de Jesús al *oírlo*, al *verlo* y al *tocarlo* con las manos. Ya en 1933, A. T. Robertson comprendía esto: «Aquí se apela a tres sentidos (odio, vista, tacto)»[8].

Hebreos 5:14 también relaciona los sentidos con la transmisión de información al cerebro. «Pero el alimento sólido es para los que han alcanzado madurez, para los que por el uso tienen los sentidos ejercitados en el discernimiento del bien y del mal» (Reina-Valera 1960). Los sentidos se consideran en este texto como el vehículo que ayuda a la mente a discernir entre el bien y el mal. Aquí, la palabra «sentidos» es una traducción de la palabra griega *aistheterion*, que significa «percepción sensorial» y «comprensión intelectual»[9]. Este artículo sigue diciendo: «Los *aistheteria* [sentidos] son capaces, o al menos susceptibles, de discernir entre el bien y el mal, y han sido entrenados mediante el ejercicio»[10].

LOS INDIVIDUOS EN SU AUDIENCIA TIENEN PREFERENCIAS SENSORIALES

Los predicadores y los maestros no solo tienen que ser conscientes de que los sentidos son la puerta de acceso al cerebro, sino que también tienen que saber que todos los que componen su audiencia tienen una preferencia sensorial. Todo el mundo tiene un sentido dominante que es su sentido óptimo para el aprendizaje. El entender estos preámbulos y la sensibilidad hacia los mismos es fundamental para la comunicación multisensorial.

Estudiantes auditivos. Muchas de las personas que asisten a nuestra congregación y clases no necesitan recursos visuales para aprender ni tampoco 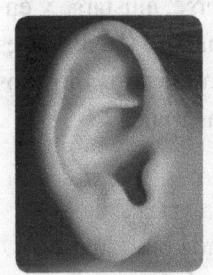 necesitan interactuar directamente con el maestro. Para el estudiante auditivo, basta con que el maestro se comunique con claridad verbal. De hecho, este estudiante prefiere aprender y aprende mejor a través del sentido del oído. Se interesa por el torrente lógico de la información y comprende y entiende mejor cuando la información es auditiva.

Los estudiantes auditivos aprenden mejor a través de las conferencias verbales, las discusiones, hablando de los temas y escuchando lo que otros puedan aportar. Algunas personas son tan diestras en aprender a través del canal auditivo que cuando la información que captan no es auditiva quizá interfiera con su aprendizaje. Por ejemplo, si el conferenciante alude a tablas e ilustraciones gráficas, este estudiante es probable que tenga que ignorar esa sección de la información (incluso cerrando sus ojos) con el fin de concentrarse en la información auditiva[11].

En Christ Fellowship, he tenido algunas ocasiones en las que el mensaje quizá era demasiado visual o demasiado interactivo, y este tipo de estudiante expresó algo de dificultad en prestar atención y comprender el mensaje. Esos casos me han hecho más sensible a evitar el uso excesivo de los recursos visuales e interactivos.

Estudiantes visuales. Estos individuos aprenden mejor a través de la visualización del material o concepto que se está enseñando. Quizá tengan dificultad en entender y recordar la información salvo que se pueda ver. Está  de más decir que los ojos forman parte esencial del proceso de aprendizaje para todos aquellos que tenemos el don de la vista. Muchos científicos creen que la vista es el sentido dominante para la mayoría de las personas. «Uno de los problemas más importantes en la psicología sensorial es la diferenciación de los estímulos que estudiamos. Los estímulos visuales proceden de una banda estrecha en el espectro electromagnético, una banda que cubre longitudes de radiación de onda entre los 400 milimicrones y los 700 milimicrones. Es con estos estímulos ambientales con los que se estimula el sentido dominante de la vista»[12]. Según Rudolf Arnheim, maestro de psicología del arte de la Universidad de Harvard, «casi todo el pensamiento –incluido el teórico y el abstracto– es de naturaleza visual»[13].

Nuestros ojos son verdaderas maravillas sensoriales. A causa de estas dos esferas rellenas, podemos percibir información con respecto al tamaño, forma, color y posición de los objetos. Nuestros ojos pueden moverse, ajustarse y enfocar hacia objetos tan cercanos como la punta de nuestra nariz o tan distantes como una galaxia remota. El gran número de receptores en nuestros ojos nos alertan del nivel de participación de estos en el proceso sensorial.

> En el sistema visual, las neuronas miran al mundo a través de sus conexiones en los cientos de millones de receptores de cada ojo. Cuando los fisiólogos activaron sus microeléctrodos de grabación sobre estas neuronas visuales, los resultados fueron reveladores. Cada célula parecía [...] estar buscando combinaciones significativas de características para los límites y formas en la imagen que definen el borde de los objetos[l]

La persona cuyo sentido dominante es la visión aprende mucho más cuando la información le llega de forma visual o al menos con recursos visuales. Es más, para algunos el sentido de la visión es tan dominante que se ven forzados a compensar si la comunicación no es visual. Ulrich comenta: «Si te consideras una persona con una aptitud especialmente intensa para aprender de forma visual, puede que a menudo intentes imaginarte lo que estás aprendiendo. Incluso puede que te acusen de soñar despierto o de estar absorto en tus pensamientos»[15].

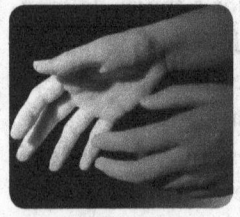

Estudiantes interactivos. Estos individuos aprenden mejor a través del movimiento, la actividad y el tacto. Se les llama estudiantes táctiles/quinestéticos y su deseo es el de explorar el mundo físico que los rodea. Quizá tengan dificultad en permanecer quietos por largos tiempo. Los estudiantes interactivos necesitan tocar, tomar y hacer algo con la información que se les imparte. Por ejemplo, si se les estuviese enseñando la técnica de la mecanografía, necesitan el teclado para escribir algo.

Los pilotos de aeronaves conocen este tipo de aprendizaje. Su aprendizaje auditivo viene a través de oír instrucciones de vuelo y leer libros de instrucciones de vuelo. Su aprendizaje interactivo viene concretamente a través de volar el avión o del simulador de vuelo. Las clases puede que sean provechosas, pero los pilotos le dirán que aprendieron a volar cuando pusieron las manos en el timón y los instrumentos[16].

Peter Kline destaca: «Usted nació para aprender con todo su cuerpo y con todos sus sentidos. No nació para sentarse en una silla ocho horas al día y escuchar a alguien hablar o pasar año tras año metido en los libros»[17]. Willis y Hudson afirman el mismo concepto: «El modelo de escuela tradicional no solo defrauda a los estudiantes interactivos, sino también a los demás estudiantes, porque las lecciones que incorporan el movimiento y la actividad son provechosas para todo el mundo»[18].

En resumen, la modalidad dominante de un individuo es el canal sensorial a través del cual se procesa la información con mayor eficacia. A menudo, la educación tradicional ha ignorado las preferencias del aprendizaje a través de las cuales los estudiantes pueden maximizar y acelerar los índices de su aprendizaje. John MacArthur reconoce la importancia de las preferencias de aprendizaje cuando escribe:

¿Cuál es tu mejor forma de aprender? Las preferencias varían de persona a persona. Para algunas, la mejor forma de aprender un nuevo concepto o de asimilar nueva información es sentarse y leer con cuidado. A otras les basta con tomar notas conforme otra describe el proceso o explica una nueva idea. Pero para algunos de nosotros la mejor manera de comprender una idea es *participando* en ella o siendo *testigo* de una aplicación práctica del principio.

MacArthur identifica las diferentes formas en que la gente prefiere aprender y con las que aprenden mejor. También reconoce que la gente posee preferencias sensoriales para recibir la información. Algunos aprenden mejor a través del oído, otros aprenden mejor cuando la información se les presenta en un formato en el que el material gráfico es más prevalente, mientras que otros necesitan participar en el aprendizaje. El hecho de que la gente tenga distintas preferencias sensoriales para el aprendizaje es la razón de ser de la comunicación multisensorial.

ENTENDAMOS LA DOMINANCIA HEMISFÉRICA CEREBRAL

Además, no solo se trata de *preferencia* sensorial; en la mayoría de los casos es *dominancia* sensorial. Las investigaciones neurológicas y cognitivas han demostrado que los individuos tienen un sentido dominante, un canal dominante a través del cual reciben mejor la información.

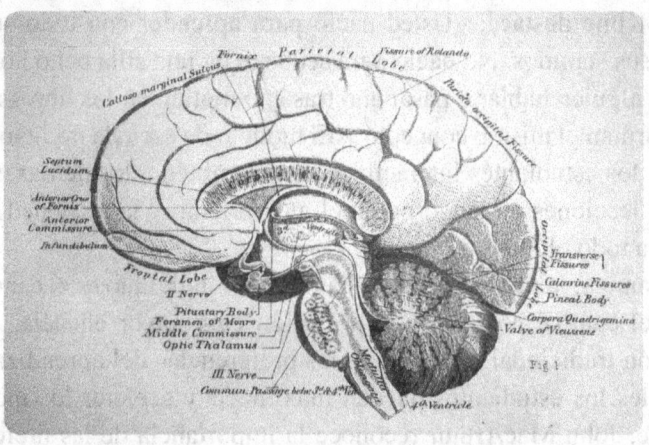

Cada uno de nosotros poseemos una masa gris de algo más de un kilo albergada dentro de nuestra cabeza que se asemeja a plastilina arrugada. En realidad es una conexión de más de cien mil millones de neuronas. Conforme los científicos han podido explorar dentro de esta maravilla neurológica, se ha descubierto que el cerebro es realmente un ente de dos hemisferios. Ellos han descubierto que cada hemisferio es distinto al otro en lo que se refiere a función y concentración. Las dos mitades son por lo general clasificadas como cerebro derecho y cerebro izquierdo[20].

Ambos hemisferios procesan información recibida de los sentidos, y la mayoría de las personas suelen poseer más fuerza en un lado que en el otro. Muchos científicos cognitivos creen que la *dominancia* sensorial está determinada por la *dominancia hemisférica cerebral*. La conclusión de muchos investigadores es que la persona de dominancia hemisférica izquierda es una persona fuerte en el aprendizaje verbal, mientras que la persona de dominancia hemisférica derecha es una persona fuerte en el aprendizaje visual.

Curiosamente, la dominancia hemisférica cerebral suele fluctuar a lo largo de la vida de una persona, pero la pauta suele quedar determinada en la niñez. Los investigadores dicen que los ojos y otros signos corporales indican la pauta del cambio de hemisferios. Por ejemplo, uno puede observar que algunas personas cruzan los brazos de formas distintas; el izquierdo sobre el derecho o viceversa. Intentar cambiar la forma en la que uno cruza los brazos demuestra al momento lo acostumbrada que está esa persona a la forman que ha aprendido a hacerlo, y cualquier otra forma le resulta extraña. Este hecho indica la pauta de dominancia hemisférica de uno en el momento en el que una persona aprende a cruzar sus brazos. Para la mayoría, esto ocurre entre los dos y tres años de edad. El sentimiento de novedad cuando intentamos cambiar la pauta demuestra lo acostumbrados que estamos a la elección inicial que hicimos y la infrecuencia con la que hemos ido en contra de esa elección.

En cuestión de estrategias de enseñanza o predicación, es esencial comprender los hemisferios cerebrales cuando entendemos que la dominancia puede ser responsable de ciertas preferencias del aprendizaje. En el contexto de la enseñanza, el estudiante de dominancia hemisférica izquierda puede aprender con facilidad y mejor a través de un formato de conferencia. La parte izquierda de su cerebro es la parte dominante, por consiguiente procesan la información sin necesidad de recursos visuales o participación táctica. La mayoría de las instituciones docentes, escuelas primarias, universidades e iglesias satisfacen su estilo de aprendizaje, en tanto que la mayoría de las instituciones docentes enseñan solo en un formato de conferencia[22].

El estudiante de dominancia hemisférica derecha se siente atraído al lado visual del aprendizaje. Esta persona por lo general necesita ver la información para comprenderla y retenerla en la memoria a corto y largo plazo. Ya que la parte derecha del cerebro es el hemisferio dominante, la vista se convierte en el sentido dominante para recibir información. Desgraciadamente para este tipo de estudiante la mayoría de nuestras instituciones docentes, entre las también se encuentra la iglesia, mantienen una metodología de presentación auditiva y monosensorial.

En su clásica obra *Pedagogía Fructífera*, Findley Edge ha escrito: «El aprendizaje debe empezar a la altura del estudiante»[23]. Sin embargo, puesto que muchos educadores no entienden el concepto de los estilos de aprendizaje del estudiante, la enseñanza no está a la altura del estudiante, sino a la altura del maestro.

«A LO QUE NOS ENFRENTAMOS ES A UN PROBLEMA DE COMUNICACIÓN»

Esas son las infames palabras pronunciadas por Paul Newman en la película *La leyenda del indomable*. Desde entonces, se ha convertido en una frase pegadiza para referirse a lo que ocurre cuando la comunicación entre el comunicador y el receptor fracasa. La frase también sirve de apta descripción a lo que ocurre entre pastores y congregaciones. Es frecuente que existan problemas de comunicación por parte del pastor, lo cual resulta en problemas de aprendizaje por parte de la congregación. Esto es trágico e innecesario porque a no ser que existan problemas neurológicos-fisiológicos, el cerebro tiene una gran capacidad de aprendizaje. Esa capacidad de aprendizaje puede fomentarla o entorpecerla el estilo docente del maestro.

Paul Witty, uno de los psicólogos y pedagogos expertos más destacados de los Estados Unidos, relata una historia sobre un problema que experimentó con un niño de escuela primaria. Había trabajado con el niño durante varias horas, pero para su frustración, el niño no lograba aprender la enseñanza que Witty intentaba impartir. En su irritación, le dijo al niño: «¿Qué te pasa?». Sin vacilar un momento el niño le respondió bruscamente: «¿Qué qué me pasa a mí? ¿Qué le pasa a usted? ¡A usted es al que le pasa algo!»[24].

El aprendizaje es una calle de dos vías entre el maestro y el pupilo. A veces el obstáculo en el proceso de aprendizaje se encuentra en la forma del maestro. A veces es a nosotros a los que nos «pasa algo». «Si los estudiantes tienen dificultad en aprender con la forma en que enseñamos, quizá debemos enseñar de la forma en que aprenden»[25].

AJUSTE SU ESTILO DE ENSEÑANZA A TODOS LOS ESTILOS DE APRENDIZAJE

La *teoría de los estilos de aprendizaje* implica que el grado de aprendizaje de los individuos tiene más que ver con si la enseñanza va dirigida hacia su *estilo de aprendizaje* particular que con si son o no *inteligentes*. Los educadores no deben preguntarse: «¿*Es* este estudiante inteligente?». Más bien, su pregunta debe ser: «¿Qué tipo de inteligencia *tiene* este estudiante? ¿Es este estudiante *inteligente auditivo, inteligente visual* o *inteligente interactivo*?».

Cuando se trata de enseñar la Palabra de Dios a nuestra congregación, debemos hacernos la misma pregunta: ¿Qué tipo de inteligencia tiene esta gente? En nuestra congregación hay tres tipos de *inteligencia*. En una congregación de seiscientos, puede que haya doscientos que son inteligentes auditivos, doscientos que son inteligentes visuales, y doscientos que son inteligentes interactivos. Por desdicha, casi toda la predicación y la enseñanza va dirigida solo al inteligente auditivo. ¡Eso tiene que cambiar!

La investigación destinada a comprender la conexión entre el estilo de enseñanza y el estilo de aprendizaje comenzó a mediados de la década de 1970. En 1976, G. Pask escribió un artículo en *The British Journal of Educational Psychology* en el que presentaba la hipótesis de que la máxima capacidad de aprendizaje se podía incrementar cuando el estilo de la enseñanza del maestro se equiparaba al estilo de aprendizaje del estudiante[26]. A raíz de su artículo, se realizaron experimentos que ajustaban los estilos de enseñanza con los estilos de aprendizaje del estudiante, y los experimentos han confirmado su hipótesis[27].

Puesto que somos pastores con el objetivo de enseñar, no debemos ignorar el tema de los estilos de aprendizaje y enseñanza. Esto es lo que escribe John MacArthur:

> Si alguien le hubiese preguntado al apóstol Pedro qué estilo de aprendizaje prefería, es posible que hubiese dicho que su estilo favorito era el personal y el práctico. Eso hubiese correspondido a su carácter de hombre de acción e iniciativa. Como su mentor y Señor, Cristo sabía muy bien la mejor forma de comunicarle la verdad a Pedro. Y como *el maestro perfecto*, con sabiduría lo hizo participe de forma directa e indirecta de sus milagros, parábolas y sermones[28].

Jesús no adoptó la metodología de enseñanza de talla única. Es obvio que adaptó su estilo docente al estilo de aprendizaje de Pedro. Como educador, Jesús estaba anticipado a su época en lo referente a la estrategia de enseñanza y a la comprensión cognitiva. Utilizó la comunicación multisensorial para proclamar su mensaje.

PASTORES-MAESTROS: SEAN CONSCIENTES DE SUS PREJUICIOS SENSORIALES

La investigación ha demostrado que la preferencia sensorial del maestro suele influenciar el método y estilo a través del cual enseña. Barbee y Swassing advierten que los maestros suelen proyectar sus preferencias de enseñanza sobre su selección de materiales, estrategias, procedimientos y métodos de refuerzo. En otras palabras, solemos enseñar de la mejor manera que aprendemos, no como los estudiantes aprenden mejor:

> Considere, por ejemplo, a la maestra de primaria que es altamente auditiva. La tendencia natural de esta maestra es la de poner énfasis en la fónica como la mejor y quizá la única forma de abordar las palabras nuevas. El método le daba resultado cuando estaba aprendiendo a leer y le dio la oportunidad de organizar una lección en torno a su punto fuerte. Tal y como esperaba la maestra, casi toda la clase (aquellos que eran auditivos o una combinación de auditivos y otra de las modalidades) aprendió las técnicas asociadas con el método fónico. El resto de la clase tuvo más dificultad con el uso de la fonética para aprender pala-

bras nuevas, pero la maestra sigue confiada en que, con más práctica, aprenderán las técnicas adecuadas para abordar las palabras[29].

Dicho de otra forma, los maestros deben ser conscientes del prejuicio sensorial porque tendrán la tendencia de enseñar en un estilo equivalente a sus preferencias de aprendizaje[30]. Pazmiño asiente: «El mayor reto es incorporar una variedad de estilos o enseñar en el estilo dominante de uno, y al mismo tiempo permitir un nivel de flexibilidad que facilite los estilos de aprendizaje generalmente representados en cualquier grupo de estudiantes»[31].

En la investigación que Nater y Rollins realizaron, descubrieron una alarmante estadística en cuanto a las preferencias de aprendizaje. Tras estudiar a 1.500 adultos que habían dejado el colegio en el octavo curso, descubrieron que el 99,60% de ellos eran estudiantes inclinados a aprender a través de los sentidos. En otras palabras, eran estudiantes visuales e interactivos. A continuación entrevistaron a 671 adultos finalistas de las Becas de Mérito Nacional. Utilizando el Indicador de Tipos Myers-Briggs, descubrieron que el 83,01% de los individuos becados eran estudiantes de tipo intuitivo.

Esta investigación demuestra que en nuestras instituciones educativas los que aprenden principalmente a través de los sentidos (es decir, estudiantes visuales e interactivos) están en desventaja, mientras que a los estudiantes intuitivos se les premia por la forma en que se les enseña y examina. La enseñanza multisensorial no excluirá a ningún estudiante. Le permitirá alcanzar a toda su audiencia.

UNA PALABRA FINAL PARA EL LAICO

Estimado laico que lee este libro: Si su pastor está intentando enseñarle en un formato multisensorial, le ruego que no se queje diciendo que no lo necesita. Acuérdese que otros que son estudiantes visuales e interactivos necesitan con desesperación la comunicación multisensorial para poder entender la verdad de la Palabra de Dios. Recuerde las palabras de John MacArthur: «¿De qué forma aprende usted? Las preferencias varían de persona a persona». Recuerde también: ¡Usted no es el único protagonista!

PREGUNTAS PARA LA DISCUSIÓN

1. ¿Qué tipo de estilo de aprendizaje prefiere usted?
   - Auditivo
   - Auditivo + Visual
   - Auditivo + Visual + Interacción

2. ¿Cuál es su estilo de enseñanza?
   - Verbal
   - Verbal + Visual
   - Verbal + Visual + Interacción

3. ¿Ha influenciado su estilo de aprendizaje a su estilo de enseñanza?

4. ¿Hay algunos estudiantes en su clase o congregación que están quedando excluidos?

CAPÍTULO 5

ADOPTAR:

LA RATIFICACIÓN TEOLÓGICA

La Palabra de Dios es la luz universal e invisible, cognoscible por los sentidos, que emite su resplandor en el sol, la luna y otras estrellas.

ALBERT PIKE

Existe un acalorado debate que continua en las iglesias evangélicas sobre el uso de la predicación multisensorial. Se han formado bandos y las espadas teológicas han salido a relucir. En este breve capitulo, solo queremos ser bíblicamente sensatos. La meta es responder a tres preguntas planteadas con respecto a la predicación multisensorial.

1. ¿Prohíbe la Biblia el uso de la enseñanza multisensorial?
2. ¿«Diluye» la enseñanza multisensorial el mensaje del evangelio?
3. ¿Es la enseñanza multisensorial un simple espectáculo?

La primera pregunta tiene que ver con *permiso*. ¿Tenemos permiso bíblico para enseñar en formato multisensorial, o está prohibido? La segunda pregunta tiene que ver con *pureza*. ¿Compromete la predicación multisensorial la pureza del texto? La tercera pregunta tiene que ver con *objetivos*. ¿Busca la predicación multisensorial solo entretener a la audiencia?

¿PROHÍBE LA BIBLIA EL USO DE LA ENSEÑANZA MULTISENSORIAL?

Para mí, si la Biblia prohíbe la enseñanza multisensorial, debe abandonarse de inmediato. Si el uso de recursos visuales, accesorios, medios de comunicación, drama y otros recursos de enseñanza multisensorial infringen de alguna manera un mandamiento o principio bíblico, yo sería el primero en rechazarlos. Pero si no existe tal prohibición y si en realidad existe el precedente bíblico para este modelo de comunicación, adoptémoslo de una vez.

OBJECIONES A LA ENSEÑANZA MULTISENSORIAL

Para empezar, permítame decir que los que objetan tienen buenas intenciones y son por lo general estupendos maestros de la Palabra. Yo no tengo deseo alguno de ofender, sino de presentar el argumento de quienes objetan y evaluar sus declaraciones bíblicamente.

Un evangélico que ha hablado abiertamente en contra de la comunicación multisensorial es Arthur Hunt. Sugiere que la enseñanza multisensorial «aturde a la iglesia» y nos conduce al paganismo. Compara nuestra herencia judeocristiana —la cual según él «depende de la palabra»— con el paganismo, que según él «depende de la imagen». Advierte que al exaltar las imágenes visuales nos arriesgamos a convertirnos en paganos atolondrados, y nos hacemos vulnerables a quienes explotan la imagen y olvidan la Palabra[1].

Otro abierto disidente de la tecnología y la enseñanza multisensorial ofrece esta bastante larga queja:

> A medida que la tecnología sigue avanzando, las fotografías desempeñan un mayor papel y las palabras uno menor. Esto debe ser motivo de preocupación para los cristianos. Es difícil comunicar una religión fundada en la palabra a una sociedad orientada hacia la imagen. De modo alarmante, en lugar de liderar la cultura, la iglesia ha sucumbido a su dirección. Los cultos de adoración en muchas iglesias han pasado a ser fútiles. La Palabra de Dios se ha embobecido. El enfoque, lectura, y exposición de la Palabra han sido substituidos por el entretenimiento de chistes monólogos, presentaciones dramáticas, e incluso actuaciones de baile. El resultado es una congregación desinteresada en aprender o conocer la Palabra de Dios o en enseñar la Palabra de Dios a la nueva generación. Esto da paso al resurgir del paganismo y, como Hunt afirma, al dominio no de la Constitución basada en la Palabra, sino al de un dictador capaz de alzarse a través de la creación de una imagen de campaña aceptable[2].

¡Esto es increíble! ¡El autor vincula implícitamente el uso de la enseñanza multisensorial al surgimiento del anticristo! Califica de «fútil» la enseñanza orientada en lo que se ve porque no logra entender que los ojos y los demás sentidos son conductos al cerebro. La comunicación visual no intenta prescindir de la mente, sino llegar a la mente a través de los receptores mentales: los sentidos. Lo que tampoco logra entender es que la gente aprende de formas diferentes.

John MacArthur adopta una posición similar. Parece considerar que cualquier tipo de predicación que no sea el de conferencia compromete a la Biblia. Dice:

> Algunos afirman que con tal que los principios bíblicos se presenten, el medio no tiene importancia. Eso es un disparate. Si un medio de entretenimiento es la clave para ganarse a la gente, ¿por qué no tiramos la casa por la ventana? ¿Por qué no organizamos un carnaval? Un acróbata tatuado sobre una cuerda floja podría hacer juegos malabares con motosierras y vociferar versículos de la Biblia mientras equilibra un perro circense sobre su cabeza. Eso sí que atraería a la gente. Y el contenido del mensaje seguiría siendo bíblico. Es un guión absurdo, pero que ilustra cómo el medio puede abaratar el mensaje.

Este autor da un salto de gigante desde la predicación multisensorial a un «verdadero carnaval con un acróbata tatuado sobre una cuerda floja haciendo juegos malabares con una motosierra y vociferando versículos de la Biblia». ¿Debemos acusar a Jeremías, Oseas y a Jesús de organizar «un verdadero carnaval»? ¿Se puede calificar de «circense» utilizar un recurso visual como un yugo de buey? ¿Es demasiado atrevido utilizar a una ramera como ilustración? ¿Es sacar una moneda de la boca de un pez demasiado dramático? Andy Stanley ofrece un sabio consejo a quienes utilizan los elementos multisensoriales en su enseñanza de la Palabra:

> Esto nos lleva a una importante razón para una cuidadosa planificación: garantizar que el mensaje de la Biblia es el foco central de los cultos del fin de semana. Los recursos visuales pueden ser instructivos. Los vídeos pueden conmover e inspirar. Las luces y accesorios y el drama pueden captar el interés de la gente. Pero muy pronto, demasiadas cosas buenas pueden distraer de la misma razón por la que la gente tiene que estar allí: para aplicar la Palabra de Dios a sus vidas[4].

Dios es un comunicador multisensorial

Hojee la páginas del Antiguo Testamento y pronto descubrirá que Dios utiliza la comunicación multisensorial. Él es el pionero en esto. Dios nos diseñó con múltiples sentidos para recibir información de nuestro alrededor, e intenta siempre conectarse con esos receptores sensoriales.

Revelación natural multisensorial. Dios nos enseña acerca de sí mismo a través de lo que oímos, vemos, tocamos, olemos y saboreamos. Esto es lo que los teólogos llaman *revelación natural*, porque Dios se nos revela y enseña a través de lo que sentimos en la naturaleza. La naturaleza multisensorial de la creación cautiva nuestra atención, nos ayuda a aclarar nuestra percepción de Dios, y es totalmente inolvidable. Edwin Hubble dice: «Equipado con cinco sentidos, el hombre explora el universo que lo rodea y define la aventura como ciencia».[5] Dios nos dio este asombroso universo; él comunica al universo a través del sonido, la visión, el tacto, el olfato y el sabor; y nos dio los cinco sentidos para percibirlo.

Revelación multisensorial especial. Dios también nos enseña en un formato multisensorial cuando se trata de la revelación especial, es decir, la Biblia. A lo largo del Antiguo Testamento, Dios enseñó verdades teológicas y prácticas a

LA ENSEÑANZA VISUAL DE DIOS

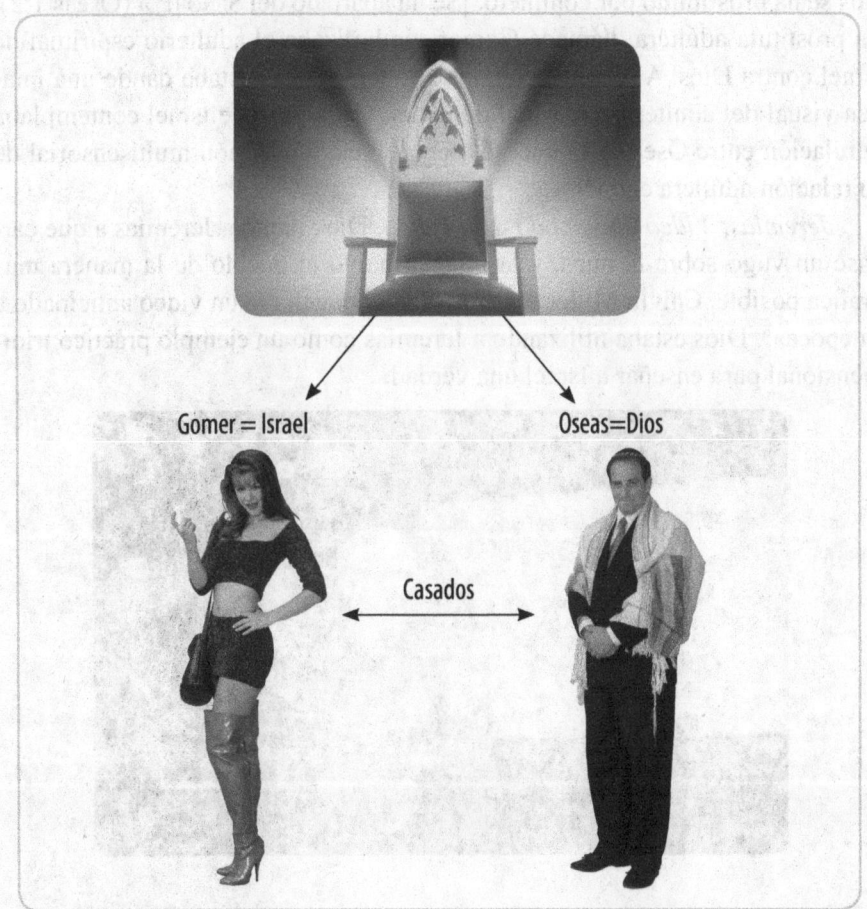

través de la comunicación multisensorial. Sus enseñanzas sensoriales eran gráficas, explícitas y directamente vinculadas a la verdad que quería comunicar.

Por ejemplo, Dios a menudo llamó a sus profetas a utilizar metodologías de enseñanza multisensorial extremas con el fin de comunicar a la audiencia lo que deseaba decirles. Estos utilizaban comunicación verbal mezclada con elementos visuales y técnicas interactivas para realzar los niveles de atención, comprensión y memoria de la gente.

Oseas: Drama anticipado a su época. Quienes consideran que el drama es una forma de enseñanza antibíblica, lean el libro de Oseas. Dios era el maestro, y para que la lección se quedara bien grabada, utilizó un drama de la vida real. Dios mismo preparó este sermón multisensorial de la vida real casando a Oseas con una adúltera.

«La primera vez que el Señor habló por medio de Oseas, le dijo: "Ve y toma por esposa una prostituta, y ten con ella hijos de prostitución, porque el país se ha prostituido por completo. ¡Se ha apartado del Señor!"» (Oseas 1:2). La prostituta adúltera, llamada Gomer, simbolizaba el adulterio espiritual de Israel contra Dios. Al casarse con una adúltera, Oseas estaba dando una imagen visual del adulterio espiritual de Israel. Cada vez que Israel contemplaba la relación entre Oseas y Gomer, el pueblo veía un sermón multisensorial de su relación adúltera con Dios.

Jeremías: Vídeo anticipado a su época. Dios llamó a Jeremías a que cargase un yugo sobre la nuca, y la imagen habló al pueblo de la manera más gráfica posible. Calvin Miller escribe: «Esta imagen era un vídeo anticipado a su época»[6]. Dios estaba utilizando a Jeremías como un ejemplo práctico tridimensional para enseñar a Israel una verdad.

Uno puede encontrar ejemplos de cómo Dios utiliza la enseñanza multisensorial en la Biblia. El tabernáculo entero, establecido según lo ordenó Dios, era una imagen visual de la adoración en el cielo. El drama de la Pascua representado en Egipto simbolizaba la sangre del Cordero de Dios sobre la cruz. El pastor que enseña en un formato multisensorial no está imitando a la cultura, sino al Creador.

Jesús: Un maestro multisensorial. Pocos maestros han utilizado la enseñanza multisensorial como lo hizo Jesús. Lo que vemos hoy día en relación a la enseñanza multisensorial no es una revolución sino un avivamiento. Jesús utilizó vides, sarmientos, monedas, agua, trigo, campos de trigo, niños y todo tipo de recursos visuales para comunicar de una manera gráfica la verdad divina. Roy Zuck habla sobre los métodos de enseñanza de Jesús:

> ¿Cómo captaba Jesús tal atención? Su aptitud para la enseñanza puede verse en el uso creativo de la variación en las pautas de enseñanza, la forma en la que interesaba a sus estudiantes, y su afinidad por lo visual. Los maestros de hoy hacen bien en aprender de la enseñanza de Jesús estimulando y motivando a sus estudiantes, variando sus métodos, animándolos a participar, y visualizando lo que expresan verbalmente[7].

Las ordenanzas del Nuevo Testamento son multisensoriales

La ordenanza del bautismo presenta una imagen visual de una realidad teológica. Nosotros incluso les recordamos a nuestras congregaciones que el bautismo es un *cuadro* de la muerte, sepultura y resurrección de nuestro Señor Jesús. Una imagen ilustra más que cien palabras, y eso es precisamente lo que hace el bautismo. Es una imagen explícita de una gran verdad teológica.

La Santa Cena es incluso más multisensorial. El pan es una imagen del cuerpo de Cristo, y el jugo es una imagen de su sangre. Pero es más que verbal y visual: también es interactiva. La congregación participa en la enseñanza al comer el pan y beber el jugo. Por otra parte, existe la estimulación de los sentidos del sabor y posiblemente del olor. La Santa Cena es la máxima forma de enseñanza multisensorial porque vincula a los cinco sentidos: oído, vista, tacto, sabor y quizá incluso el olfato. ¡Menuda sesión gráfica!

Respuesta a la pregunta 1: Tenemos permiso para utilizar la predicación multisensorial. Puede que haya predicadores y maestros que decidan no utilizar estos medios, lo cual es perfectamente aceptable. No digo que esto sea para todo el mundo. No obstante, recapacite y no lo convierta en un argumento bíblico teológico. Existe un precedente teológico a favor de aquellos que desean hacer uso de su efecto.

PREGUNTA 2: ¿«DILUYE» LA ENSEÑANZA MULTISENSORIAL EL MENSAJE DEL EVANGELIO?

Cuando algunos evangélicos acusan a la predicación actual de diluir el evangelio, estoy de acuerdo con ellos. Muchas congregaciones contemporáneas han puesto a la iglesia en una situación que compromete la pureza del texto bíblico. John MacArthur las acusa de «diluir» el mensaje del evangelio, y en algunos casos tiene razón.

Esto es trágico, porque cuando un predicador diluye el mensaje, lo que hace es arrancarle octanos al mensaje. Está robándole al mensaje el combustible necesario para encender vidas cambiadas. Pero no toda la predicación multisensorial se puede clasificar en esa categoría. Algunos que enseñan en un formato de conferencia también diluyen el mensaje. La cuestión no es el estilo, sino el contenido.

Animado, no diluido

La comunicación multisensorial, cuando se ejecuta con lealtad al texto bíblico, tiene el impacto opuesto a diluir el mensaje. Si acaso, hace que la verdad de la Palabra sea más explícita. La hace más visual, gráfica e inolvidable. La comunicación multisensorial hace por la predicación lo que el lenguaje simbólico hace por el libro del Apocalipsis. Tal lenguaje simbólico no es una alegoría, sino una verdad literal hecha más gráfica por el lenguaje. Eso es lo que la comunicación multisensorial puede hacer por nuestra predicación. Añade efectos especiales al mensaje. Estos efectos especiales no diluyen la comunicación: más bien, la hacen más gráfica.

El mensaje que enseñamos no debe alterarse, moderarse ni comprometerse. Como maestros bíblicos, debemos resistir la tentación de predicar de una forma que sea del agrado y beneplácito de todos. Una vez más, gran parte de la predicación dirigida a los buscadores espirituales prescinde de las teologías del juicio y la ira en la enseñanza y hace de toda la predicación una «bonita charla».

No toda la Biblia es una «bonita charla». Dios advierte del juicio y la muerte eterna. No debemos rechazar la predicación que advierte a la gente de la separación eterna de Dios. No me malinterprete: Veo a pastores a quienes les parece gustar la idea de que la gente se vaya al infierno. Hablan de ello como si disfrutasen de la idea. Tampoco debemos llegar a eso. Hablemos la verdad y comuniquémosla de forma gráfica, pero con compasión y amor.

Métodos cambiables

Por naturaleza, la predicación multisensorial no busca cambiar el mensaje, sino el método de presentación. Está diseñada para hacer que el mensaje sea más cautivador, más comprensible y más memorable. El mundo de la comunicación está siempre cambiando constantemente, y debemos adaptar nuestros métodos (no el mensaje) a ese contexto. El mundo de la comunicación ha evolucionado desde la ausencia de tecnología a la radio, la televisión, los ordenadores y la Internet. La iglesia misma ha evolucionado de no contar con sistemas de megafonía a micrófonos y equipos de sonido de alta tecnología. Hemos evolucionado de la falta de medios para grabar mensajes a grabadoras de bobinas, seguidas de cintas de casete, CDs, DVDs, y ahora la transmisión a dispositivos móviles. Durante muchos de estos cambios existían votos discrepantes que los acusaban de ser perversos y del demonio. Es triste que la iglesia haga tanto por ser ineficaz.

Respuesta a la pregunta 2: La enseñanza multisensorial no diluye el evangelio.

PREGUNTA 3: ¿ES LA ENSEÑANZA MULTISENSORIAL UN SIMPLE ESPECTÁCULO?

Algunos fundamentalistas consideran el púlpito mismo como un asunto doctrinal. Cualquier forma de enseñanza que sustituya al púlpito como medio de comunicación de la Palabra está considerada como comprometedora y un error teológico. Un bien conocido defensor de predicar exclusivamente en estilo conferencia se queja de que «en lugar en el púlpito, el centro de atención está sobre un escenario». La sugerencia parece ser que la enseñanza desde el púlpito es pura y cualquier otro método de enseñanza ha de ser considerado «espectáculo». Esta misma persona sigue diciendo: «Parece como si no existiese límite a lo que los líderes eclesiásticos contemporáneos pueden llegar a hacer para seducir a la gente que no está interesada en la adoración y la predicación. Muchos se han rendido a la idea de que la iglesia debe ganar gente ofreciendo un espectáculo alternativo».[9]

¿Qué es un «espectáculo»?

La inferencia es que cualquier forma de enseñanza distinta a la de conferencia se puede catalogar como espectáculo. Esa crítica, sin embargo, plantea una pregunta: ¿Qué es un espectáculo? ¿Y es la enseñanza de espectáculo un pecado imperdonable para los maestros? Webster define «espectáculo» como «aquello que se ofrece a la vista o a la contemplación intelectual y es capaz de atraer la atención». ¿No es nuestra meta como maestros de la Palabra captar la mente de nuestros feligreses? La palabra «entretener» también se define como «mantener, conservar». ¿No es esa nuestra misión como comunicadores de las Escrituras? ¿No estamos intentando mantener y conservar en la mente la Palabra de Dios?

Me resulta difícil entender la queja. Me resulta problemático encontrar un problema teológico en ese tipo de enseñanza. ¿No es nuestro deseo atraer las mentes de las personas? ¿No es nuestro deseo que la gente mantenga y conserve en su mente lo que les enseñamos? A decir verdad, cuando consulto el antónimo de la palabra «entretener» en mi computadora, me sale la palabra «aburrir». ¿Estamos intentando aburrir a nuestra gente, o estamos intentando cautivar sus mentes para poder presentarles la verdad?

Si estuviésemos hablando de aparentar o de intentar divertir a la gente, yo también estaría en contra. Reconozco que he visto alguna enseñanza multisensorial parecida a un carnaval. Lo detesto como cualquier otro amante de la Palabra. No obstante, eso no es lo que yo entiendo por entretener la mente de una audiencia. Oseas intentaba utilizar enseñanza multisensorial para entretener y atraer la mente de los israelitas.

Me declaro culpable

Calvin Miller hace una reveladora comparación entre «espectáculo» e «interés». «El espectáculo y el interés pasan muy de cerca. Es difícil discernir si un sermón ha interesado o entretenido a la audiencia». Miller continúa diciendo: «En cierto modo entonces, creo que todos pueden experimentar con cómo mantener la atención de una audiencia. Entretener significa ocupar el tiempo de una forma cautivadora. Cada vez que me inclino a dudar del valor de esto, recurro una vez más a las artes para la mejor demostración de este concepto. Las películas, el teatro, las novelas y las pinturas tienen la misma virtud gloriosa: las artes nos intrigan a la vez que nos enseñan».

La respuesta a la pregunta 3: La enseñanza multisensorial es espectáculo en el sentido que cautiva la mente.

Hay una historia en el epílogo de este libro que quiero que lea. Le ruego no se olvide de hacerlo.

PREGUNTAS PARA LA DISCUSIÓN

1. ¿Existe alguna regulación en la Biblia que prohíba el uso de métodos de enseñanza multisensorial?

2. ¿Qué efecto cree usted que el mensaje de Oseas tuvo sobre el pueblo? ¿Cómo hubiese usted entendido su mensaje visual?

3. ¿Qué pensaría si su pastor o maestro se presentase a enseñar con el yugo de un buey sobre el cuello?

4. ¿Qué efecto tiene la Santa Cena sobre usted cuando ve el pan y el jugo y cuando participa físicamente en lo que enseña?

5. ¿Ha visto usted la película *La Pasión de Cristo*? Si la ha visto, ¿de qué forma le afectó?

CAPÍTULO 6

EXPERIENCIA:

EL PODER DE LA EXPOSICIÓN BÍBLICA Y LA COMUNICACIÓN MULTISENSORIAL

Me siento obligado a creer que el mismo Dios que nos dotó de sentido, razón e intelecto no se ha propuesto que renunciemos a usarlos.

GALILEO

El trasbordador espacial de los Estados Unidos tiene la potencia de romper las ligaduras de la gravedad y transportar seres humanos en viajes sensacionales. Para lograr esa potencia, los ingenieros de la NASA han unido dos poderosas fuerzas: los motores principales y propergol sólido.

Situado sobre la plataforma de lanzamiento, el vehículo de 120 toneladas se encuentra rodeado de casi dos millones de kilogramos de propergol

sólido, que despide humos nocivos, y aparentemente impaciente de iniciar su viaje. Exactamente en 6,6 segundos, si la presión, las bombas y la temperatura funcionan perfectamente, las computadoras de abordo dan la señal para el encendido de los motores principales del trasbordador. En ese momento, cada unos de los tres motores se encienden exactamente a intervalos de 160 milisegundos y desarrollan cantidades increíbles de energía. Cuando los motores alcanzan un millón de kilogramos de empuje, sus escapes se intensifican en llamas de un azul diamante. Sin embargo, todavía no es el momento de soltar la bestia. El trasbordador permanece en su sitio unos segundos más.

Entonces, cuando el cronómetro marca cero segundos, si las computadoras están satisfechas de que los motores están funcionando a plena potencia, dan la señal para encender los propulsores de combustible sólido. ¡En menos de un segundo, alcanzan tres millones de kilogramos de empuje! Entonces y solo entonces dan la señal las computadoras para abrir los cierres explosivos y lanzar el trasbordador de dos millones de kilogramos de la plataforma de lanzamiento para dar comienzo a la sensacional aventura.

La combinación de los principales motores cohete del trasbordador y los propulsores de combustible sólido crea grandes cantidades de energía. En tan solo dos minutos el trasbordador alcanza una velocidad de casi cinco mil kilómetros por hora. En menos de seis minutos y medio acelerará a más de veintiocho mil kilómetros por hora, la velocidad necesaria para alcanzar la órbita de la tierra.[1]

EL PODER DE LA EXPOSICIÓN BÍBLICA

¡Qué imagen de enseñanza bíblica multisensorial! La Palabra de Dios ha de ser siempre el motor principal de nuestra enseñanza. Es la fuerza portadora del poder de Dios mismo. No obstante, añadir comunicación multisensorial a nuestra predicación es como añadir los propulsores de combustible sólido al trasbordador espacial. La combinación de contenido bíblico y comunicación multisensorial puede impulsar nuestra enseñanza a dimensiones indescriptibles.

Motor bíblico + Impulsor multisensorial = Poder fenomenal

Pablo dio este encargo a Timoteo: «En presencia de Dios y de Cristo Jesús, que ha de venir en su reino y que juzgará a los vivos y a los muertos, te doy este solemne encargo: Predica la Palabra» (2 Timoteo 4:1-2a). Pablo le inserta una gran dosis de intimidación a ese encargo. Invoca a Dios y Jesucristo como testigos, y luego, en presencia de esos dos miembros de la Divinidad, da este encargo a cada pastor: «Predica la Palabra». Pablo también da un bosquejo del proceso de predicación: «Entre tanto que voy, ocúpate en la *lectura*, la *exhortación* y la *enseñanza*» (1 Timoteo 4:13, Reina-Valera 1960, cursivas mías). Este mandato consta de una secuencia tripartita: El pastor-maestro tiene que (1) leer el texto (2) explicar el texto (3) aplicar el texto. Esta es una gran definición de la predicación expositiva.

Es su Palabra que Dios ha prometido bendecir: «Así es también la palabra que sale de mi boca: No volverá a mí vacía, sino que hará lo que yo deseo y cumplirá con mis propósitos» (Isaías 55:11). El ministerio de la Palabra en la iglesia no es secundario al éxito de la iglesia, sino su esencia misma.

No abandone la esencia

A pesar de la promesa de Dios de bendecir su Palabra y a pesar del mandato de «predicarla», algunos pastores contemporáneos han tomado la decisión de prescindir de la predicación bíblica desde el púlpito. Walter C. Kaiser, célebre maestro de exégesis bíblica, advierte de esta tendencia que está extendida por tantas iglesias evangélicas. «No es ningún secreto que la iglesia de Cristo no goce de muy buena salud en tantos lugares del mundo. La iglesia está lánguida porque la han alimentado con comida basura, con toda clase de conservantes artificiales, y se le ha servido todo tipo de sustitutos que no son naturales»[2].

Me parece extraño, pero entre muchos pastores contemporáneos existe casi un desdén hacia la exposición bíblica. Al igual que existe un desdén hacia la predicación multisensorial entre muchos expositores, existe un desdén hacia la predicción expositiva. «¡No entiendo ninguno de los dos!». En algunos círculos, cuando digo que soy un predicador expositivo, me echan una *mirada* que me hace pensar que he blasfemado. Algunos pastores contemporáneos consideran la exposición bíblica de versículo a versículo irrelevante e ineficaz. Mi temor es que estemos rechazando quiénes somos en nuestra esencia misma.

Si predico la Biblia versículo a versículo, ¿debilitará de alguna forma mis sermones? Si sigo la fluidez lógica de la escritura de Dios, ¿será mi sermón ilógico? ¿Está la Palabra de Dios, tal como está escrita, desconectada de la sociedad en general? Si la enseño en su contexto gramático e histórico, ¿no será relevante para las necesidades y aflicciones de la gente a la que me dirijo?

W. A. Criswell fue un gran hombre que utilizaba la exposición de la Biblia para alcanzar multitudes. Decir que la exposición de la Escritura no tiene poder para alcanzar a los inconversos es un disparate. Ya en 1742, John Albert Bengal ofreció este reto a la iglesia en lo referente a su fidelidad y compromiso con las Escrituras: «La Biblia es el fundamento de la Iglesia y la Iglesia es guardiana de la Biblia. Cuando la Iglesia goza de buena salud, la luz de la Escritura brilla con fuerza; cuando la Iglesia está enferma, la Escritura se corroe por abandono»[3]. Muchos pastores de la boca para afuera hablan del poder y autoridad de la Palabra de Dios, pero a menudo la relegan a un segundo plano cuando se trata de su predicación. John MacArthur aclara este punto: «La predicación evangélica debe reflejar nuestra convicción de que la Palabra de Dios es infalible e inerrante. Con demasiada frecuencia no lo hace. De hecho, existe una tendencia perceptible en el evangelicalismo contemporáneo a alejarse de la predicación bíblica»[4].

Predicación contraintelectual

También parece prevalecer un viento «contraintelectual» entre muchos predicadores contemporáneos. Esta mentalidad insinúa que las personas en la audiencia no tienen capacidad intelectual para comprender mentalmente un contenido estimulante. Por eso, algunos pastores contemporáneos moderan el contenido teológico y cognitivo de sus enseñanzas. He oído decir a un conferenciante popular que mantiene el contenido de su predicación a un nivel de séptimo grado. Lo aplaudieron.

El problema de este planteamiento es que limita el crecimiento teológico de nuestras audiencias y por consiguiente limita la relación de las personas con Dios. Además, da entender al mundo que los cristianos carecen de capacidad para pensar, razonar, y participar en una reflexión mentalmente estimulante. El cristianismo se ve por tanto como una fe simplista, fútil, emocional e inculta.

LAS COSAS ESTÁN CAMBIANDO

Un bien conocido pastor contemporáneo dice lo siguiente acerca de la gente que no asiste a la iglesia: «Jesús los convence, pero la iglesia no». Y sigue citando algunas cualidades que esa misma gente desearía ver en una iglesia. Una de esas cualidades es: «Me gustaría que respetasen mi inteligencia». También cita la visita a la iglesia de un individuo que normalmente no asiste y describe la experiencia de esta forma: «Tuve la sensación de estar en un seminario de Tony Robins con un par de versículos de por medio»[5].

Este pastor ha identificado una gran desconexión entre la iglesia moderna y los inconversos. Los inconversos tienden a creer que los cristianos temen participar en una reflexión crítica. Se imaginan que metemos la cabeza «en la arena» con respecto a la lógica, la ciencia, e incluso la tecnología. Y mucho de lo que se considera «enseñanza» en nuestras iglesias solo confirma sus presuposiciones. Gran parte de la enseñanza contemporánea abarca mucho y aprieta poco, y carece de madurez. Cuando los inconversos se congregan con nosotros y presencian una enseñanza tan superficial y pueril, se ríen.

Muchos pastores contemporáneos creen que el mundo se imagina el cristianismo como «irrelevante». No creo que ese sea el problema. Lo que creo es que se lo imaginan como ingenuo, y gran parte de la enseñanza sirve para corroborar su creencia. Cuando hablo con jóvenes que no son creyentes (los de más de veinte años), se sienten ofendidos por la predicación juvenil. ¡Es un insulto a su inteligencia! No siempre es así, pero muchos me dicen que la iglesia está desprovista de información que estimula la mente. Un joven me dijo que esta generación está cansada de sermones enfocados a «doce formas de superar la culpa», «doce formas de ser feliz» o «doce formas de mejorar tu vida sexual». Otra persona dijo: «Cuando voy a la iglesia, me dan ganas de desenroscarme la cabeza y ponerla debajo del asiento, porque nada me afectará de los hombros para arriba».

Es cierto. En algunas iglesias, la predicación y la enseñanza se asemejan más a un programa de Alcohólicos Anónimos. El modelo de doce pasos es un remedio para todas las enfermedades humanas acompañado de un texto de las Escrituras que hace que parezca más bíblico. La predicación contemporánea es a menudo superficial, carece de substancia bíblica, es incapaz de ocupar la mente y resulta ridícula. Así no conseguiremos edificar la iglesia ni alcanzar a los inconversos.

Thom Rainer afirma que esa mentalidad es uno de los muchos mitos en los que algunos «expertos en el crecimiento de iglesias» creen:

> Mito #6: Debemos tener cuidado con nuestra predicación y enseñanza a fin de que no comuniquemos verdades bíblicas complejas y profundas que confundan al inconverso. «¿Sabes lo que más me frustraba cuando empecé a visitar iglesias?», Susan M nos preguntó. Susan era una persona inconversa que vivía en el área de Cleveland hasta que una crisis la inspiró a buscar a Dios. Intentó encontrarlo a él y a su verdad en las iglesias que visitó. «Lo que me molestó fue que tenía un profundo deseo de entender la Biblia, de oír una predicación y enseñanza profunda», siguió diciendo, «pero casi toda la predicación era tan diluida que resultaba un insulto a mi inteligencia».

Me temo que muchos pastores de hoy día se consideran pastores vanguardistas, pero no lo son. Siguen predicando en formato adolescente válido hace años, pero que no sirve para las nuevas generaciones. Para esta nueva generación, el contenido es importante. No nos engañemos pensando que la gente inconversa es ingenua; no lo es. Sean salvos o no, a la gente no le gusta que se le hable como si fuesen niños.

Debemos superarnos en eso. Debemos enseñar las cosas complejas de las Escrituras al igual que las verdades simples. Si mezclamos el contenido con comunicación multisensorial, estoy convencido de que todos lo «entenderán».

EL MATRIMONIO PERFECTO

El efecto multisensorial está ratificado por la Biblia, por la ciencia, y por las pruebas presentadas en esta obra. Este método de presentación tiene mérito propio, y aun así hay algunos que desean demonizarlo. No lo entiendo. Tenemos dos fuerzas que necesitamos emparejar: la Palabra de Dios y la comunicación multisensorial.

Para mí, no es solo como la combinación del trasbordador espacial; conectar la exposición con la comunicación multisensorial es también como un matrimonio celestial. Por desgracia, hay gente a ambos lados del campo teológico con la determinación de evitar ese casamiento. Ambos tienen una aversión mutua por motivos nada bíblicos.

No tiene que ser «uno o el otro»

Hay a quienes les gusta la exposición y rechazan la comunicación multisensorial, y hay a quienes les gusta la comunicación multisensorial y rechazan el poder de la exposición. Existe el sentir generalizado de que tienes que estar a favor de uno o del otro, pero no de ambos. Usted puede ser un maestro expositor pero no multisensorial. O puede ser un maestro multisensorial pero no expositivo. Qué pena que ambas partes paralizamos nuestra eficacia con un legalismo poco bíblico. Conectemos estas dos fuerzas divinas para que podamos ser más eficaces por amor al reino.

¿Y ahora qué?

Le hemos presentando la revolución multisensorial. Usted ha visto que la audiencia responde a la comunicación multisensorial. Ha visto la evidencia de su efecto según la neurología, la teología y los experimentos de investigación. Se ha sentado con la congregación, por decirlo así, y ha presenciado los efectos paralelos de la comunicación multisensorial frente a la conferencia. La evidencia ya está aquí, y no la podemos ignorar.

Ahora es el momento de ser específico y práctico. En la Segunda Parte, se le guiará por la sección «práctica» de este libro. Nos esforzaremos en aprender cómo utilizar la comunicación multisensorial para captar la atención, comunicar con claridad y hacer de ella algo inolvidable para su congregación. Ya es hora de convertirse en un maestro multisensorial.

PREGUNTAS PARA LA DISCUSIÓN

1. ¿Por qué vemos con frecuencia en la iglesia de hoy una brecha entre la exposición bíblica y la comunicación multisensorial?

2. ¿Ha presenciado usted alguna vez una buena exposición de la Palabra presentada en formato multisensorial? Descríbala. ¿Fue eficaz? ¿Qué es lo que no dio resultado?

3. ¿Qué ayuda necesitará usted para casar la exposición con la comunicación multisensorial?

SEGUNDA PARTE

PREPARACIÓN DE UN MENSAJE MULTISENSORIAL

Para mí la mente parece estar repartida por todo el cuerpo; los sentidos forman parte del cerebro

SHARON OLDS

En su libro *De buena a grandiosa*, Jim Collins hace algunas preguntas profundas acerca de la capacidad de una compañía para elevar su nivel de calidad. «¿Puede una buena compañía llegar a ser una compañía fabulosa, y si es así, cómo?». Intentamos contestar esa pregunta en lo relacionado con la calidad de nuestra enseñanza. ¿Puede un buen maestro llegar a ser un maestro fabuloso? ¿Y puede un comunicador fabuloso llegar a ser un comunicador fenomenal? Y si es así, ¿cómo?

La primera parte de este libro responde a la pregunta «¿puede?»: ¿Puede la comunicación multisensorial mejorar su enseñanza? ¡Por supuesto! La segunda aborda la pregunta «¿cómo?»: ¿Cómo puede usted elaborar mensajes multisensoriales? Es ahora cuando nos centramos en la práctica.

Poca gente entiende la presión que los maestros bíblicos afrontan cada semana, especialmente pastores-maestros. La presión de tener que crear nuevos mensajes que sean informativos, convincentes, claros y memorables es inimaginable. Cuando uno añade ese reto al estrés del cuidado de la grey, es de extrañar que alguien sobreviva. He conocido a pastores que han dejado el ministerio porque no podían soportar la presión. Sentían que era mejor dejarlo que recurrir a una enseñanza ya existente.

La persona promedio de nuestra congregación, tristemente, no tiene idea de la sangre, sudor y lágrimas que se invierten en presentar mensajes a tan alto nivel semana tras semana. Los fines de semana nos llegan como mareas oceánicas. No cesan; y en cuanto se acaba un fin de semana, el reloj ya ha empezado a andar hacia el próximo. ¡Por favor! ¡Solo de escribirlo me pongo nervioso! Sigo orando que este libro lo ayude a aliviar su carga mientras eleva el nivel de impacto de su enseñanza.

¡A usted se le tiene en gran estima! Dios lo ha elegido, llamado y ungido para enseñar su preciosa Palabra. ¡Estamos de acuerdo en que usted podría hacer algo más fácil con su vida, aunque nunca sería algo más trascendente! A pesar de las presiones y las decepciones de la predicación y la enseñanza, no hay mayor llamado. Pablo dijo: «Doy gracias al que me fortalece, Cristo Jesús nuestro Señor, pues me consideró digno de confianza al ponerme a su servicio» (1 Timoteo 1:12).

En base al hecho de que Dios lo considera a usted fiel, sea el mejor de los maestros para él. ¡Por amor de Dios, tome las habilidades que él le ha dado y haga de ellas algo grande! ¡Hágalas fenomenales! Ese es el objetivo de los siguientes capítulos. La meta es hacer que su enseñanza sea convincente, clara e inolvidable. Usted va camino a una enseñanza bíblica fenomenal.

De la investigación que se realizó surge la siguiente fórmula que nos guía hacia una comunicación bíblica fenomenal:

Comunicación verbal + Recursos visuales + Interacción = Máximo impacto

El concepto es simple. Cuantos más sentidos estimulamos durante el proceso de aprendizaje, más altos serán los niveles de aprendizaje. Al añadir los demás sentidos de la vista, el tacto y la interacción al proceso de comunicación, añadimos alto octanaje a nuestro impacto educativo.

La Segunda Parte de este libro estará cargada de instrucciones prácticas para que se convierta en un maestro multisensorial de alto octanaje. Esta sección también estará sazonada con ideas de sermones multisensoriales y técnicas multisensoriales que pueden ser fácilmente utilizadas por el lector. Por favor, siéntase en libertad de utilizar cualquiera de los materiales para sermones presentados en este libro. Si usted es como yo, es probable que necesite todas las ideas que pueda encontrar.

Una cosa más: La mayoría de las ideas y los ejemplos proceden de mis ilustraciones y ejemplos. Usted puede encontrar otros ejemplos que quizá sean mejores, pero le ofrezco los míos por razones de integridad. No deseo utilizar la obra de otros pastores y maestros sin su permiso. Espero que en base a mis ejemplos usted vea que puede lograrlo. Y sea que enseñe en un contexto pequeño o en un contexto grande, lo mismo da. Usted lo puede hacer.

CAPÍTULO 7

PREPARACIÓN:

PREPÁRESE PARA HACER VIAJES MULTISENSORIALES

Lo que ha sido desde el principio, lo que hemos oído, lo que hemos visto con nuestros propios ojos, lo que hemos contemplado, lo que hemos tocado con las manos, esto les anunciamos respecto al Verbo que es vida.

JUAN (1 JUAN 1:1)

Los cohetes de la NASA trasportan seres humanos en viajes espectaculares. Esos viajes les permiten experimentar las maravillas del universo de una forma convincente, clara e inolvidable.

Los grandes maestros de la Biblia hacen lo mismo para sus audiencias. Transportan a la gente al universo de la Palabra de Dios. Como maestro bíblico, cada vez que uno abre la Palabra para enseñar, tiene el potencial de llevar a su congregación a un viaje que es convincente, informativo e inolvidable. Los sermones multisensoriales hacen que los viajes resulten en sermones literalmente sensacionales.

PREPARATIVOS DE LANZAMIENTO

Al igual que se necesitan preparativos para un lanzamiento del trasbordador espacial, también se necesitan preparativos para el lanzamiento de una nueva metodología de comunicación bíblica. Para implementar un formato multisensorial de enseñanza en su iglesia, debe prepararse y debe preparar a su audiencia para los cambios que se le avecinan. Tal preparación puede evitar un desastre.

Relájese: Esto no va a ser complicado

Mi meta es hacer de usted un comunicador fenomenal sin hacer que su vida sea más desordenada y complicada. Para aquellos lectores que son líderes de iglesias, soy consciente de las cargas que acarrean, las presiones que afrontan, y las limitaciones de tiempo en su vida. Yo también las padezco. Lo último que usted necesita es algo que exige más trabajo y más de su tiempo.

Por esa razón, debe saber que convertirse en un maestro multisensorial no va a complicarle la vida. Usted podrá presentar sermones convincentes e inolvidables en un formato simple y sin complicaciones. Usted puede hacer que su comunicación multisensorial sea más sofisticada dependiendo de los recursos disponibles. Al principio, no obstante, el proceso es fácil de preparar y ejecutar.

¿Ha asistido usted alguna vez a un seminario, tomado notas, regresado a casa totalmente entusiasmado, y se ha preparado para hacer cambios? Y de pronto, se ha dado cuenta que no tenía tiempo para llevarlo a cabo. Lo entiendo perfectamente. Las responsabilidades diarias del ministerio tienen la tendencia de obligar a uno a postergar las ideas nuevas. Todos los materiales y notas se archivan, y muy pronto todo vuelve a la normalidad.

Le prometo no hacerle eso a usted. La comunicación multisensorial no es complicada, o yo tampoco sería capaz de ejecutarla. Yo predico una vez los sábados por la tarde, tres veces el domingo, y de nuevo el domingo a la tarde en otro plantel de Christ Fellowship ubicado al sur de Miami. Esa carga crecerá a dos plantel más el año que viene. Si la enseñanza multisensorial fuese complicada, tendría que abandonarla. Pero no lo es.

Es cierto que cuento con un equipo multisensorial que me ayuda. A medida que ese equipo ha crecido, la complejidad de los componentes multisensoriales también ha crecido. Sin embargo, eso no me ha afectado porque el equipo multisensorial ha asumido gran parte de esa carga. Para ellos es un ministerio el ayudar a que los sermones sean más eficaces. Ya hablaremos más sobre cómo formar tal equipo en el próximo capítulo. ¡Usted también lo puede hacer! Cuando acabe de leer este libro, mi oración es que su comunicación no sea «normal», sino «inusual».

Anímese: Va a ser divertido

Estoy escribiendo esta sección un sábado por la tarde. En menos de dos horas, nuestros cultos vespertinos del sábado darán comienzo. Tengo que ponerme a la computadora para expresar la emoción que siento en estos momentos. Esto es lo que la enseñanza multisensorial ha hecho por mí. Eso me entusiasma tanto que anhelo que llegue el momento de enseñar la Palabra.

Permítame ilustrarle lo que estamos haciendo en Christ Fellowship este fin de semana. Estamos enseñando el Evangelio de Mateo en nuestros cultos del fin de semana, y esta noche lanzamos una nueva serie llamada: «GUERRA: Venzamos la tentación». Es una exposición que consta de cuatro partes basadas en Mateo 4:1-11, que describe las tentaciones de Cristo. Solo de contemplar esta narrativa, uno enseguida se da cuenta que se trata de una guerra total.

La guerra, no obstante, no es solo entre Satanás y Dios, sino también entre Satanás y nosotros. Nos guste o no, Satanás le ha declarado la guerra al pueblo de Dios, y nos encontramos en medio de una lucha contra él. Su meta es arrastrarnos al pecado, destruir nuestras vidas y destruir nuestro testimonio. Para lograr sus objetivos, hace un despliegue formidable de sus tentaciones.

Nuestra firme meta durante toda este serie es que la gente se dé cuenta que están en guerra. Los cristianos deben tener una «mentalidad bélica» cuando se trata de resistir la tentación o van a perder las batallas. Para grabar esa realidad en sus mentes, el plantel de la iglesia ha sido trasformado en un campo de batalla. Christ Fellowship parece un teatro de operaciones militares.

Esta noche, los que saludan a los que llegan y los ujieres estarán vestidos en uniforme de campaña. El plantel estará sembrado de objetos e imágenes militares. El escenario ha sido trasformado para que parezca una zona de guerra. Hay tiendas militares y armas militares, e incluso se ha instalado una unidad de hospital quirúrgico militar en el escenario. La unidad de hospital se utilizará más tarde para hablar sobre la restauración de nuestros hermanos que han caído en pecado.

Los sermones comenzarán con vídeos de guerra y con una versión editada de la canción de la década de 1960 llamada «Guerra: ¿Para qué sirve?». A fin de enfatizar aun más la verdad, Eric Geiger y un servidor enseñaremos vestidos en uniformes militares. El efecto será instantáneo. La gente se sentirá atraída a los sermones tan pronto como lleguen al plantel. «¡Todo el plantel grita GUERRA!».

Confío que se haga usted la idea. ¡Esto es emocionante! Igual que a usted, me encanta enseñar la Palabra de Dios. Además, me encanta comunicarla en un formato atractivo, claro como el agua e inolvidable. Pero la presión de presentar mensajes convincentes es estresante, y con el tiempo, ese estrés puede arrebatarnos el gozo de nuestro llamado. Podemos proceder con devoción y pretender que estamos exentos de esa presión, pero en realidad, las víctimas que el ministerio se cobra ponen en evidencia esas presiones.

La enseñanza multisensorial puede avivar su llamado y puede aportar un sentir de emoción y expectación a su enseñanza. Dicho de otra forma: La comunicación multisensorial puede hacer que su enseñanza sea *fascinante* para su audiencia y *divertida* para usted. Imagíneselo. Esta noche, estoy entusiasmado, nuestro equipo multisensorial está animado, y nuestra gente siente expectación cuando ven una comunicación tan explícita. En pocas palabras, ¡estoy en el mejor momento de mi vida! Y usted también puede decir lo mismo.

PREPÁRESE PARA UN CAMBIO SENSACIONAL

Un cambio requiere preparación. Cambiar de comunicación de conferencia a comunicación multisensorial no es muy diferente. Como maestro, usted necesitará prepararse en tres dimensiones: (1) usted mismo, (2) su audiencia, y (3) sus equipos.

Como maestro, la forma en la que presenta su enseñanza cambiará. El *contenido* no cambiará, pero el *método de presentación* sí. Al principio, ese cambio puede que resulte extraño, difícil, e incluso impropio. Usted tendrá que estar preparado para ese cambio a fin de que no le perturbe la mente. Debo confesar que cuando empecé a enseñar con recursos multisensoriales, me resultó extraño y difícil. Sin embargo, no pasó mucho tiempo para que me resultase algo natural. De la misma forma que un *maestro de conferencia* se siente más cómodo detrás de un facistol, usted se sentirá más cómodo junto a sus recursos educativos.

La manera en que *su audiencia* recibe la enseñanza cambiará. Tenga en cuenta que al igual que un rebaño de ovejas puede aterrarse cuando ven cambio, los rebaños espirituales tienen la tendencia a aterrarse y reaccionar de forma exagerada. Usted tendrá que pastorearlos durante el cambio para que no se sientan molestos. Si usted está iniciando una nueva iglesia, esto puedo que no sea pertinente a su situación. Si está en una iglesia establecida, no pase por alto un periodo de transición programado.

Trabajo en equipo. Aunque usted pueda producir y presentar mensajes multisensoriales por su cuenta, le recomiendo encarecidamente que forme un equipo que le asista en esa tarea. Lo guiaré por ese proceso; no es tan difícil.

La clave a fin de prepararse para este cambio es efectuar una transición que se adapte a su propio ritmo. No intente realizar cambios radicales sin permitirse el tiempo necesario para aprender el oficio. A continuación le ofrezco algunas pautas simples que le ayudarán a procesar el cambio satisfactoriamente.

1. Empiece en pequeño

Esta es una regla muy importante a la hora de empezar un nuevo estilo de predicación. No empiece con elementos multisensoriales complicados. Comience con algo simple. Empiece su transición de conferencia a multisensorial con algunas lecciones prácticas y algunas herramientas interactivas sencillas. Esta es la mejor forma de obtener grandes resultados en lo referente a captar la atención, establecer claridad y dejar recuerdos perdurables.

Yo empecé la transición hacia la comunicación multisensorial introduciendo mis mensajes con recursos didácticos sencillos en las manos. Por ejemplo, me subía al escenario con accesorios como:

- Un niño llevado de la mano
- Un agente del FBI conmigo
- Una cruceta
- Un palo de golf
- Una computadora portátil
- Guantes de boxeo
- Un trineo pequeño
- Una manguera de incendios
- Agua embotellada
- Una calabaza
- Una pala
- Una pelota de baloncesto
- Una caña de pescar
- Una bicicleta
- Sal
- Un imán
- Una trompeta
- Mi hija

Estos fueron comienzos sencillos para mí, pero me permitieron acostumbrarme al nuevo método.

2. Manténgalo manejable

Una de las claves para la eficacia de la enseñanza multisensorial es el manejo fluido de los accesorios y las herramientas interactivas que utiliza. Ha de parecer *fácil* e *ininterrumpida*. La clave para una «experiencia fácil e ininterrumpida» es poder manejar sus accesorios y herramientas. Probar un nuevo método de enseñanza puede hacer que uno se sienta inseguro. Tener que manejar sus emociones en tiempos así es demasiado para tener que habérselas con algo complicado. Si tiene dificultad en manejar sus herramientas multisensoriales, se distraerá y distraerá a la audiencia.

Poco después de utilizar recursos multisensoriales sencillos, intenté algo bastante complicado sin estar preparado. Por consiguiente, me resultó difícil gestionar la enseñanza. Me parecía torpe, difícil y antinatural. Nadie me dijo nada, pero sabía que era difícil. Mi congregación es misericordiosa, y creo que sabían que estaba esforzándome.

Debe empezar con sencillez y mantener la enseñanza bajo control. Aumente la complejidad a medida que *usted* se adapta, a medida que *su congregación* se adapta, y a medida que *sus recursos humanos* crecen. En la Tercera Parte de este libro, presentaremos diferentes niveles de enseñanzas multisensoriales. Estas varían de simples y a intermedias a complejas. La clave es avanzar en complejidad al ritmo que usted pueda sobrellevar.

3. Emplee sus puntos fuertes; evite sus debilidades

Igual que usted tiene sus puntos fuertes en la comunicación verbal, también tiene puntos fuertes multisensoriales. Mi punto fuerte personal es el uso de accesorios y herramientas interactivas. Cuando tengo accesorios y herramientas en la mano que estimulan la participación de la audiencia, siento como si tuviese un maestro auxiliar a mi lado. Algunas veces, casi tengo la impresión de estar haciendo trampas porque hace que la enseñanza sea fácil de ejecutar. Los accesorios y las herramientas interactivas me ayudan a captar la atención, a crear claridad intelectual, y a inculcar memoria a largo plazo. Me siento cómodo utilizándolas.

Sin embargo, tengo dificultad con el uso del drama. He podido ejecutar el arte visual con gran éxito, pero me ha sido difícil utilizar las artes dramáticas. Reconozco que el drama es uno de los formatos más eficaces para la comunicación de un punto. Si usted nunca ha visto a Andy Stanley utilizar el drama en sus sermones, se ha perdido algo muy especial. Él es un maestro. El drama puede captar su atención, afectar sus emociones y comunicar un argumento teológico como ningún otro formato de comunicación puede hacerlo.

Bueno, tengo dificultad en utilizarlo con éxito. Por un lado, uno tiene que tener buenos actores, y Stanley los tiene. Nuestra cultura está acostumbrada a ver actores de primera categoría en la televisión. Si utilizamos actores de segunda sin las cualidades necesarias para tal presentación, puede que la misma resulte de mal gusto. No es que haya desistido del drama, pero me doy cuenta de mis limitaciones. No lo fuerce si no se siente preparado para ejecutarlo.

4. Siga aprendiendo y desarrollando

Un factor que adoro de la enseñanza bíblica es que supone una experiencia de aprendizaje de por vida. Para poder mantener nuestro estilo de comunicación fresco y cautivador, tenemos que tener dos cualidades innegociables:

- un espíritu educable
- la voluntad de aprender de otros que son diferentes a nosotros

Muchos pastores y maestros desarrollan cierto estilo de comunicación al comienzo de su ministerio y nunca lo ajustan. En consecuencia, sus audiencias suelen prever lo que enseñan y con el tiempo suenan como un disco rallado. Sea sincero: ¿Qué previsibilidad cree usted que tienen sus enseñanzas? ¿Es su enseñanza nueva cada semana, o puede su audiencia dejar la mente en piloto automático?

5. Aprenda varios estilos de enseñanza

A veces los pastores y los maestros se enorgullecen de su método de enseñanza y con el tiempo ya no se les pueden enseñar. Quizá asistan a conferencias con la finalidad de mejorar su enseñanza, pero siempre es el mismo estilo. Lo que resulta es una enseñanza rutinaria. Yo veo dos extremos en los pastores y maestros evangélicos. Los fundamentalistas parecen tener una mentalidad intolerante y los contemporáneos una mentalidad simplista.

Los *fundamentalistas intolerantes* suelen enfatizar la exposición de la Escritura y restar énfasis a las estrategias de comunicación. Para ellos, la exégesis parece ser la meta única. A consecuencia de esa meta simplista, solo aprenden de los que promueven la exposición.

Los *contemporáneos simplistas* suelen buscar lo opuesto. Enfatizan las técnicas de comunicación olvidándose de la consideración intelectual del texto. En muchos de esos mensajes, se utiliza la Biblia como plataforma para el lanzamiento de una serie o un sermón. La veracidad exegética es a veces inconsecuente. La meta simplista en ese tipo de enseñanza es la atención, y esos maestros no están dispuestos a aprender de aquellos que promueven la exposición.

En otras palabras, muchos maestros contemporáneos suelen desenvolverse bien con la homilética pero fracasan en la hermenéutica. Eso no los preocupa siempre y cuando puedan comunicarse con las personas. Los expositores, en cambio, suelen hacer buena labor con la hermenéutica pero fracasan en la homilética. Para ellos, perder la conexión de la comunicación no tiene importancia siempre y cuando uno acierte en la interpretación.

En ambos lados existen fallos. Una parte comunica pero la información es errónea. La otra parte contiene la información correcta pero no logra comunicarla. Tenemos que ser competentes en ambas disciplinas.

Esta semana tengo previsto viajar a una conferencia de comunicación multisensorial en el oeste medio de los Estados Unidos. Aunque no estaré de acuerdo con todo, sé que podré aceptar información que me permitirá mejorar como comunicador de la Biblia. Mis amigos fundamentalistas quizá pensarán que he comprometido mis principios al aprender de esta gente.

El año pasado asistí a una conferencia sobre el sermón expositivo. Las estrategias para la enseñanza destacaban el poder de la Biblia y reforzaban mi confianza en la Palabra de Dios. Pero mis amigos pastores contemporáneos opinaban que estaba en retroceso.

La verdad es sencilla. Siento una gran pasión por enseñar la Palabra de Dios de la forma más convincente, comprensible e inolvidable. Con tal propósito, debo estar dispuesto a aprender de ambos extremos. No asisto a una conferencia sobre la predicación multisensorial para luego abandonar mi fidelidad a las Escrituras. Ni tampoco asisto a una conferencia de exposición bíblica y echo por la borda mi fidelidad a la comunicación multisensorial. Lo que hago es mezclar las dos para lograr una combinación fuerte y contundente.

Por desgracia, solemos ser de mente cerrada a cualquier estilo diferente al del bando con el que nos relacionamos. La semana pasada me reuní con un grupo de pastores contemporáneos congregados para discutir técnicas de enseñanza. Durante el curso de la conversación, censuraban la enseñanza intensiva que enfatiza el texto y la teología. Se mofaban de esos maestros por estar chapados a la antigua. Pero se sorprendieron cuando les sugerí que quizá eran ellos mismos los que estaban chapados a la antigua. Les advertí que la mentalidad del crecimiento de iglesia que caracterizó a la pasada década puede estar cambiando y cambiando con rapidez. ¡Ahora es cuando el contenido y el intelecto importan!

En resumidas cuentas, he disfrutado aprendiendo de ambos campos. Puede que lea de una persona que me haga mejorar como maestro bíblico, y puede que aprenda de otra que me haga mejorar como comunicador. No permita usted que la gente lo obligue a aceptar una sola dimensión.

PREPARE A LA AUDIENCIA DE SU IGLESIA PARA EL CAMBIO

¿A quién se le puede olvidar el desastre del trasbordador espacial Challenger? La catastrófica explosión y la pérdida de vidas y del vehículo fueron el resultado de dos errores fundamentales.

- un lanzamiento precipitado
- no reconocer las condiciones climáticas

¿Cuántos pastores causan desastres eclesiásticos porque se precipitan a efectuar cambios sin considerar las condiciones climáticas de la iglesia? Volvemos a decir que si usted está emprendiendo una nueva obra, no tendrá necesidad de hacer que su iglesia cambie a un nuevo estilo de enseñanza bíblica. Pero si lidera una iglesia establecida, lea con esmero las siguientes reflexiones. Le pueden ayudar a conducir el cambio con éxito.

1. Transición, transición, transición

La cultura de su iglesia debe determinar la manera en la que usted procede con la enseñanza multisensorial. La mayoría de nosotros ya tenemos demasiadas responsabilidades para comenzar a debatir nuestro estilo de predicación y enseñanza. Por eso, lo animo a modificar su estilo de enseñanza. La gente suele resistirse a los cambios bruscos, pero se les puede dirigir durante el cambio si este se realiza durante un periodo de *transición*.

Si quiere realizar *cambios del estilo de enseñanza* sin provocar una guerra, comience con componentes multisensoriales simples, no complicados ni abrumadores. Comience su transición con algunas lecciones prácticas sencillas. Eso le permitirá aprender los gajes del oficio y a su congregación adaptarse al cambio.

EL PODER DE LA PREDICACIÓN Y LA ENSEÑANZA MULTISENSORIAL

Cuando asumí el pastorado de Christ Fellowship (por aquel entonces Primera Iglesia Bautista de Perrine), nos enfrentamos a tener que hacer una multitud de cambios. La música y la estructura de la iglesia no eran los únicos elementos tradicionales. Hasta la plataforma era tradicional, ya que proyectaba un estilo de presentación «solo de conferencia». El escenario en la plataforma albergaba un gran púlpito, sillas para pastores, órgano, cañones de órgano, cortinas sobre el bautisterio, coro vestido de toga, vidrieras de colores, bancos... ya sabe usted.

Esta no era, bajo ninguno de los conceptos, una iglesia propicia para la experiencia multisensorial. Mi deseo era realizar una transición hacia una iglesia que pusiese menos énfasis en los símbolos tradicionales y más énfasis en la comunicación de la Palabra. El reto era amedrentador. Tendría que pastorear a la congregación para que considerase el plantel, el auditorio y el escenario con una nueva perspectiva.

La clave del éxito de nuestro cambio consistía en la transición. El realizar cambios graduales nos permitió crear un ambiente en el que la gente estaba menos interesada en la experiencia tradicional y más centrada en la experiencia educativa. En la actualidad, cuando uno entra en los auditorios de Christ Fellowship, está claro que nuestro empeño radica en la enseñanza y la adoración. Las salas albergan pantallas gigantes de alta definición, iluminación de alta tecnología, imágenes multisensoriales, plataformas despejadas y un escenario diseñado para la comunicación multisensorial.

Ese mismo énfasis de comunicación queda reflejado en nuestras áreas de adoración infantil así como la de los jóvenes y solteros. Christ Fellowship está comprometida a la comunicación de la Palabra. A su debido tiempo, usted podrá realizar esa transición, y también su audiencia y su plantel, a un paraíso de la enseñanza.

2. Propóngase que siempre será bíblico

Si usted se compromete a reforzar sus sermones con autoridad bíblica, su rebaño seguirá tranquilo. Las ovejas espirituales parecen dispuestas a adaptarse al cambio metodológico siempre y cuando el mensaje no haya cambiado. Nuestra enseñanza ha de ser cautivadora y pertinente, pero cuando le falta contenido bíblico sólido, debilita al rebaño y hace que se inquiete. Además, le sugiero que de vez en cuando mencione los métodos multisensoriales de enseñanza de Dios así como los de Jesús y los profetas. Esto añadirá autoridad bíblica al cambio.

PREPARE A SUS COLABORADORES

La NASA ha sido capaz de enviar seres humanos en viajes increíbles. El viaje más asombroso fue el viaje a la luna. Fue «un gran salto para la humanidad».

Sin embargo, la capacidad para emprender esos viajes radica en los recursos humanos y técnicos. Sin estos dos recursos, tales viajes espectaculares nunca podrían realizarse.

Usted está a punto de llevar a la gente en viajes bíblicos espectaculares. Su audiencia oirá, verá y participará con usted al guiarla hacia las maravillas del universo bíblico. A fin de emprender esos viajes, debe reunir recursos humanos y técnicos.

Ahora bien, reconozco que formar un equipo costará trabajo, pero una vez que esté formado, usted verá cómo la carga de su enseñanza disminuirá. Tenga en cuenta que usted puede producir sus equipos humanos y recursos técnicos conforme amplia su enseñanza. La NASA no empezó con un viaje a la luna, sino con la sencilla misión de poner a un hombre en órbita. Pero a medida que la NASA amplió su misión, necesitaron muchas mentes creativas y más recursos técnicos.

Ese es un buen ejemplo de cómo proceder. No empiece intentando llevarse a su audiencia a la luna. Comience con algo pequeño y sueñe tan grande como Dios quiera. Yo sigo ampliando los horizontes de mi enseñanza, y me encanta. ¡Esto forma parte de lo divertido que es este proceso!

La mayor aportación de los recursos humanos es la provisión de ideas creativas y aptitudes para ejecutar esas ideas. Las *ideas creativas* tienen que ver con el diseño de sermones multisensoriales y series de sermones. La *ejecución* tiene que ver con la mano de obra necesaria para ejecutar esas ideas. Por tanto, es bueno dividir sus recursos humanos en tres equipos individuales.

- Equipo de enseñanza: maestro(es) que mantienen sesiones creativas colectivas y generan el contenido de los sermones y series de sermones.

- Equipo de diseño: aquellos que mantienen sesiones creativas colectivas y diseñan efectos multisensoriales.

- Equipo de ejecución: aquellos que construyen los accesorios y escenas multisensoriales así como aquellos que las llevan a cabo.

EQUIPO DE ENSEÑANZA: DESENCADENE IDEAS DE CONTENIDO

El contenido del sermón siempre debe surgir de los corazones de los que Dios ha llamado a enseñar. No obstante, un «equipo de enseñanza» puede servir de gran ventaja para pastores y maestros que enseñan semana tras semana. En lugar de depender de un solo cerebro para que proponga todas las ideas, ahora usted cuenta con múltiples cerebros.

Tenemos un personal de enseñanza en Christ Fellowship compuesto por cuatro hombres con talento que Dios llamó a ser pastores y maestros. Una vez al mes nos reunimos en una sesión creativa colectiva sobre futuras series y sermones. La combinación de mentes pastorales, docentes y creativas genera ideas extraordinarias.

Si tiene varios pastores en su iglesia, le sugiero que forme un equipo y saque provecho de sus mentes creativas. De igual forma, si tiene pastores jubilados en su congregación, le pueden ser útiles si son de mente creativa. Aunque sea usted el único que lleve la responsabilidad de la enseñanza, siempre puede reunirlos en una sesión creativa colectiva.

Permítame darle un ejemplo de cómo operamos nosotros. Esta semana, estamos haciendo preparativos para nuestra serie de otoño, centrada en torno al «Padre Nuestro» de Mateo 6. En la actualidad estamos enseñando el evangelio según Mateo, y llegaremos al Padre Nuestro justo a tiempo para iniciar el otoño con esta serie. La meta de la serie es destacar la sencillez de esa oración. Es un modelo de oración sencillo, claro y sin complicaciones. Eso es lo que queremos que nuestra congregación perciba de la serie.

El equipo de enseñanza mantuvo una sesión creativa colectiva y propuso este título para la serie: «*iPray*» [Yo oro]. Me encanta. Nunca se me hubiera ocurrido tan buen título. El título aprovecha la *fascinación con el iPhone* (teléfono móvil multimedia) de nuestra cultura, y nos permitirá guiar a la audiencia al texto de las Escrituras. El factor que hace del iPhone algo tan fascinante es su sencillez. Muchos teléfonos móviles están repletos de botones y diales complicados y difíciles de usar. El iPhone, sin embargo, es todo lo opuesto a lo complicado: sencillo de entender y sencillo de operar.

Esa es precisamente la imagen que queremos presentar sobre la oración. Muchos libros dedicados a la oración presentan un complicado laberinto de las cosas que uno tiene que hacer para poder orar. Por contraste, Jesús nos dio un modelo de oración *como el iPhone*: sencillo, claro y fácil de seguir. Ese es el contenido que queremos enseñar.

A partir de ahí, nuestro Equipo de Diseño se ha puesto a trabajar para crear una puesta en escena dominada por la imagen de un iPhone. Durante el transcurso de la serie, el iPhone gigante anunciará la sencillez de hablar con Dios.

Permítame citar otro ejemplo de la sesión creativa colectiva de los maestros. Hace poco tuvimos una reunión en la que hablamos sobre las consecuencias de la vida de Juan el Bautista según el texto de Mateo 11. Una de las declaraciones más extraordinarias en ese texto es que Jesús dijo que Juan era el mejor hombre que jamás hubiese vivido. Ese se convirtió en el lema que quisimos impulsar durante la enseñanza de esta serie.

Pensándolo bien, se me ocurrió la idea de titular la serie «El más grande». De todas formas, había algo en el título que sonaba a soso, demasiado genérico. A medida que seguíamos la sesión creativa colectiva, se nos ocurrió utilizar el «guión» entre la fecha de nacimiento y la fecha de fallecimiento, es decir, 1966-2046. El «guión» de Juan entre su nacimiento y su muerte fue el «guión» más grande. A partir de ahí, la simple idea del «GUIÓN» surgió, y pasamos a desarrollar una serie de seis mensajes. ¡Estoy ansioso por empezar!

- Su guión tendrá periodos de duda   11:1-11
- Su guión deberá ser agresivo   11:12-15
- Su guión será criticado   11:16-19
- Para que su guión importe, sea amigo de pecadores   11:19
- Su guión será examinado   11:20-24
- Su guión y su muerte le importan a Jesús   14:13

EQUIPO DE DISEÑO: DESENCADENANDO IDEAS MULTISENSORIALES

Como maestros, es nuestra responsabilidad crear el *contenido* del sermón. Sin embargo, para transformar esa serie de sermones en una experiencia de aprendizaje multisensorial es posible que se necesiten otros talentos. Esta es la función para la que un «equipo de diseño» puede ser de utilidad.

Si usted reúne un equipo de personas con dones de diseño visual, sus sermones pueden pasar de ser buenos a ser fenomenales. Un equipo de diseño puede reunir el contenido y transformarlo en una experiencia multisensorial. Gente con aptitudes para crear puestas en escena, accesorios de escenario, diseños gráficos, diseños de pantalla, material gráfico, esculturas, logotipos de series, títulos de series y cosas similares harán que su sermón sea gráfico. Estos equipos trabajan con sus ideas de contenido y lo ayudan a soñar ideas que pueden hacer del mensaje un mensaje más multisensorial.

Si decide reunir a tales equipos, prepárese para recibir una oleada de emoción. Probablemente haya gente en su congregación que esté esperando el momento para utilizar los dones creativos, artísticos y constructivos que Dios les ha dado. En algunas iglesias, esos talentos quedan sin aprovecharse e incluso sin desearse. ¡Qué pena! Cuando yo anuncio que necesito ayuda con mis sermones, la mayoría de la gente se siente honrada y valorada por formar parte de mi equipo.

Hace varios años, Eric Geiger y yo enseñamos una serie de mensajes sobre los atributos de Dios. La serie fue simplemente titulada: «¿Cómo es Dios?», y contemplaba seis atributos principales de Dios: (1) La misericordia de Dios, (2) El juicio de Dios, (3) La compasión de Dios, (4) El celo de Dios, (5) La sabiduría de Dios, (6) La santidad de Dios. Durante cada culto de adoración, cuando la gente cantaba, un artista pintaba una obra de arte visual acorde al atributo determinado de la enseñanza. El lienzo sobre el que pintaba era de dos metros por metro y medio y la congregación podía verlo fácilmente desde cualquier punto del auditorio. Estas pinturas se unían para hacer del mensaje un mensaje inolvidable (véase en el apéndice B las imágenes de las pinturas).

Las pinturas también presentaban un punto de enfoque visual durante mi enseñanza de ese atributo. Al término de esa serie, se unieron las pinturas para comunicar un punto inolvidable. La gente todavía sigue hablando de ello. Alistar a esos artistas para realizar la adoración y la enseñanza hizo que sintiesen que sus dones y talentos eran necesarios y deseados.

Corra la voz de que quiere reunir a un equipo así: «Llamando a todos los artistas, constructores, diseñadores gráficos, diseñadores textiles, decoradores de interiores, escultores y soñadores». Reúnase con aquellos que respondan y comuníqueles su visión de crear sermones cautivadores, claros e inolvidables. Preséntales la investigación de la Primera Parte de este libro. Muchos estarán al corriente del impacto de la comunicación multisensorial. Se animarán al saber que usted desea utilizar sus dones para enseñar la Palabra y alcanzar a la gente para Cristo.

Comuníqueles también lo valiosos que son. Es raro que en cualquier semana no se convierta gente al Señor en Christ Fellowship. En nuestras reuniones creativas, siempre analizamos la semana previa y les recordamos a nuestros equipos que forman una parte inestimable de las decisiones de aceptar a Cristo.

A medida que forma sus equipos de recursos humanos, reúnalos en base al *diseño* y la *ejecución*. En un principio, un grupo puede realizar ambas funciones, pero independícelos lo antes posible. Eso permitirá que se concentren.

EQUIPOS DE EJECUCIÓN: SE CONVIERTE EN REALIDAD

El «equipo de ejecución» es el que de veras capta las ideas creativas que aparecen en la pizarra y las traslada a una realidad tridimensional. Son las personas que crean un tema para el plantel con relación a la serie del sermón, construyen decorados, ejecutan el drama, trabajan en los medios de comunicación y equipos informáticos y cosas similares. Cuando les doy libertad, siempre me asombran con su capacidad creativa.

Esto se puede complicar. Desarrolle la precisión de sus mensajes multisensoriales conforme estos equipos crecen. Existe una capacidad vital que usted debe cultivar: la capacidad de reclutar voluntarios para que enseñen su visión. Lo puede hacer reclutando no para una *necesidad* sino para la *visión* de alcanzar a los inconversos con una enseñanza poderosa. Por lo general, la gente no suele responder a la necesidad, pero sí a la visión. Tendrá que convencerlos de la visión de ayudarle con la misión más importante del mundo.

Durante el proceso de formación de su equipo, estos son algunos de los talentos que quizá quiera considerar:

- Artes gráficas
- Diseño floral
- Construcción
- Tipografía
- Escultura
- Fotografía
- Telas y texturas
- Decoraciones festivas

- Arte y pintura
- Medios de difusión y pantallas

Según lo sofisticado que quiera ser, quizá necesite algún tipo de ayuda económica para llevar a cabo sus sermones. Nuestra gente ha venido esperando la enseñanza creativa, por lo que conseguir financiación no es problema. He logrado incluirlo en mi presupuesto. Mi sugerencia es que empiece a pequeña escala y aumente el presupuesto a medida que sus sermones multisensoriales crecen.

PREGUNTAS PARA LA DISCUSIÓN

1. ¿Cuál cree usted que pueda ser su punto fuerte en la enseñanza multisensorial? ¿Accesorios, arte, o drama? ¿Qué área es la que mejor se le da y que más le interesa?

2. ¿Está usted dispuesto a aceptar ideas que no se ajustan necesariamente a su perfil de enseñanza?

3. ¿De qué forma necesitará usted preparar a su audiencia para el cambio a la predicación/enseñanza multisensorial?

4. Describa lo que usted entiende que es la función del equipo de diseño.

5. Describa la que usted entiende que es la función del equipo de ejecución.

CAPÍTULO 8

PROCESO:

DISEÑO DE VIAJES MULTISENSORIALES

Nada de lo que usamos o tocamos u oímos puede ser expresado con palabras que equivalgan a lo que trasmiten los sentidos.
HANNAH ARENDT

Ya es hora de llevar a cabo el sermón multisensorial, tanto en lo que concierne a su diseño como a su presentación. Esta sección le ayudará a crear sermones multisensoriales de gran impacto semana tras semana. Para eso necesita dos ingredientes: (1) el personal que lo ayude y (2) un proceso que le guíe. En el capítulo anterior examinamos la tarea de reunir a la gente que le ayude. Este capítulo aborda el proceso que le guiará a crear mensajes multisensoriales de gran impacto.

La siguiente gráfica muestra el curso del diseño de una serie en Christ Fellowship. Se puede ver con facilidad que existe un relevo progresivo del equipo de enseñanza al equipo de diseño y del equipo de diseño al equipo de ejecución.

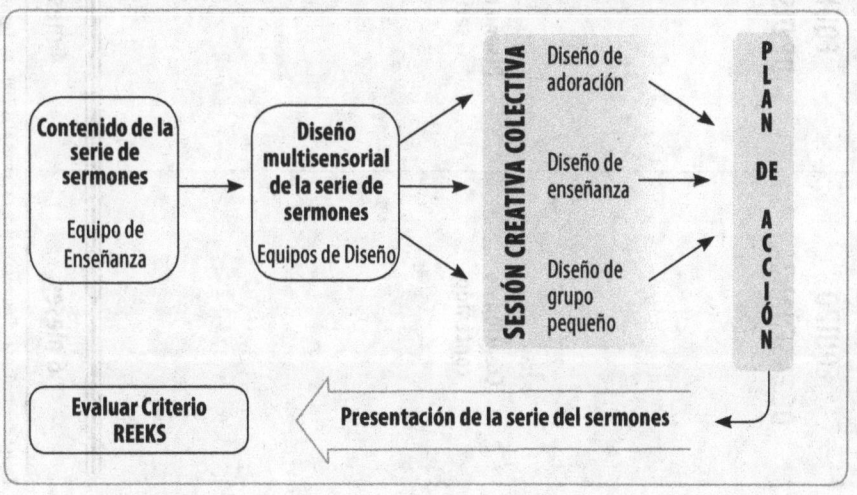

EL PODER DE LA PREDICACIÓN Y LA ENSEÑANZA MULTISENSORIAL

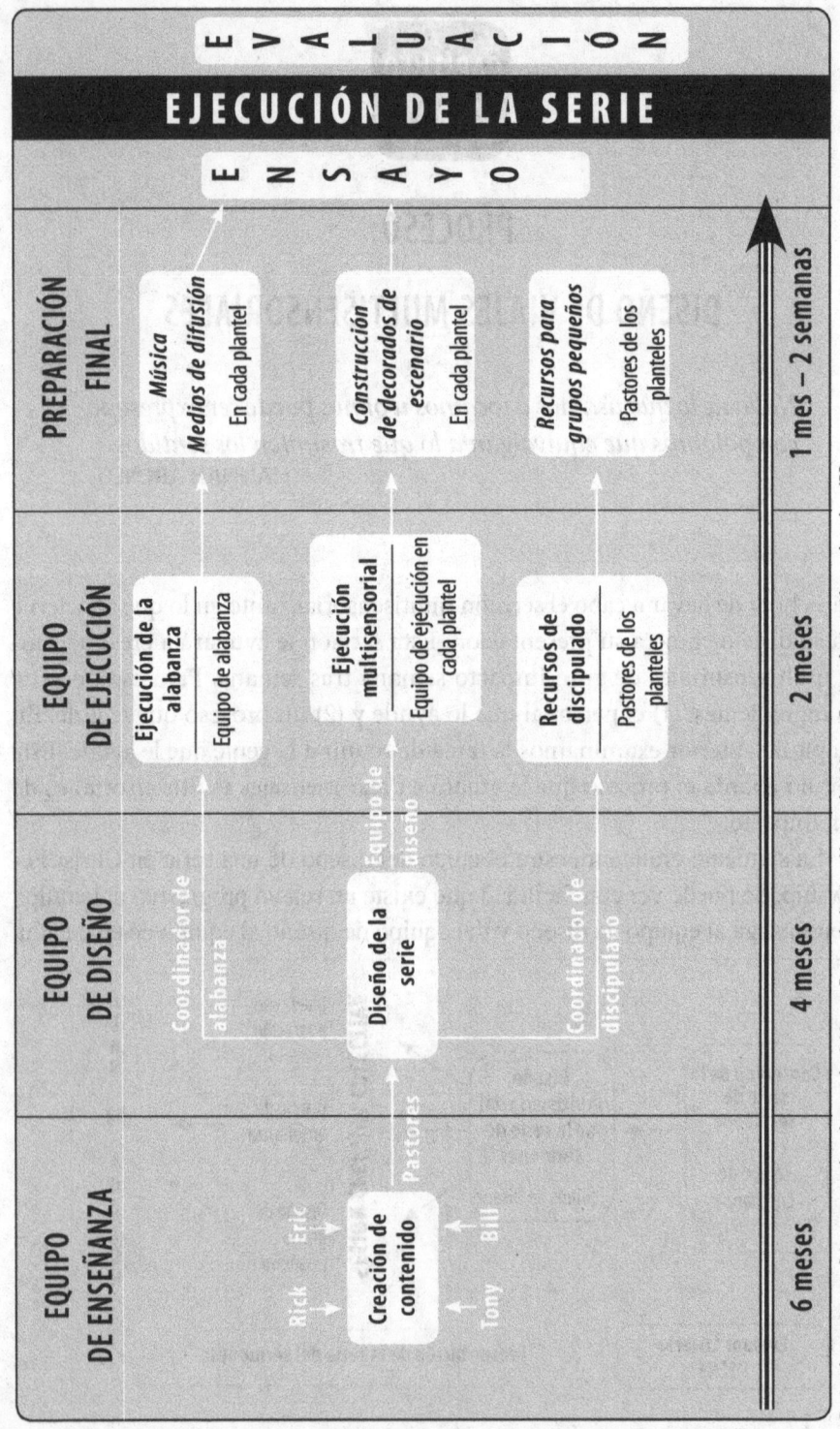

PRIMER PASO: DETERMINE LA SERIE DE SERMONES

Como pastor, he comprobado que la predicación de series es el método de mayor impacto para la enseñanza de la Palabra de Dios, especialmente cuando la serie fluye de un texto bíblico. Una serie de sermones que es anunciada con antelación:

- genera interés
- motiva a la gente a invitar a amigos
- ofrece movimiento y dirección
- suscita un sentido de responsabilidad en la audiencia para asistir a cada mensaje de la serie

Sin duda, cuando más hemos crecido en Christ Fellowship ha sido cuando hemos anunciado una serie con antelación. Gran parte de ese efecto lo provocó la labor que el equipo de diseño realizó con la promoción visualmente explícita de la serie. Su labor fue impregnar el tema de la serie en toda la estructura de nuestro plantel. El plantel aparecía saturado de los logos de la serie, objetos, y mensajes visuales que generaban un gran interés. Hablaré más acerca de este trabajo muy pronto.

La responsabilidad de proponer las series de sermones debe recaer sobre el pastor-maestro o equipo de enseñanza. Como pastores-maestros, Dios nos ha llamado a dirigir la iglesia, y depende de nosotros el discernir hacia dónde nos dirige. Estos son algunos de los consejos más lógicos que podrán ayudarlo en la difícil tarea de elegir el tema de sus series.

a. Deje que fluya de su tiempo devocional

En cuanto a mí, todo lo que enseño fluye de mi tiempo devocional con Dios. A primera hora de la mañana, antes de que mi familia despierte, me postro ante Dios y es allí donde él graba en mi corazón lo que debo enseñar. A pesar de que por regla general enseño libros de la Biblia, es durante mi tiempo devocional cuando Dios me revela la esencia de la serie de sermones que saco de su Palabra.

Cuando enseño cursos sobre la predicación y la enseñanza, siempre comento primeramente acerca de la necesidad del tiempo devocional. A menudo la gente me pregunta: «¿De dónde saca sus ideas e ilustraciones?». Algunas veces no hay una explicación lógica. Lo único que puedo decir es que cuando estoy a solas con Dios, increíbles pensamientos pasan de su corazón al mío, y decido anotarlos. Siempre tengo papel y pluma a mano durante mi tiempo devocional. No quiero perderme nada de los que Dios me indica. A mí me da resultado, y a usted también le dará.

b. Deje que fluya del texto bíblico

Existe un eslogan muy popular entre pastores contemporáneos: «Los *métodos* cambiarán, pero el *mensaje* nunca cambiará». Yo apoyo esa expresión, pero en algunas iglesias contemporáneas eso no es cierto. Entre algunos pastores contemporáneos, el método ha cambiado y con él también el mensaje. En pocas palabras, el mensaje ha perdido su esencia bíblica.

No quisiera elaborar demasiado sobre este tema, pero me preocupa la trayectoria en la que algunos nos dirigen cuando se trata de la predicación. Gran parte de la predicación contemporánea parece desprovista de contenido teológico. Pastor-maestro, le ruego que no tenga reparo en elevar el contenido intelectual de su enseñanza ni recelo de enseñar doctrina.

No hace mucho tiempo asistí a una charla con un grupo de pastores contemporáneos. Todos ellos aman al Señor. Sin embargo, a medida que hablaban acerca de la predicación de series, me di cuenta de que tenían cierta falta de confianza en la Biblia. La Biblia no era una lámpara a sus pies, sino que lo popular parecía ser lo que les servía de guía. Uno de los pastores mencionó que estaba presentando una serie denominada «Teleñecología» (no es que fuese el título real, pero bastante aproximado). Desarrollaba «principios espirituales» derivados de personajes de dibujos animados. Yo me reí por dentro cuando lo dijo, porque pensé que estaba bromeando. ¡No lo estaba! Él estaba planificando toda una serie de verano basada en *Los Teleñecos*. ¡Por favor!

Enseñanzas tan infantiles producen cristianos infantiles. Nos debemos preguntar: ¿Fue Dios tan inepto al escribir su Palabra que no podemos seguirla para enseñársela a su pueblo? Sigo oyendo comentarios con los que se sugiere que no podemos enseñar la Biblia si tenemos la expectativa de alcanzar a la gente con el evangelio. Tales comentarios dan lugar a críticas contra la predicación contemporánea, y con razón. Yo rechazo la noción de que la Palabra de Dios es inservible para enseñar los fines de semana. ¡Es su Palabra lo que Dios ha prometido bendecir!

Contrario a la creencia popular, uno puede enseñar tópicos mientras enseñamos un libro de la Biblia. Uno no tiene que sacrificar la relevancia mientras enseña las Escrituras de manera expositiva. En Christ Fellowship, hemos presentado temas fascinantes y hemos desarrollado series transformadoras mientras enseñamos libros de la Biblia. Como ya he dicho, estamos ahora mismo enseñando el libro de Mateo, y estamos descubriendo temas conforme avanzamos por este libro. Esta es una lista de nuestra serie que hasta el momento ha surgido del libro de Mateo:

Título	Número de sermones	Texto de Mateo
Desenvolvamos la Navidad	4	1:1—2:24
24: tu llamado diario	4	3:1-12
Bautismo: ¿De qué se trata? [182 bautismos]	1	3:13-16
Guerra: La derrota de la tentación	4	4:1-11
En busca de la felicidad	5	5:1-12
Sal y luz	2	5:13-14
Cazadores de mitos (Myth Busters)	4	5:21-47
iPray (Yo oro)	6	6:1-18
Versología	3	6:19-34
Pregúntale a Dios.com	8	7:1-28
Seguir adelante	4	8:1-27
Suprema paz	6	8:28—9:38
Los doce del patíbulo (Dirty Dozen)	6	10:1-15
Su «_» [guión]	4	11:1-11
DESCANSO	4	11:28-30
Pierda su religión	4	12:1-50
Parábolas	6	13:1-58
Milagros	4	14:1-36

Como puede ver, los temas que son pertinentes a nuestra cultura emergen del texto bíblico con facilidad. No tenemos necesidad de emprender una cacería para encontrar temas pertinentes, ya que los podemos encontrar en el mismo texto. La Palabra de Dios es tan pertinente como las cartas que nos llegan por correo, y es tan vigente como el periódico que hoy le han dejado en la puerta de su casa. Demuestre a su audiencia que usted realmente cree que la

Biblia es pertinente por derecho propio. Hemos conseguido hacer que estas series sean multisensoriales, y por consiguiente el efecto de la enseñanza bíblica en un formato creativo es algo fenomenal.

c. Piense en lo grande

A medida que busca el tema, piense en bosques, no en árboles. El *tema de la serie* será el bosque donde los *sermones individuales* (detalles) están. Primero busque el bosque. Algunas personas lo llaman «lo grande».

Por ejemplo, cuando yo examiné Mateo 5:21-47, existía un «bosque» que no paraba de saltar de la página. Jesús estaba destrozando mitos religiosos muy generalizados en su época y que siguen muy extendidos en nuestros días. Un mito religioso es en esencia una enseñanza humana que no tiene equivalente bíblico. Los fariseos tenían la fama de difundir mitos religiosos. Existen al menos cuatro mitos religiosos en Mateo 5:21-47.

- Jesús presentó cada mito con esta fórmula: *Han oído que se dijo...*

- A continuación destruyó cada mito con esta fórmula verbal: *Pero yo les digo...*

Comparaba el mito con la verdad. Por ejemplo, el mito en 5:21 es un mito religioso que básicamente enseñaba esto: *A Dios no le importa si odias a alguien siempre y cuando no lo mates*. Jesús destroza el mito diciendo: *Pero yo les digo que cualquiera que odia a su hermano ya ha cometido homicidio*. Por lo que a Dios respecta, la única diferencia entre el odio y el homicidio es el acto. A Dios sí le importa que exista odio en nuestros corazones.

Lo que quería decir era lo siguiente: Uno puede ver el bosque que emerge de Mateo 5:21-47: «Jesús destruye mitos religiosos». No tengo que decir que me fue fácil ponerle título a la serie: «Cazadores de mitos». Esta es la serie de sermones, la cual a su vez generó cuatro mitos para cuatro sermones individuales:

1. El mito del odio

2. El mito del rencor

3. El mito de la lascivia

4. El mito del divorcio

Estoy escribiendo acerca de esta serie después de predicarla. Lo que yo pensaba que sería una serie divertida se convirtió en una de las series más serias que jamás haya presentado. Tratar con los temas del odio, el rencor, la lascivia y el divorcio directamente del texto de Mateo fue intenso y específico, y llegó a cambiar muchas vidas. Estoy convencido de que esos mitos quedaron destruidos en mi congregación y que la serie será inolvidable para muchos.

d. Planee un ambiente para la serie

Crear un ambiente para la serie intensifica la experiencia de la enseñanza. Esa responsabilidad correría a cargo del equipo de diseño, pero el pastor-maestro debe aceptar el concepto. Nosotros intentamos diseñar nuestro plantel de manera estratégica con el fin de reflejar la serie de cada sermón. Un plantel que está visualmente coordinado con el tema tiene la capacidad de despertar los sentidos y ocupar la mente antes de emprender la enseñanza.

El sábado por la tarde o el domingo por la mañana, nos reunimos con la gente solo como por una hora. Lo antes posible, tienen que enfocar la mente hacia donde hemos determinado. Si alguien llega a nuestro plantel y sabe de inmediato que el mensaje de hoy versa sobre la batalla espiritual, ya hemos captado su mente, los hemos encaminado bien, y vamos con ventaja. Eso es tener buena administración del tiempo que disponemos.

Fuera: Crear un ambiente para la serie puede empezar fuera del edificio y trasladarse al interior del auditorio. Unos cuantos objetos estratégicamente colocados en el camino hacia el auditorio pueden servir para poner a la gente al corriente de los temas que están a punto de escuchar, ver, y en los que van a participar. Una vez más, empiece con algo sencillo; no hay razón de hacerlo complicado, pero colocar objetos en el camino hacia el auditorio es un aliciente para que comiencen a responder.

Un buen ejemplo de este concepto lo vemos en parques temáticos como Disney World, Islands of Adventure y Six Flags. Cuando uno espera para subir a ciertas atracciones, los creadores de esa atracción crean un sentido de preparación conforme uno se aproxima. Accesorios, imágenes generadas por computadoras y otros estimuladores visuales comienzan de antemano a preparar la mente para el viaje.

Eso es lo que los recursos visuales exteriores logran. Algunas personas que vienen a aprender de la Biblia llegan con la mente distraída. Quizá han tenido una discusión de camino a la iglesia o las preocupaciones se han apoderado de sus mentes. El sufrimiento y el desánimo quizá han provocado que estén descentradas. Los recursos visuales estratégicamente colocados pueden captar esas mentes y ponerlas en buen camino antes de que usted empiece a enseñar.

Auditorio y zona de escenario: Ya en el auditorio, usted puede ser aun más estratégico con el diseño del escenario. Antes, la mayoría de los escenarios en las iglesias estaban diseñados con la finalidad de promover la tradición y la liturgia. La revolución multisensorial está cambiando eso. Su énfasis es la enseñanza. El escenario está, consecuentemente, menos interesado en tradiciones y símbolos litúrgicos y más interesado en elementos didácticos. Fondos, iluminación, pantallas, y sonido se hacen prioritarios porque intensifican la experiencia didáctica. La meta, por supuesto, es comunicar la Palabra de Dios, y el escenario se considera una herramienta de comunicación.

El diseño del escenario tiene que ver con la puesta en escena de apuntes visuales que subrayan el tema del texto o el asunto que uno se dispone a enseñar. Accesorios, gráficos, pantallas y arte se convierten en herramientas estratégicas para generar interés, crear entendimiento y hacer que la serie se haga inolvidable. Un escenario bien diseñado puede ayudar al maestro a acaparar la atención de la audiencia y a mantener la mente de la audiencia centrada en lo más importante.

El tamaño de su escenario y el espacio determinarán lo elaborado que usted lo puede componer. En Christ Fellowship, tres de nuestros planteles cuentan con plataformas relativamente grandes. Las otras dos son más pequeñas. Hemos aprendido a ser flexibles.

El diseño de escenarios no es tanto ciencia como arte. Se parece mucho al diseño de hogares. De hecho, algunos de los mejores diseñadores de escenarios tienen talento para diseño interior, diseño gráfico y arte. Este es un ministerio para los que tiene la capacidad de soñar, visualizar, organizar e instalar.

Hay gente con estos talentos escondida dentro de su iglesia y quizá tenga que sacarla de su escondite. Gente jubilada, amas de casa o individuos hábiles con el diseño pueden ser de gran valor para este tipo de trabajo. Para ellos será un gran honor brindarle su ayuda.

e. Case el tema de la serie con la adoración

La adoración y la enseñanza bíblica son disciplinas teológicas inseparables y nunca deben divorciarse una de otra. Al contrario, deben casarse, como una pareja que quiere estar junta. Cuando la adoración y la enseñanza bíblica están casadas en una fuerza sin fisuras, la sinergia es poderosa y el efecto es dramático. Para poder sincronizar la enseñanza y la adoración, el pastor de adoración deberá trabajar bien de cerca con el equipo de diseño.

Bajo su liderazgo, las voces, los instrumentos, la iluminación, el sonido y otros elementos han de combinarse para crear una experiencia sin fisuras entre la adoración y la enseñanza. Si se ejecuta como es debido, se asemejará a una alfombra sin costuras. La congregación no sentirá fisura alguna entre las dos experiencias.

En Christ Fellowship, nuestros pastores de adoración han formado *equipos de diseño de adoración*. Al igual que yo cuento con un equipo de diseño de enseñanza, ellos tienen un equipo de diseño de adoración. Estos dos equipos trabajan en armonía y participan en sesiones creativas colectivas con la finalidad de crear una experiencia de adoración y enseñanza cimentada en el tema del texto bíblico.

f. Planee vincular la serie a los grupos pequeños

Para cosechar todo el impacto de la serie de sermones, planee incorporar la serie en todos sus grupos pequeños. En Christ Fellowship producimos con frecuencia un devocional diario para nuestros grupos pequeños que armoniza con la serie del sermón, lo cual crea una alineación entre nuestra adoración y los grupos pequeños. El efecto es un sentido de unidad que se percibe en toda la iglesia.

Por ejemplo, acabamos de terminar una serie titulada «En busca de la felicidad». Esta serie se basa en las Bienaventuranzas de Mateo 5. Durante esta serie, nuestros grupos pequeños seguían la secuencia de cinco sermones. Habíamos elaborado los devocionales en torno a cada tema semanal. ¡La sinergia que se generaba al tener a toda la iglesia al mismo compás era nada menos que emocionante! Podía oír conversaciones filtrándose por los planteles, y las conversaciones se centraban en torno al mismo tema.

También conviene vincular las series a los ministerios de diferentes edades. Cuando lanzamos las series en las áreas de adoración para adultos, las áreas de adoración estudiantil siguen el mismo tema. Aunque ellos sueñan sus propios mensajes creativos, todo seguimos el mismo compás. El efecto neto de este sistema es una «igualdad de pensamiento» por todo el plantel. El producto final es poderoso y crea un profundo sentido de unidad en toda la iglesia.

g. Planee la promoción de la serie

Como maestro, uno se esfuerza mucho con sus mensajes. Para poder lograr el máximo beneficio de ese esfuerzo, tiene sentido promover las series. Anuncie que se dispone a abordar un tema que la gente necesita aprender. La enseñanza visual eleva los niveles de atención, y lo mismo ocurre con la promoción visual. Existen muchas formas creativas de promover visualmente una serie. Estas son algunas ideas:

- logos de sermones

- tarjetas de visita con el logo del sermón a modo de invitación a asistir

- envíos por correo con el logo del sermón y una invitación a asistir
- pulseras con el logo del sermón
- accesorio para llavero con un versículo de la Biblia perteneciente a la serie

Además, vincule la conclusión de una serie a la siguiente. O sea, conforme finaliza una serie, empiece a promover la siguiente. Es como fumar un cigarrillo tras otro. Papá se fumaba un cigarrillo hasta el mismo filtro. Pero antes de terminárselo, encendía otro con el que se estaba acabando.

Esa es la idea. Conforme va finalizando una serie, empiece a encender el fuego de la siguiente. Si tiene éxito en la serie de Semana Santa, no deje que la asistencia disminuya después de Semana Santa, sino que planee mantener ese crecimiento promoviendo la próxima serie. Este año estamos llevando a cabo una serie llamada «Suprema paz». El Domingo de Resurrección tendremos una gran promoción para una serie llamada «Los doce del patíbulo».

h. Establezca los objetivos de la serie

Enseñar la Palabra de Dios es una misión, y muchas misiones deben tener objetivos claramente establecidos. Establecer esos objetivos es tarea y responsabilidad del maestro. En otras palabras, el maestro debe determinar el resultado deseado de la serie. A medida que usted desvela la serie, ¿adónde planea llevar a la audiencia, y qué quiere que hagan cuando lleguen allí? Recuerde que su meta es producir «hacedores de la Palabra», y no solo oidores. Por tanto, tenemos que determinar con antelación lo que queremos que hagan.

Por ejemplo, en la serie «Desenvolvamos la Navidad» teníamos varios resultados en mente, y nuestro equipo de enseñanza le llevó al equipo de diseño los siguientes objetivos. Reconociendo que mucha gente inconversa estaría presente en nuestros cultos navideños, queríamos lograr los siguientes cuatro objetivos:

1. Demostrar a la gente inconversa que la fe cristiana no es una fe ciega, sino una fe basada en la evidencia y la prueba. Mi deseo era que se marcharan pensando que el cristianismo está cimentado en un fundamento sólido de sustancia y evidencia. Quería convencerles de que a la fe cristiana la demuestran los hechos científicos, fisiológicos, arqueológicos, históricos, y la profecía verbal de pronóstico.

2. Demostrar a los cristianos los mismos hechos con el fin de reforzar su confianza y fe en la Palabra de Dios y en Jesucristo.

3. Preparar a la gente para los ataques que acusan al cristianismo de ser una fe ciega.

4. Testificar la salvación de la gente en base a la estrategia arriba expuesta.

Nuestro equipo de enseñanza se puso en contacto con el equipo de diseño con anterioridad aportando el tema/título de la serie y estos objetivos. Esto les dio una ventaja inicial para diseñar una experiencia multisensorial navideña. Fue una Navidad extraordinaria, y nuestra asistencia se incrementó en cifras jamás vistas en nuestra iglesia. Los pastores desarrollaron la serie de sermones, pero el equipo de diseño logró que resultase en algo sensacional. Sus imaginaciones visuales e interactivas fueron clave para conseguir que la serie fuese convincente, clara e inolvidable.

i. Establezca parámetros para la serie

Antes de que presente la serie a su equipo de diseño, determine los parámetros. ¿De cuantos mensajes consistirá la serie? Por ejemplo, en la serie de Navidad arriba mencionada, el equipo de diseño supo que se trataba de una serie de cuatro partes. Los mensajes serían una exposición de Mateo 1-2 y versarían sobre los siguientes temas teológicos:

1. Evidencia de la genealogía de Cristo

2. Evidencia del nacimiento de Cristo de una virgen

3. Evidencia de las profecías mesiánicas

4. Evidencia de una relación con Dios

Tal información hace que el proceso sea objetivo, y demuestra a sus equipos que usted sabe adónde se dirige con la serie. El equipo de diseño sabe ahora el tema de la serie, el número de mensajes, y los temas que la serie abordará. Proporcionar tal información demuestra liderazgo. Su equipo se lo agradecerá.

j. Planee evaluar los resultados de la serie

Al término de cada mensaje y de cada serie, los pastores, el equipo de enseñanza y el equipo de diseño deberán reunirse para estudiar los resultados. Las preguntas que se formularon sobre la serie en cuestión fueron estas:

1. ¿Fue la evidencia persuasiva?
2. ¿Aceptaron a Cristo los inconversos?
3. ¿Animó al pueblo de Dios la evidencia?
4. ¿Está el pueblo de Dios mejor preparado para los ataques contra la fe?

Evaluaciones sinceras como estas nos permiten examinar lo que hicimos bien y lo que necesitamos corregir y mejorar. Siempre estamos dispuestos a dialogar abiertamente y a aceptar sugerencias siempre y cuando se haga en un espíritu de amor y estímulo.

SEGUNDO PASO: DETERMINE SERMONES INDIVIDUALES

Una vez que el tema de la serie de sermones haya sido determinado, es hora de determinar los sermones individuales. Existen varios elementos esenciales durante este periodo del proceso.

a. Permita que el sermón fluya de las Escrituras

La serie de sermones debe surgir de las Escrituras, y lo mismo los sermones individuales. Siga la estructura de la Palabra de Dios y permita que Dios le hable a usted y a la congregación a través del flujo lógico del texto. Claro que el maestro tendrá que demostrar conocimiento intelectual llegado a este punto, pero no deje que eso le intimide. Su congregación puede asimilar un sermón intelectualmente estimulante.

Los expositores bíblicos suelen ser eficaces en este tipo de trabajo. Su preparación de seminario en idiomas bíblicos y hermenéutica los hace personas eficaces en la comunicación del contenido del texto. Al mismo tiempo, sin embargo, suelen ser poco convincentes en el aspecto de la comunicación.

b. Busque el concepto general del sermón

De la misma forma que uno debe identificar el concepto general de la serie de sermones, también tiene que identificar el concepto general del sermón individual. El concepto general es el pensamiento central que usted quiere que la gente aprenda. Por ejemplo, nosotros estamos planeando una serie sobre Mateo 8—9 que se titulará «Paz suprema». En el Evangelio de Mateo, Jesús ofrece establecer el reino. El reino será un periodo sobre la tierra en que se establecerán cuatro tipos de paz:

1. Paz en la naturaleza
2. Paz en la dimensión espíritu-demonio
3. Paz en la enfermedad
4, Paz en la muerte

Para demostrar que es el Príncipe de Paz, Jesús demuestra su poder para traer:

1. Paz sobre la naturaleza (calmando la tormenta)
2. Paz sobre los demonios (expulsando a los demonios)
3. Paz sobre la enfermedad (sanando a la mujer)
4. Paz sobre la muerte (resucitando a la niña muerta)

Es por eso que el concepto general de la serie es «Paz suprema», y de ello emergen cuatro títulos de sermones:

1. Cristo trae paz en (y sobre) un desastre natural
2. Cristo trae paz en (y sobre) la batalla espiritual
3, Cristo trae paz en (y sobre) la enfermedad
4. Cristo trae paz en (y sobre) la muerte

c. Planee un sermón multisensorial

Su equipo de diseño no solo le puede ayudar a hacer que la serie sea multisensorial, sino que también le puede ayudar a hacer que cada sermón individual sea multisensorial. Recuerde que mientras antes les aporte la información pertinente a los temas de los sermones, antes podrán empezar a mantener reuniones creativas en busca de formas para hacerlo multisensorial.

Por ejemplo, el equipo de enseñanza en Christ Fellowship trabajó en una serie denominada «iPray» [Yo oro], una exposición del Padrenuestro en Mateo 6, cuyo enfoque era la sencillez de la oración. Nosotros aportamos a nuestro equipo de diseño seis temas para su desarrollo:

1. Nuestro Padre: *La oración es relacional*

2. Venga tu reino: *La oración sitúa esta vida en perspectiva eterna*

3. Danos hoy: *Nuestro Padre suple nuestras necesidades diarias*

4. Perdónanos: *Nuestro Padre se caracteriza por su misericordia y perdón*

5. Dirígenos: *Nuestro padre nos dirige y nos libera*

6. Porque tuyo es el reino: *Nuestro padre manda*

Las ideas empezaron a rodar para la presentación verbal, visual e interactiva de esta serie. Los accesorios y elementos visuales incluían padres, niños, ecografía de feto, la cancelación de deuda, navegación y muchos otros.

TERCER PASO: ORGANICE REUNIONES CREATIVAS PARA LA COMUNICACIÓN MULTISENSORIAL

Una vez que el maestro o maestros han determinado el tema de la serie y los temas del sermón, es hora de que el equipo de diseño se ponga a trabajar. Su cometido es organizar reuniones creativas colectivas para buscar formas de transformar las series y los sermones en una experiencia de aprendizaje multisensorial única. El equipo de diseño se encarga de cosas como la creación de una puesta en escena, recursos visuales, accesorios, ambiente en el plantel, iluminación, diseños de pantalla, y grupos extraordinarios de adoración. Ha llegado la hora de tener reuniones creativas eficaces.

La eficacia en las reuniones creativas es la acción de poner todo tipo de ideas sobre la mesa para su consideración y posteriormente elegir la mejor idea. Evidentemente, cuanto más creativos sean los que participan en el proceso, más eficaz será el mismo.

Ojo: Muchas sesiones creativas se vuelven tormentosas y terminan en desastres. No se avanza, y el resultado son horas de ideas aleatorias que provocan fatiga mental y una frustración creativa. Las sesiones creativas pueden ser eficaces y divertidas si cuentan con los ingredientes adecuados. La siguiente es una lista de ingredientes esenciales para lograr una sesión creativa eficaz.

a. Programe un tiempo de sesión creativa

Si cuenta con un equipo que le ayude a aportar ideas durante una sesión creativa, usted necesitará un tiempo específico para dirigir sus sesiones. Si no programa sus sesiones creativas, tenga por seguro que no se realizarán. Lo único que se lleva a cabo es lo que ha sido programado.

Esto plantea la cuestión sobre el horario de la sesión creativa. Me he dado cuenta que las sesiones creativas por la noche son ineficaces por una sencilla razón: la gente está cansada y sus jugos creativos están agotados. Las mañanas o medias tardes son las horas óptimas porque tenemos la mente descansada, nuestra creatividad al más alto nivel, y la capacidad de producción al máximo. Por esta razón, su equipo necesitará estar compuesto de gente que pueda reunirse a esas horas. De ahí que las amas de casa, las personas jubiladas y la gente con horarios flexibles son sus mejores opciones.

b. Facilite una sala para las sesiones creativas

No es suficiente con tener un buen horario para fomentar la creatividad, sino también un lugar. En otras palabras, la sala misma debe fomentar una actitud dada a la imaginación. Si se trata de una sala monótona o aburrida o da la sensación de ser una sala de juntas apagará la genialidad y creatividad. Pero una sala que sitúa a las personas cara a cara junto a otras personas creativas y herramientas creativas es un vivero de ideas maravillosas.

Sugiero una sala que tenga mesas redondas, muchos bolígrafos y lápices de colores, y una pizarra blanca para recopilar ideas para su posterior consideración. Dicha sala comunica al equipo que es un lugar para dar vía libre a la imaginación. Nosotros utilizamos con frecuencia el área de niños para este tipo de reuniones.

c. Localice mentes creativas

Los equipos creativos sin mentes creativas solo crean problemas. Si compone usted un equipo creativo, debe elegir a sus miembros sabiamente. Busque gente con la capacidad de soñar. Gente artística, diseñadores gráficos, ingenieros, diseñadores de interiores y estrategas de mercadeo suelen ser creativos de por sí. Encuéntrelos, reclútelos, y utilícelos para la gloria de Dios.

Asegúrese también de reclutar a gente a la que no le importa demasiado la crítica. Algunas ideas serán rechazadas, y una persona demasiado sensible puede que no sepa aceptar la crítica y el rechazo. Elija con sabiduría su equipo de diseño. Y si los puede llevar a una conferencia sobre comunicación multisensorial será una gran inversión para el futuro.

d. Garantice una libertad creativa

Si mantienen sesiones creativas conjuntas, el líder del equipo de diseño debe garantizar que existe un ambiente de libertad de expresión, un clima que fomenta el pensamiento creativo y divulgación creativa. También debe haber una actitud generalizada que diga, «Podemos hacerlo». Solo basta un «aguafiestas» en la sala para apagar la creatividad de los demás. O sea, si continuamente se rechazan las ideas que la gente aporta, dejarán de expresarse.

Sí, es saludable cuestionar las ideas, pero debe hacerse de forma que no sea crítica ni desalentadora. Si se hace con el espíritu correcto, los cuestionamientos son beneficiosos. Tenga siempre en mente este protocolo: No se va a cuestionar las ideas mientras que no se hayan aportado todas. Después que se hayan aportado todas las ideas, busque una forma positiva de evaluarlas y seleccionar las mejores. Una forma de lograr esta meta es enumerar todas las ideas en una pizarra y proceder a votar por las mejores.

e. Tenga un proceso de sesión creativa

Usted necesitará facilitar una estructura a sus sesiones creativas. De lo contrario, se dispararán en todas direcciones, cansarán a todo el mundo, y no lograrán gran cosa. La siguiente estructura puede serle útil para hacer que sus sesiones creativas puedan producir los resultados necesarios para su incorporación en las series de sermones:

1. Reúnase en torno a las mesas con suficiente papel y artículos de escritorio.
2. Identifique el tema de las series así como los temas de cada sermón individual.
3. Permita que todos escriban sus ideas para ilustraciones verbales, visuales e interactivas.
4. Conceda a cada persona un minuto para describir sus ideas a medida que el líder copia las ideas en una pizarra.
5. Pida que el equipo vote por las mejores ideas.
6. Compile las ideas y determine los pasos a seguir para su ejecución.

f. Concéntrese en captar la atención de la audiencia

Tome la iniciativa en lo referente a captar la atención de la audiencia. La audiencia no puede asimilar un contenido al que no han prestado atención. Si queremos que la gente sea «hacedora de la Palabra», uno tiene que captar su atención. Es más, recuerde que cuantos más sentidos estimula durante la enseñanza, más altos serán los niveles de atención.

Ateniéndose a estos hechos, el equipo de diseño deberá actuar con estrategia para atraer la atención de la audiencia. Recuerde los efectos de la estimulación visual en referencia a la captación de atención. La investigación demuestra concluyentemente que los niveles de atención aumentan cuando añadimos comunicación visual a la comunicación verbal.

Ya que la gente se aburre con rapidez, debemos acaparar su atención lo antes posible. Utilice el recurso visual de inmediato. Si es posible, empiece con el formato visual. Diseñe una ilustración visual vinculada al tema central del sermón y empiece el sermón con el recurso visual. Esto despertará pronto los sentidos, y le ayudará a captar la atención desde el principio. Siempre puedo ver un aumento en los niveles de atención cuando comienzo el sermón con el formato visual.

g. Concéntrese en establecer claridad

La claridad es la madre de la comprensión, y la compresión es imprescindible para la acción. La gente no puede asimilar un contenido que no entiende. Tenemos dos opciones al enseñar la Biblia: simplificar el contenido del mensaje para que lo puedan entender, o enseñar las cosas complejas de la Palabra, pero de una forma que garantice la claridad.

La teología exhaustiva no tiene por qué estar divorciada de la predicación contemporánea. Nosotros no tenemos necesidad de sacrificar el intelectualismo sobre el altar del entendimiento. La teología que es compleja y difícil de dominar puede aclararse añadiendo recursos visuales y elementos interactivos a la enseñanza. Recuerde los efectos de la estimulación visual en referencia a la comprensión. La investigación demuestra concluyentemente que los niveles de comprensión aumentan cuando añadimos la comunicación visual a la comunicación verbal.

h. Concéntrese en hacerlo inolvidable

Los sermones que tienen ese toque inolvidable cambian vidas para siempre. Conforme el equipo de diseño se centra en la enseñanza, añada la dinámica de lo inolvidable. Busque formas creativas para hacer que el sermón dure tiempo. Piense en algo permanente, como la cinta adhesiva. ¡Haga que se pegue! No olvide los efectos de la estimulación visual e interactiva en relación a la retención mental. La investigación demuestra concluyentemente que los niveles de retención aumentan cuando añadimos la comunicación visual a la comunicación verbal.

PASO 4: PREPARE UN PLAN DE ACCIÓN

Una vez que sus ideas hayan salido a la luz y hayan sido desarrolladas en un plan de acción, es hora de asignar tareas a individuos en la sala. Sugiero que desarrolle el plan de acción en puntos destacados sobre un retroproyector, pizarra, o algo similar. Determine lo siguiente y anote las repuestas:

1. ¿Cuál es la responsabilidad de cada persona?

2. ¿Cuál es la fecha límite para la finalización?

3. ¿Quién necesita saberlo? ¿Quién se lo hará saber?

EL PODER DE LA PREDICACIÓN Y LA ENSEÑANZA MULTISENSORIAL

La siguiente gráfica muestra el curso a seguir para la ejecución de los sermones multisensoriales

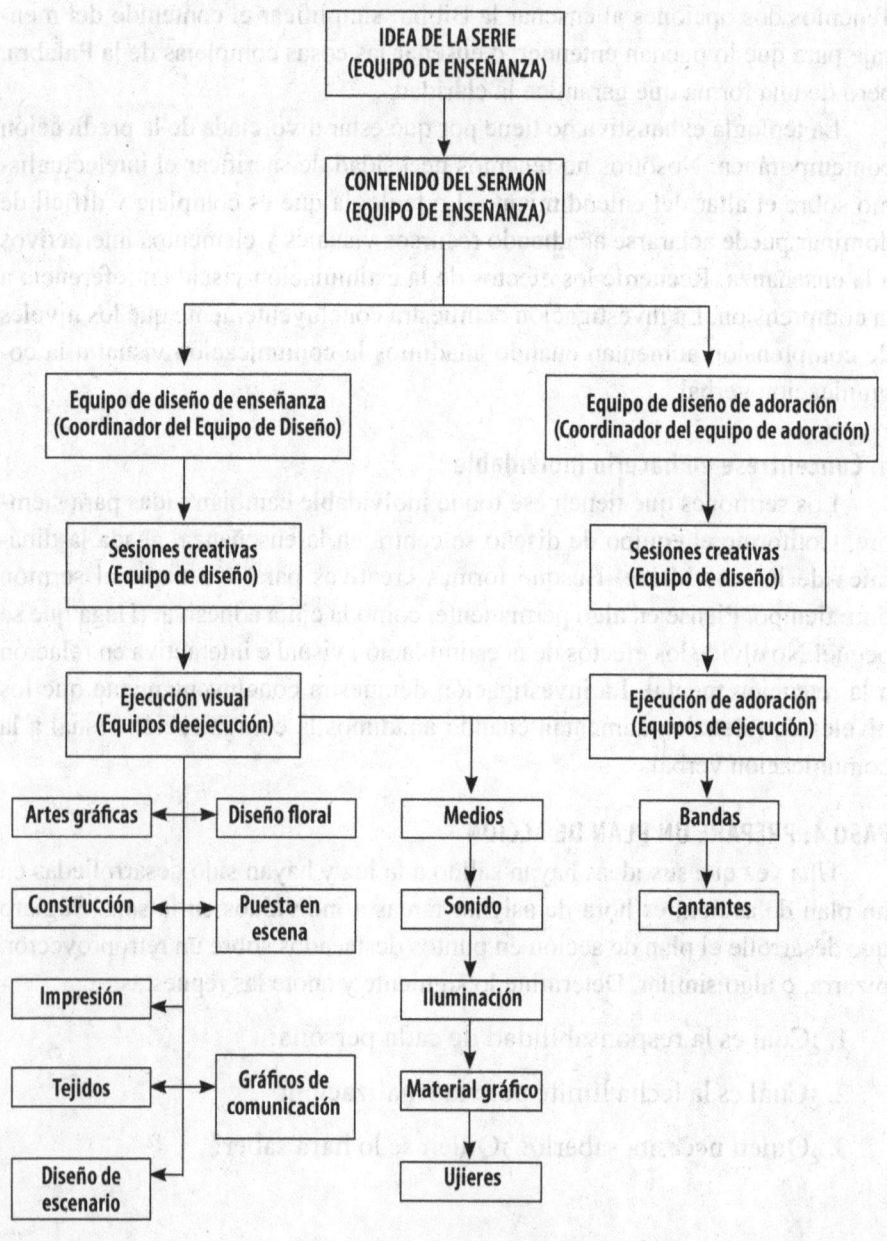

PROCESO: DISEÑO DE VIAJES MULTISENSORIALES

PASOS PARA LA EJECUCIÓN MULTISENSORIAL

Tema de la serie_____ Fecha_____a_____
Título del sermón de esta semana_____

ACTIVIDAD DE CONSTRUCCIÓN

1. Enumere los artículos que tienen que ser construidos o adquiridos para completar el diseño del escenario, accesorios para el plantel, e ilustraciones de sermones.

a. _____ c. _____ e. _____

b. _____ d. _____ f. _____

2. ¿Quién será el responsable, y de qué se responsabiliza? _____
_____
3. ¿Cuál es el plazo de tiempo para su finalización? _____

ACTIVIDADES TÉCNICAS

1. Compruebe qué recursos técnicos se van a emplear.

☐ Iluminación especial   ☐ Vídeos especiales
☐ Otros   ☐ Sonido especial

2. ¿De qué forma se incorporarán? _____

ARTES VISUALES Y ACTIVIDADES GRÁFICAS

1. Compruebe qué recursos técnicos se van a emplear.

☐ Pantallas gráficas
☐ Pinturas o Esculturas

2. ¿Quién se encargará de ejecutarlas? _____

ACTIVIDADES HUMANAS

1. Compruebe qué recursos humanos se van a emplear. ¿Por qué?

☐ Banda   ☐ Cantantes   ☐ Equipo dramático
☐ Anfitriones   ☐ Tráfico   ☐ Equipo del centro de bienvenida
☐ Equipo de recepción de invitados   ☐ Ayudantes de escenario

PASO 5: GARANTICE CALIDAD

No hay nadie que merezca la excelencia más que Dios. No hay nada más repulsivo que tener que aguantar un culto lleno de errores de planificación, errores de ejecución y mala calidad. Para poder garantizar calidad, le ofrecemos estas tres sugerencias:

a. Asegúrese de que la adoración es RIECC

En Christ Fellowship utilizamos el acrónimo RIECC con el fin de garantizar la calidad de todo lo que hacemos relacionado con la enseñanza y la adoración. Antes de lanzar una serie y un sermón, lo filtramos por estos valores y hacemos las preguntas pertinentes.

Relevante: La primera pregunta que nos hacemos tiene que ver con la relevancia. Las Escrituras son siempre relevantes, pero los maestros pueden tener una extraña destreza para hacer que parezcan irrelevantes. Como maestros nosotros debemos de captar lo que ocurrió hace dos mil años y trasladarlo a nuestra situación actual. Antes de proceder tenemos que preguntarnos: ¿Es esto relevante a la vida de las personas?

Interesante: La tercera pregunta tiene que ver con el factor del aburrimiento. ¿Captarán esta serie y este sermón la mente de los presentes? ¿Acapararán con rapidez la atención y la retendrán a lo largo de la enseñanza?

Excelente: Si alguien merece excelencia, ese es Dios. Si alguien merece lo mejor de nosotros, ese es Dios. Por tanto, siempre nos hacemos la pregunta de la excelencia. ¿Llevará la presentación didáctica la marca de una preparación y presentación sólida? ¿Saldrá la gente pensando: «Caramba, estas personas les dan a Dios lo mejor»?

Creativa: Esta pregunta tiene que ver con variedad e imprevisibilidad. En lo que se refiere a la música y al estilo de la enseñanza, ¿hay un sentido de originalidad?

Continua: Esta pregunta final se refiere al tema de la fluidez. No hay nada que dificulte la adoración más que empezar y parar. Hacer que la gente participe en la adoración es como intentar que un avión despegue. Estamos intentando levantar a la gente de la dimensión horizontal a la dimensión vertical. Cuando la adoración tiene un sentir continuo, es como un avión que ha logrado despegar.

b. Dedique tiempo a ensayar

Si usted depende de otras personas para ayudarle a ejecutar el culto de adoración, siempre es bueno reunirse antes del culto para repasar el proceso.

Al igual que nuestros músicos ensayan antes de actuar para garantizar una presentación uniforme, también es bueno que el maestro ensaye con el equipo antes de la presentación del mensaje. Esto no tiene que llevar mucho tiempo; es solo un repaso rápido del proceso.

Este tipo de ensayo es un «manos a la obra». Cualquier persona que participe en la producción del sermón de la semana debe estar presente: los líderes de adoración, iluminación, cámaras, vídeo, sonido, coordinadores de accesorios, equipo dramático, etcétera. En Christ Fellowship nos reunimos dos horas antes de nuestro culto del sábado por la tarde (o a las 16:30). Este único ensayo es suficiente para el resto de los cultos. Un ensayo rápido puede cubrir multitud de pecados.

c. Deténgase a evaluar la calidad

Una de las acciones más difíciles que el personal de Christ Fellowship lleva a cabo es la evaluación posterior de todos nuestros cultos. Antes de discutir el próximo sermón y el culto de adoración, nosotros primero evaluamos el culto de la semana pasada y examinamos la adoración y la enseñanza a la luz del criterio RIECC.

Algunas veces la franqueza de esas evaluaciones puede resultar dolorosa, pero lo positivo supera en mucho a lo negativo. Al mirar lo que hicimos bien y lo que hicimos mal, podemos consolidar lo que hicimos bien y corregir lo que hicimos mal. Todo tiene como fin que seamos mejores que antes.

PREGUNTAS PARA LA DISCUSIÓN

1. Comente sobre cómo se pueden generar temas de un libro de la Biblia.

2. Elabore una idea para serie de sermones a partir de un texto específico.

3. Comente todo el proceso de diseño. ¿Cómo puede organizarse todo?

CAPÍTULO 9

PROCEDIMIENTOS:

USO EFICAZ DE LOS COMPONENTES MULTISENSORIALES

Sin los sentidos, el cerebro sería como un eterno prisionero encarcelado dentro de los confines del cráneo.

LYNN HAMILTON

Intente determinar el contenido de la siguiente escena: Un mar interminable de gente rodea el escenario principal, y sobre ese escenario principal se encuentra el individuo dominante de la reunión. Todos los presentes han ido a verlo a él y solo a él. El escenario mismo queda dominado por un logo circular verde que marca el tono de la reunión.

Conforme fija la mirada en el escenario, usted puede apreciar los rayos de luz intensa que procedente del centro. Se puede ver un extravagante haz de luz de colores. La luz está diseñada para brillar a través de una nube de humo y reflejarse en unas multifacéticas piedras de colores. Todo el suelo del escenario está a propósito diseñado con un cristal de vidrio que refleja la luz a una intensidad incluso mayor. El efecto es una explosión de color sicodélico casi enceguecedora.

Fíjese en el espectáculo, porque los que dominan la escena son innumerables músicos con instrumentos musicales. La música y las canciones son tan estridentes que uno de los periodistas en escena (Juan Patmos) describe los niveles de ruido como de megáfono. El tropel de gente que se reúne en torno al que se encuentra en el centro del escenario está extático, lleno de entusiasmo y anticipación.

Ahora bien, ¿dónde está usted? ¿Cuál es su contexto? ¿Se encuentra en un concierto de rock? ¿Está en una iglesia muy contemporánea? ¡No! ¡Está nada menos que en el cielo! El hecho es que acabo de describir la adoración en el cielo según Apocalipsis 4 y 5. ¡Decir que la adoración en el cielo es multisensorial sería quedarse corto!

EL CIELO SE TORNA MULTISENSORIAL

En Apocalipsis 4 y 5, la Palabra de Dios nos lleva a la sala del trono de Dios para mostrarnos la forma correcta de alabar. Esta es la escena de la adoración que se está rindiendo en torno al trono de Dios en el cielo, y sus características predominantes son la *enseñanza* y la *adoración*.

Dios está enseñando, y el cielo responde con adoración y alabanza. Con tan solo contemplar la enseñanza, uno puede ver el objetivo que domina el encuentro. Ese objetivo es exaltar al Hijo de Dios e iniciar los acontecimientos previos a su inauguración como Rey de reyes y Señor de señores. Para comunicar ese plan a todos los habitantes del cielo, Dios pone en acción una extravagante obra multisensorial.

La enseñanza se presenta en forma verbal, visual e interactiva. Decir que existe el *factor asombro* en la adoración celestial sería poco. ¡Dios quiere una enseñanza multisensorial y una adoración *a lo grande*! Para los que están acostumbrados a los cultos de adoración pequeños y simples, el cielo les va a dar un buen sobresalto. Contemple la escena con detenimiento y apreciará los componentes que forman parte de la misma:

- iluminación intensa
- color extravagante
- sonido fuerte
- música nueva
- comunicación visual
- participación interactiva

Este texto nos ofrece un modelo para su uso en la enseñanza multisensorial. Dios selecciona el tema: la gloria del Cordero. Seguidamente Dios utiliza luz, color, elementos visuales explícitos, música nueva y participación interactiva para hacer que la enseñanza sea convincente, clara y absolutamente inolvidable. En pocas palabras, Dios utiliza la metodología multisensorial para enseñarnos acerca de la gloria de su Hijo.

Consideremos los elementos multisensoriales en Apocalipsis 4 y reflexionemos en cómo utilizar esos mismos elementos para que la enseñanza sea convincente, clara e inolvidable.

Utilice iluminación para elevar la adoración y la enseñanza: Dios lo hace

Decir que «la luz es un factor principal en el cielo» sería quedarse corto. Dios es luz, Dios irradia luz, Dios ama la luz, y Dios utiliza la luz para la adoración y la enseñanza. En la escena de Apocalipsis 4, el apóstol Juan describe la apariencia de Dios, y es una luz brillante reflejada y refractada sobre joyas pulidas y luego sobre un mar de cristal.

- Apocalipsis 4:3: «El que estaba sentado tenía un aspecto semejante a una piedra de *jaspe*». El jaspe es una piedra de cristal reluciente. Es un cuarzo opaco de muchos colores. Al jaspe se le conoce mejor por su capacidad de reflejar y refractar la luz en un espectro de colores maravillosos.

- Apocalipsis 4:3: «El que estaba sentado tenía un aspecto semejante a una piedra de [...] *cornalina*». La cornalina es una piedra resplandeciente de un profundo color rojo fuego. Cuando la luz pasa a través de la cornalina, parece que está ardiendo. ¿Se da cuenta usted? Juan está describiendo la luz de Dios, una luz brillante que se refleja y se refracta sobre las joyas pulidas, y que crea un destello de color sicodélico.

- Apocalipsis 4:6: « y había algo parecido a un mar de vidrio, como de cristal transparente». Dios intensifica la luz aun más. Bajo su trono, como si fuese sobre el escenario, aparece un mar de cristal. Ese enorme mar de cristal está ahí para un propósito: reflejar el color y la luz con mayor intensidad.

Por cierto, la imagen del trono de Dios en Isaías 6 muestra un humo que sube de la presencia de Dios como una neblina. ¡Es un espectáculo de luz láser supernatural! John MacArthur dice así en su libro sobre el cielo: «Todo este énfasis en la brillantez y en la claridad sugieren que el cielo no es un entorno de tinieblas y neblinas»[1].

¡Se parece a un concierto de rock moderno! Luces brillantes, luces multicolores, neblinas, y música y canciones estridentes. Si esto suena a exageración, no lo es. Nadie está tan ocupado con la luz y los colores que el mismo Dios. Dios es espíritu, pero cuando Dios se viste, por decirlo de alguna manera, se viste de luz; y no de cualquier luz... ¡luz intensa, aguda, penetrante llena de color!

Hoy día, muchas iglesias crean cultos de adoración y enseñanza que irradian luz, y mucha. En Christ Fellowship, utilizamos todo tipo de luces de colores que se reflejan sobre una neblina para intensificar el color, la intensidad y los efectos. Nuestra meta es reflejar la luz de Apocalipsis 4 con la máxima fidelidad. No podemos lograr ese nivel de luz, pero podemos honrar a Dios con nuestro intento.

Está de más decir que a muchas iglesias que utilizan esa iluminación las han criticado por imitar a un concierto de rock. Pero cuando un culto de iglesia está lleno de luz, color y buena música no está imitando al mundo, sino la adoración que a Dios se le rinde en el cielo. Es una triste realidad, pero el mundo a veces crea un ambiente de adoración mejor que la iglesia. El mundo ofrece *adoración a lo grande* a sus pequeños dioses, mientras que la iglesia a menudo ofrece *adoración pequeña* a nuestro gran Dios. ¡Por favor, iglesia! No debemos permitir que el mundo se apodere del tipo de adoración y enseñanza que Dios diseñó para la adoración cristiana. ¡Recuperémosla para Dios!

Dicho sea de paso, parece que nuestros antepasados hicieron lo mejor que podían para crear luz en la adoración. Ellos no disponían de energía eléctrica, pero sí tenían velas, y encendían tantas como les era posible. Más tarde, inventaron la forma de crear un cristal que pudiese reflejar la luz en muchos colores y lo llamaron vidrio de colores. En la actualidad, Dios nos ha dado mucho más que la facultad del vidrio, y creo que nuestros antepasados nos animarían a sacarle el máximo partido posible.

La iluminación no es solo un factor en la adoración, sino también en la enseñanza. Cualquiera que trabaja en el sector de la educación entiende la importancia de la iluminación adecuada. Cuando enseñamos en Christ Fellowship, utilizamos luces de colores para crear una variedad de efectos de fondo sobre el escenario. Los colores son preseleccionados con la finalidad de reflejar el tema del mensaje. Al mismo tiempo, las luces en la audiencia se intensifican al máximo. Ya que estamos comprometidos a la enseñanza de las Escrituras, queremos que nuestra congregación pueda leer la Biblia y rellenar su guía del mensaje durante la enseñanza. Un auditorio con las luces tenues durante la enseñanza dificulta la lectura y el tomar notas.

La suma de todo esto es la siguiente: La buena iluminación debe utilizarse de forma estratégica, no al azar. Los días de encender la luz con un simple toque al interruptor ya pasaron. La iluminación debe utilizarse con tacto a fin de crear un ambiente de meditación cuando estamos adorando, y debe utilizarse estratégicamente para crear un ambiente de aprendizaje cuando estamos enseñando.

En Christ Fellowship, esto se traduce en todo un ministerio de personas que manejan la iluminación. Esta se divide en dos partes: *iluminación de adoración* e *iluminación de enseñanza*. La iluminación de adoración en Christ

Fellowship es multifacética y busca el factor sorpresa de Apocalipsis 4. Para captar ese tipo de color glorioso en nuestra adoración hemos invertido de forma significativa en nuestra iluminación de adoración. Nuestra iluminación de enseñanza tiene una meta principal: Iluminar el escenario y el auditorio con el fin de elevar el efecto de la enseñanza.

Utilice el sonido para acentuar su enseñanza

Decir que la adoración en el cielo es estridente y poderosa tampoco es una exageración. La voz y el trueno de Dios retumban durante la enseñanza, y la gente responde con un sonoro cantar. Es evidente que Dios da mucha importancia a la calidad del sonido en el cielo, y la razón es simple: ¡La enseñanza fenomenal requiere un gran sonido!

Estoy convencido de que algunos maestros son solo «buenos maestros» porque enseñan en un ambiente que tiene una mala acústica. Para elevar su nivel de enseñanza, se ha de prestar atención al sonido. Debemos centrarnos no solo en el sentido de la vista y la interacción, sino aun más en el sentido del oído. Recuerde que nuestro mensaje es un mensaje hablado. Los elementos visuales, interactivos, y otros elementos sensoriales solo *apoyan* a la palabra hablada. Nunca olvidemos que primero somos maestros, y se nos debe oír con claridad.

Los días de edificios muy adornados con sistemas de sonido mediocres ya pasaron. La revolución multisensorial ha elevado la enseñanza al lugar donde pertenece dentro de la iglesia. Por consiguiente, un sonido elaborado es más importante que edificios elaborados. Nuestra misión es edificar vidas, no edificios, y necesitamos sonido para ese cometido.

Un buen sonido no solo eleva el factor de la comunicación; también puede hacer que ciertas ilustraciones tengan más impacto. Cuando mostramos vídeos, siempre nos aseguramos de que el sonido sea adecuado para el efecto que deseamos generar. El sonido se ajusta para adaptarlo al aspecto de la enseñanza.

Por ejemplo, una vez yo estaba enseñando acerca de la llameante gloria de Dios según aparece en Apocalipsis. Para ilustrar esa gloria, mostré un lanzamiento nocturno del trasbordador espacial en visión de alta definición y sonido de alta definición. El efecto fue asombroso. La luz generada en el auditorio por el despegue fue increíblemente brillante. Pero si el efecto visual fue poderoso, ¡el efecto sonoro fue algo fuera de serie! Elevamos el sonido para captar el poder del trasbordador cuando se ponía en marcha sobre la plataforma de lanzamiento. Conforme los motores del trasbordador se encendían, la sala empezó a temblar, y cuando los propulsores de combustible sólido explotaban con su poder, el auditorio se sentía como si se fuese a caer. Era tan ensordecedor, que una de las lámparas de techo se desprendió y cayó al suelo. La gente pensó que lo habíamos planeado así como efecto, pero en realidad no fue así. ¡Sin embargo, la gente sí pudo tener una idea del poder, la luz y la gloria de Dios!

Utilice música nueva para estimular el sexto sentido

Una mirada a la adoración en el cielo y uno pronto capta la idea de que a Dios le gusta la luz en la adoración. Esa misma escena de adoración también demuestra que a Dios le gustan los «cánticos nuevos». Apocalipsis 5:9 dice: «Y entonaban este nuevo cántico». ¿Por qué? Porque cuando la enseñanza bíblica y la nueva música se unen, se complementan.

Este es precisamente el tema que ha dado lugar a la música cristiana moderna. Durante siglos, la gente cantaba las mismas canciones una y otra vez. No hay nada malo con esas canciones; incluso han influido en la vida de las personas. Pero a menudo se cantaban sin pasión porque la gente ya estaba acostumbrada a ellas y ya las esperaban. Es interesante que muchas de estas canciones antiguas las están desempolvando, arreglando y cantando para que toquen el corazón de una nueva generación.

La idea es la siguiente: Cuando unimos nueva música a la Palabra de Dios, el impacto nos toca el alma. Nada prepara el alma para la enseñanza bíblica como la música nueva y fresca.

Cuando nuestros músicos y cantantes producen música fresca, inesperada y poderosa, preparan los corazones para la enseñanza como muy pocas cosas pueden hacerlo.

EL PODER DE LAS ILUSTRACIONES MULTISENSORIALES

Previamente, en el capítulo 1 de este libro, este diagrama fue diseñado para captar su atención. ¿Recuerda usted esta imagen?

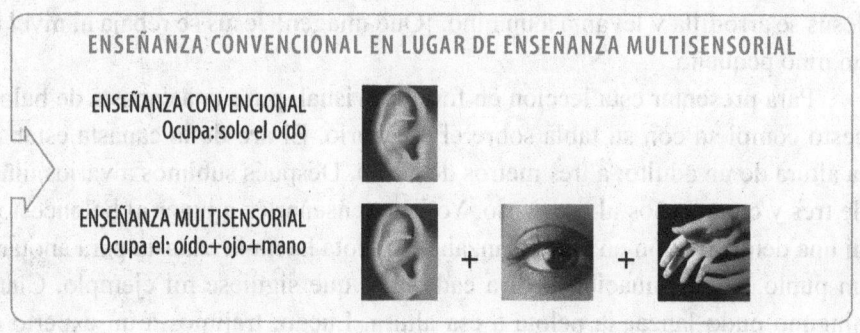

Esta es la meta de la tendencia visual cuando uno está enseñando la Palabra de Dios. El propósito es estimular los sentidos, que son los conductos al cerebro, y ocupar la mente en el tema que se está presentando. Los elementos visuales contribuyen a acumular atención, aclarar la enseñanza y fomentar la memoria a largo plazo.

Esto, sin embargo, plantea la cuestión de la ejecución. ¿Cómo podemos transformar un sermón tipo conferencia en un sermón que contiene elementos visuales? Las formas de hacerlo son ilimitadas. El único límite es su capacidad de imaginar. Estas son algunas sencillas directrices:

Transforme las illustraciones verbales en ilustraciones visuales

Esta es una norma general para concebir ilustraciones multisensoriales. Si puede hablar de ello, probablemente también pueda presentarlo de forma visual. Muchas de mis ilustraciones multisensoriales favoritas salieron al convertir ilustraciones verbales en ilustraciones visuales e interactivas. La mejor forma de describir este proceso es ofrecerle un ejemplo de lo que estoy diciendo.

Alcanzar a los niños para Cristo ha sido una pasión bien emocionante para mí. Hace dos años, presenté dos mensajes en Christ Fellowship sobre una estrategia para llevarlo a cabo en Miami. Mi meta era crear un «ambiente como el de Disney» para los niños de Christ Fellowship. Me imaginaba un lugar tan emocionante que los niños estarían dispuestos a suplicar a sus padres que los llevasen a la iglesia. Yo quería captar las maravillosas verdades de Cristo y exponerlas a un nivel que un niño pudiera recibirlas y amarlas. La mayoría de lo que se enseña en nuestros cultos para adultos no está al nivel de los niños. Nuestra meta era crear un espacio para niños en el que el amor de Jesús pudiera bajarse a su nivel.

Para poder comunicar la visión a los adultos, que necesitarían aportar mucho dinero, les hablé de Jesús y los niños, y específicamente del pasaje donde Jesús se arrodilla y levanta a un niño. ¡Qué imagen! Jesús se rebaja al nivel de un niño pequeño.

Para presentar esta lección en formato visual, puse una canasta de baloncesto completa con su tabla sobre el escenario. El aro de la canasta estaba a la altura de un adulto: a tres metros de altura. Después subimos a varios niños de tres y cuatro años al escenario. Yo iba a enseñarles a jugar al baloncesto y di una demostración en la que lanzaba la pelota hacia la canasta para anotarse un punto. A continuación pedí a cada niño que siguiese mi ejemplo. Claro, ninguno pudo lanzar la pelota a esa altura. Luego, trajimos a un experto en baloncesto al escenario y le pedimos que enseñase a los niños a hacerlo. Incluso después de que un experto les enseñase a lanzar la pelota hacia la canasta situada a tres metros de altura, ni siquiera uno pudo hacerlo. El problema no eran los maestros, sino que el aro estaba situado demasiado alto.

Seguidamente demostramos en formato *visual* una noble idea. El aparato del aro era ajustable, y lo bajamos al nivel de un niño. Ahora bien, con el aro al nivel de un niño, cada niño pudo participar y aprender acerca del baloncesto. Los niños reían y jugaban al baloncesto sobre nuestro escenario. Cuando la meta era demasiado alta, era frustrante para los niños. ¡Una vez que bajamos el aro a su nivel, no solo lo podían alcanzar, sino que se divertían!

En el pasado yo solo hubiese explicado esa ilustración. Hubiese intentado comunicarla solo con palabras. Pero fue fácil transformar esa ilustración verbal en una ilustración visual. Esta era una ilustración interactiva, ya que los niños participaron conmigo. ¿Cuál cree usted que era mejor para captar la atención? ¿Cuál cree usted que presentaba el asunto con más claridad? ¿Cuál de ellas era más memorable?

El factor Max

Uno de mis escritores favoritos es Max Lucado. Max puede pintar una imagen con palabras tan conmovedora y poderosa que a menudo me provoca lágrimas o risas. Sin embargo, me he dado cuenta que yo puedo transformar algunas de las ilustraciones verbales de Max en ilustraciones multisensoriales. Esto es posible con todos los buenos escritores. Este es un ejemplo.

En una serie sobre el llamamiento, quise demostrar que Dios nos ha dado a cada uno de nosotros diferentes habilidades y talentos que nos permiten servirle. Quise dejar claro que nosotros debemos centrarnos en lo que Dios nos ha dado y no en lo que él ha dado a otros. Este mensaje en concreto fue elaborado en base a nuestro estudio en Mateo, y formaba parte de una serie titulada: «24: Su llamado diario».

Conforme me aproximaba a este mensaje, recuerdo estar leyendo una historia de uno de los libros de Max titulada *Cura para la vida común*. Permítame citar una porción de la historia, y después le diré como la transformé en una ilustración visual.

Oculta en el cofre de cedro de mi memoria está la vigorosa y más bien gruesa maestra de la escuela dominical para niños, en una pequeña iglesia del oeste de Texas. Le cuento esta historia por esta razón. A ella le encantaba darnos a cada uno una lata de lápices de colores y un dibujo de Jesús arrancado de un libro de colorear. Todos teníamos nuestra propia lata, eso sí, después de que hubiese cumplido su cometido en la despensa y ahora pasara al aula. Lo que antes contenía melocotones o espinacas ahora contenía una docena o más de lápices de colores. «Tomen los lápices de colores que les he dado», nos instruía ella, «y coloreen a Jesús». Y eso hacíamos.

No ilustrábamos imágenes de nosotros, sino que coloreábamos al Hijo de Dios. Tampoco pirateábamos lápices de colores de otras latas, sino los que ella nos había dado. En eso mismo consistía la diversión. «Haz lo mejor que puedas con lo que tienes». ¿Que no había azul para colorear el cielo? Píntalo de violeta. A la maestra no le importaba si el cabello de Jesús era rubio o castaño. Ella llenaba la lata y nos enseñaba a pintar a Jesús con nuestros propios colores.

Dios lo ha creado a usted para que haga lo mismo. Él lleno su lata y lo hizo único. Hay un mensaje en los próximos capítulos: coloree a Cristo con los lápices de colores que Dios le ha dado[2].

¡Qué descripción! Transformar la *descripción* de Max en un formato visual en vivo fue fácil. Lo siguiente es una porción escrita del sermón que presenté basado en esa imagen verbal. Empezó con un grupo de niños pequeños acompañándome en el escenario al comienzo del mensaje. Por cierto, los niños que subieron al escenario captaron la atención de todo el mundo.

Eran niños de nuestro ministerio infantil. Jesús utilizó con frecuencia a los niños para enseñar a los «mayores» verdades profundas, ¿no es así? Y eso es exactamente lo que yo espero hacer hoy. Quiero utilizar a estos niños para enseñar a los «mayores» una verdad irresistible sobre nuestro llamado de Dios. La ilustración que estoy a punto de demostrar viene del libro de Max Lucado *Cura para la vida común*, y vaya imagen más impactante.

Ahora bien, permítame decirle cómo preparar esto. El pasado fin de semana durante nuestro pequeño grupo, cada uno de estos niños recibió un libro con la silueta de Jesús para colorear. El maestro les dio la tarea de colorear esa imagen de Jesús. Ellos tenían que tomar esa imagen de Jesús y colorearla con el mayor esmero posible.

Esto es lo curioso: A fin de capacitarles para cumplir ese «llamado», su maestro le dio a cada niño su propia lata de lápices de colores. Sí, latas que en su día contenían melocotones, ahora contenían lápices de colores. Latas que en su día contenían frijoles, ahora contenían varios tonos de colores. Por cierto, algunos lápices no eran perfectos. Algunos tenían un trozo al extremo, algunos estaban rotos; pero eso no tenía importancia.

Más bien, esta era la clave de su tarea: Cada lata de pinturas de cada niño era diferente a la lata de los demás compañeros de clase. Nadie tenía la misma lata. Tenga esto en cuenta: todos tenían una lata de lápices de colores, pero todos tenían un surtido de colores único. Y la tarea era la siguiente: «Utiliza los lápices de colores que has recibido y colorea a Jesús». Y eso es lo que hicieron: Eche un vistazo: [Los niños enseñan sus imágenes de Jesús.] [Aplauso.]

Ahora, permítame proseguir y sacar una analogía de eso, porque Dios le creo para lo mismo. Dios le creó para colorear la gloria de Cristo con su vida. A fin de capacitarle para completar esta tarea, llenó su vida con un colorido surtido de habilidades, talentos y dones espirituales exclusivamente suyos.

¡Que ejemplo tan impactante! Por otro lado, a la conclusión del mensaje, presentamos otra ilustración visual impactante sobre el uso de lo que se nos ha dado para glorificar a Cristo. Una joven de nuestra iglesia que es cuadriplégica de nacimiento dio un testimonio gráfico de cómo Dios pudo utilizarla para darle gloria a pesar de tener un cuerpo quebrantado. Al igual que se puede usar un lápiz de color roto para colorear a Cristo, también se puede usar un cuerpo roto. ¡Fue muy impactante porque fue muy gráfico!

Cómo encontrar ilustraciones irresistibles

La presión por encontrar ilustraciones irresistibles cada semana es solo otra de las presiones que hacen de la enseñanza algo tan difícil. Si usted es como yo, es el reto de nunca acabar, y aun así es uno del que la buena enseñanza depende. ¿Pero cómo encontrar ilustraciones nuevas, que pueden transformarse en ilustraciones visuales?

La tentación es recurrir a los libros de ilustraciones y a las ilustraciones enlatadas. Las ilustraciones son fáciles de encontrar y están preescritas para establecer un vínculo. Nosotros sabemos, sin embargo, que tales ilustraciones «enlatadas» carecen del poder de las ilustraciones frescas y personales que hallamos en la vida cotidiana.

Una sugerencia es prestar atención a las cosas de la vida que despiertan sus emociones. Conforme usted hace su vida normal, seleccione lo que despierta sus emociones, sea malo o bueno. Busque cosas en su vida que le emocionan, que le molestan, que le enojan, etcétera.

En segundo lugar, escudriñe experiencias pasadas que puedan revelar alguna gran verdad acerca de Dios. Tales experiencias suelen vincularnos a otras personas y después ayudarnos a establecer relaciones. Quizá la mejor forma de describir este proceso es ofreciéndole un ejemplo de lo que estoy hablando.

Esta semana pasada, mi fosa séptica se replétó y empezó a verter aguas residuales dentro de la casa. Decir que esto me molestó sería poco. Tener aguas residuales en la casa es un peligro para la salud porque contamina el ambiente. El fontanero me dio la noticia. «Rick», empezó a decirme, «tiene que desenterrar la fosa séptica y el drenaje y reemplazarlo a un coste de ocho mil dólares». ¡Eso me molestó todavía más! Lo asombroso fue ver cómo esto estaba relacionado con el mensaje que tenía programado presentar esa semana.

Yo estaba enseñando la tercera parte de una serie llamada «Cazadores de mitos» a partir de Mateo 5. En este texto, Jesús nos advierte de la lujuria y la pornografía. La lujuria y la pornografía no son formas de entretenimiento inocuas, sino formas peligrosas de contaminación que nos enferman el corazón. Jesús dice: «Cualquiera que mira a una mujer y la codicia ya ha cometido adulterio con ella en el *corazón*» (Mateo 5:28). El énfasis recae sobre el corazón y la salud. En otras palabras, el peligro de la lujuria es que lo contamina hasta la mismísima esencia de su persona: el corazón.

La solución de Jesús para la lujuria es tratarla de forma drástica. Su consejo lo encontramos en el siguiente versículo (v. 29): «Por tanto, si tu ojo derecho te hace pecar, sácatelo y tíralo». Ahora bien, ¿está Jesús abogando por la mutilación? ¿Está él diciéndonos que nos saquemos los ojos para guardarnos de la lujuria? No, pero sí está diciendo esto: «Trata la lujuria con firmeza. Sácatela del corazón y toma medidas drásticas para lograrlo».

Para ilustrar este punto, filmé mi fosa séptica cuando la estaban sacando, y le hablé a la congregación de la fosa séptica. El vídeo se proyectó en las pantallas, y esto es lo que dije a Christ Fellowship:

> Hola. Me encuentro aquí en el jardín delantero. Quizá se estén preguntando por qué hay un enorme agujero en la tierra. Bueno, ahí está mi fosa séptica... ¡de verdad! Las aguas residuales se han metido dentro de la casa. Lo he intentado todo para remediar el problema yo mismo, pero no he tenido suerte. He probado con Draño, un serpentín de fontanero, etc., pero sin éxito alguno. Por último, llamé al fontanero. Me dijo que iban a tener que cavar en el jardín para sacar el tanque viejo y cambiarlo por otro con campo de drenaje y todo. Y para más escarnio, me iba a costar ocho mil dólares.

Desesperado, le pregunté: «¿No hay otra forma más fácil de hacerlo? ¿No hay algo menos drástico que tener que desenterrarlo todo?». Esta fue su respuesta: «Sr. Blackwood, si quiere sacar todas esas aguas residuales de su casa, tendremos que tomar medidas drásticas». Amigos, eso es precisamente lo que Jesús está diciendo en este texto. Si quieren sacar del corazón las aguas residuales, tendrán que tomar medidas drásticas contra la lujuria.

Fíjese que yo podría haberme limitado a hablarles de la fosa séptica. Sin embargo, al ponerme junto a ella y al mostrárselas en la pantalla logré que el relato fuese más irresistible, aclaratorio e inolvidable.

«Descríbalo» en las pantallas

Las pantallas son la nueva sensación para la enseñanza de la Palabra, y cada vez son más asequibles. Cómo las sitúa y cómo las utiliza depende de su estrategia de comunicación. En Christ Fellowship utilizamos dos pantallas laterales y una pantalla central principal. Esto nos permite dividir las pantallas en dos usos.

Durante la enseñanza, la pantalla central, la cual es nuestra pantalla dominante de gran tamaño, se utiliza para reflejar el logo de la serie. El logo es reflejado sobre la pantalla directamente detrás del orador, lo cual permite mantener el mensaje vigente en contexto con la serie en conjunto. Esto sirve de modelo a la enseñanza de Dios en Apocalipsis 4. Un arco iris circular completo domina el cielo en medio del escenario. Dios nos dio la mitad del arco iris circular para recordarnos su gloria. Este arco iris circular completo en el cielo será un recordatorio continuo de la misericordia de Dios y el perdón de quienes pertenecen a su Hijo.

En el mismo espíritu, muchas iglesias utilizan un logo de escena central para comunicar el tema principal de la enseñanza. Por ejemplo, en la serie sobre la guerra, la pantalla central proyectaba el logo de la Guerra durante toda la serie de la enseñanza. Cuando Eric o un servidor enseñamos sobre la «avaricia», el gran logo sobre la pantalla a nuestras espaldas mantuvo la «avaricia» en el contexto del tema de la serie, titulada «batalla espiritual». Las pantallas laterales se utilizan para proyectar la imagen del orador así como los textos bíblicos y notas.

Las pantallas también nos ofrecen la facilidad adicional de poder presentar vídeos. Con frecuencia, me tomo la libertad de llevar a nuestra congregación de excursión a través del vídeo. He filmado partes de mis sermones en ríos, océanos, en mi casa, en tribunales, en un automóvil en marcha, en el bosque, en una hoguera de campamento, en una montaña rusa y otros sitios parecidos. Como mencioné al principio de este capítulo, he mostrado lanzamientos del trasbordador espacial con luz y sonido de impacto. Esta variedad de componentes sensoriales mantiene el sermón lleno de emoción y expectativa.

Durante la parte musical de la adoración, la pantalla central se utiliza para crear un ambiente de contemplación. Varias aplicaciones informáticas exhiben escenas que estimulan la reflexión y generan sentido de adoración. Las pantallas laterales, claro está, muestran la letra de las canciones.

Algunas iglesias optan por una gran pantalla central. Granger Church, en South Bend, Indiana, es un ejemplo clásico del poder de una pantalla dominante. La utilizan eficazmente para la adoración y la enseñanza. Yo recomiendo que visite su página web para tener una idea de su impacto.

Utilización del arte para elevar la enseñanza y la adoración

Nunca me imaginé el impacto que el arte puede tener en un culto de adoración. Una de las experiencias de adoración más impactantes e increíbles en las que he participado ha sido cuando algunos artistas han pintado durante uno de nuestros cultos de adoración (véase la historia completa en el capítulo 7).

Lecciones objetivas: Hora de señalar y comentar

El uso de las lecciones prácticas es uno de los métodos más sencillos y eficaces para establecer un sistema visual e interactivo. La clave es que parezca natural e integrado al mensaje. Por ejemplo, en una serie sobre la preocupación, subí al escenario con una computadora portátil. Para comparar la mente con la computadora, proyecté un juego de guerra en las pantallas. El juego ilustraba las guerras que se desencadenan en la mente.

En otro mensaje de la misma serie, subí al escenario con un palo. Hablé sobre cómo la tensión en los brazos y las muñecas pueden robarle su poder a un golpe de golf. La clave para generar poder en un golpe de golf es relajar los músculos para así lograr un giro completo en el movimiento ascendente y luego descargar la energía acumulada en el anillo. De esa forma pude dar un ejemplo con un palo de golf en la mano. ¡Vaya imagen de cómo el estrés puede afectarnos la vida! El estrés mental nos roba el poder para vivir una vida llena de gozo. De nuevo, hay cosas simples que pueden captar nuestra atención, aclarar la verdad, y hacer de la enseñanza una enseñanza inolvidable con un gasto de tiempo y energía mínimo.

Uso de videoclips para elevar la enseñanza

El uso de videoclips ha sido uno de las formas más eficaces de llamar la atención, aclarar un punto, y crear memoria a largo plazo. Permítame ofrecerle dos ejemplos.

Campo de sueños. En un sermón sobre la oración y la intimidad con Dios (de la serie «iPray» [Yo oro]), quise expresar la noción de que Dios quiere estar «con nosotros». Quiere hablar con nosotros, igual que un padre cariñoso lo querría. Para perfilar esto, subí al escenario con dos guantes de béisbol en la mano y empecé a relatar la siguiente historia de mi infancia.

Uno de los recuerdos más entrañables de mi infancia es cuando jugaba a la pelota con mi padre. Imagíneselo: Papá regresaba del trabajo, y yo estaba tumbado en la cama de nuestro pequeño apartamento, leyendo un libro de historietas o algo parecido. Entonces papá llamaba a la puerta de mi habitación; esta nunca estaba cerrada, pero tocaba para avisarme.

Lo recuerdo como si fuese hoy mismo porque él siempre tenía dos guantes en la mano, uno para mí y otro para él. Y siempre me extendía esta invitación: «¿Quieres jugar a la pelota?». Yo siempre me levantaba rápidamente y agarraba mi guante, y papá y yo salíamos afuera para lanzarnos la pelota uno al otro hasta que el sol se ocultaba.

Claro, mi padre no solo quería lanzar la pelota. Lanzar la pelota era solo un punto de conexión con su hijo. Yo charlaba con mi padre y hablaba del colegio, del béisbol, de los amigos, y de cualquier cosa que se me ocurría. Esto sí que es importante: A mi padre no le molestaba que le hablara de esas cosas. Estoy seguro de que todo le sonaba inmaduro e infantil. Pero a él no le importaba. Quería estar conmigo y oírme hablarle.

¡Qué imagen de Dios y nosotros! Dios nos dice en Apocalipsis 3:20: «Mira que estoy a la puerta y llamo». Ahora bien, cuando alguien llama a la puerta de nuestra casa nos podemos preguntar: «¿Qué quiere de nosotros esa persona?». Y podemos preguntarle a Dios lo mismo. Dios llama a la puerta de nuestro corazón, y podemos preguntarle: «¿Qué quieres de mí?». Dios nos dice claramente: «¡Aquí estoy! Mira que estoy a la puerta y llamo. Si alguno oye mi voz y abre la puerta, entraré, y cenaré con él, y él conmigo».

Como verá, no se trata de qué quiere Dios *de* nosotros, sino qué quiere Dios *para* nosotros. ¿Y qué quiere *para* nosotros? Quiere tener relaciones con nosotros. Andy Stanley dice de este versículo: «No existen palabras más familiares que las que Jesús añadió al final de esa declaración»[3]. Cuando alguien te invitaba a comer con él o con ella en los días de la Biblia, era una invitación a tener compañerismo. En otras palabras, si abrimos la puerta de nuestro corazón, Dios quiere hablar con nosotros. Si él estuviese llamando a la puerta de un niño pequeño, podría decirle a ese niño: «¿Quieres jugar pelota?».

Para insistir un poco más en este punto, concluí con un clip de la película *Campos de sueños*. La historia básica del argumento es esta: Se trata de un padre que quería estrechar lazos con su hijo, y lo haría en torno al béisbol. El padre había jugado a nivel semiprofesional cuando era joven. Pero en calidad de padre lo único que quería hacer era conectarse con su hijo «jugando pelota». Solo quería pasar tiempo con su hijo lanzándose la pelota y conversando.

Sin embargo, cuando se hizo adolescente, el joven pensó que su padre estaba fuera de onda. Pensando que el padre estaba fuera de tiempo, rechazó la relación que quería tener con él. Nunca volvería a lanzar la pelota con su padre, y eso le rompió el corazón al hombre. Al pasar el tiempo, el padre murió, y el hijo nunca tuvo la oportunidad de enmendar esa falta. En años posteriores de su vida, eso provoco que el hijo sintiese una tristeza interminable. El dolor que sentía en el corazón jamás pudo mitigarlo.

Pero en la película, al hijo se le concede otra oportunidad. Se le concede la oportunidad de volver a relacionarse con su padre por medio de la construcción de un campo de béisbol en medio de un maizal. La voz decía: «Si lo construyes, ellos vendrán». (Yo mostré la escena en la pantalla). Y cuando Ray construye este campo, todos aquellos jugadores del pasado aparecen. Shoeless Joe Jackson, Mel Lott y otros resucitan para jugar béisbol. (Esta no es una película para formular teología, así que no me escriban recriminatorias). Aquellos jugadores del pasado aparecen y juegan al béisbol en aquel campo construido en el maizal.

Al final, uno de estos jóvenes jugadores de béisbol resulta ser el padre de Ray. Y Ray ve a su padre cuando este era joven. Y en la conclusión de la película, el padre y el hijo vuelven a relacionarse lanzándose la pelota. Mostré el clip y escuchamos. Fue uno de los cultos más conmovedores en los que yo haya participado. El clip demuestra el deseo de Dios de pasar tiempo con nosotros, como un padre y un hijo.

Milagro. En un mensaje sobre la unidad y la alineación en la iglesia, uno de nuestros pastores, Eric Geiger, mostró un videoclip de la película *Milagro*.

La película cautiva la magia y maravilla del equipo de hockey de los Estados Unidos de 1980. ¿A quién se le puede olvidar la famosa frase de Al Michael: «¿Crees en milagros? ¡Sí!»?

Como puede que ya sepa, el equipo no estaba entre los favoritos en las Olimpiadas ese año. Su entrenador, sin embargo, estaba resuelto a cambiar la imagen del equipo por una imagen de vencedores. Sabía que nunca lo conseguirían salvo que todos aprendiesen a jugar como si fuesen uno. Los jugadores individuales procedían de todos los Estados Unidos, y todos llegaron con planteamientos, metodologías y filosofías distintas al hockey sobre hielo. A no ser que alineasen sus energías en una estrategia unificada, nunca se llevarían una medalla a casa.

Una de las escenas de la película muestra cómo el entrenador creó un sentido de unidad y alineación de energía. Entremos en la escena de la película: El entrenador le preguntó a cada jugador quién era y para quién jugaba. Desafortunadamente, cada jugador dio su nombre y la universidad para la que había jugado. Esa no fue la respuesta que el entrenador esperaba. Cada vez que los jugadores daban la respuesta equivocada, el entrenador les hacía practicar ejercicios de patinaje. Los ejercicios duraban hasta la noche porque el equipo no daba la respuesta acertada. Sus respuestas demostraban individualismo, no trabajo en equipo.

Por último, Mike Eruzione dio la respuesta que todos necesitaban oír. Les dijo: «Mike Eruzione, Estados Unidos de América». Luego, cada jugador siguió su ejemplo con la misma respuesta. Cada uno menciono su nombre seguido de «Estados Unidos de América». El entrenador pretendía desnudar a cada jugador de su orgullo individual y unir al equipo bajo una gran pancarta: «Estados Unidos de América». Gracias a la alineación de sus mentes, el equipo logró ganar la medalla de oro en las Olimpiadas.

¡El impacto de ese videoclip sobre nuestra congregación fue invalorable! Y nos hizo pensar que tenemos que funcionar como un equipo si vamos a ganar a nuestra ciudad para Cristo. No podemos permitirnos competir en guerras individuales, luchas por poder individuales, y agendas individuales. Tenemos que unirnos en equipo para derrotar al enemigo. El vídeo era verbal y visual y el impacto fue inolvidable.

Utilización del drama

El drama es sin lugar a dudas una de las formas más impactantes de comunicación bíblica. Por lo que se refiere al impacto emocional, la representación de verdades bíblicas permite a la audiencia ver cómo la Palabra de Dios se desarrolla en las realidades de la vida. El drama traslada las verdades de la

Palabra de Dios y las aplica de forma visual al contexto en el que la congregación vive.

Habiendo dicho esto, tengo que añadir que el drama es también la herramienta más complicada de todas las herramientas multisensoriales de enseñanza. El drama requiere capacitación, secuencia, ensayos y cosas similares. Yo no voy a pretender ser un experto en esta área. Existe, sin embargo, una abundancia de capacitación disponible en conferencias especializadas. Creo que el criterio REICC le puede confirmar si usted está preparado para utilizar el drama.

R: El drama tiene que ser *relevante* al mensaje. Yo he presenciado dramas en iglesias y no tenía la más ligera idea de cómo estaba relacionado con el mensaje. Esto da a entender que utilizan el drama porque está de moda. «Si no encaja bien, es mejor dejarlo».

E. Asegúrese de que la representación es *excelente*. Basta decir que esto requiere práctica y ensayos. El drama bien hecho exige tiempo y esfuerzo. Antes de lanzar un sermón que utiliza drama, asegúrese que cuenta con la calidad para llevarlo a cabo.

I. El drama tiene que ser *interesante*. En otras palabras, tiene que ser ejecutado de una forma que capte la atención. Yo he presenciado dramas que me resultaban aburridos y que servían más bien para desinteresar a la audiencia. Tenga ojos discernidores y evalúe su drama. Asegúrese de que su equipo de diseño lo estudia con detenimiento.

C. Intente ser *creativo* con sus representaciones dramáticas. Busque la manera de ser único y novedoso para la audiencia.

C. El drama tiene que ser *continuo* en la fluidez del mensaje. Esto significa que usted necesita saber cómo realizará la transición verbal del mensaje al drama y del drama otra vez al mensaje, utilizando frases verbales como: «Ahora, con ese ejemplo visual en la mente, mire lo que la Biblia dice». Lo que quiero decir es lo siguiente: No esté desprevenido durante esas transiciones. Cuando las cosas no se ejecutan con excelencia, el resultado puede ser desagradable.

PERMITA QUE LA GENTE PARTICIPE

La primera frase del capítulo 1 de este libro es una pregunta interactiva. Junto con la gráfica en la parte superior de la siguiente página, la frase fue elaborada para atraparle con este libro. Fue elaborada para hacer de este libro una senda de dos vías en lugar de una senda de una sola vía. Fue estratégicamente formulada para hacer que este libro pareciese una conversación en lugar de una conferencia. La declaración simplemente era esta: ¿Se considera usted un *buen* comunicador o un comunicador *fabuloso*? Si se considera un *buen* comunicador, ¿le gustaría elevarlo a *fabuloso*? ¡Sí, usted puede hacerlo! ¡Y relájese, que no le va a complicar la vida!

Esas preguntas interactivas no fueron escogidas al azar, sino que fueron tramadas con el fin de estimular una respuesta en su mente y mantener su interés en el resto del libro. ¡Ojalá que la pregunta lo haya forzado a hacer una sincera evaluación en su mente! Conforme formulaba esa pregunta interactiva, ya podía imaginármelo a usted en la librería pensando en la pregunta, preguntándose si este libro podría ayudarlo y abriendo la cartera para ver si tenía suficiente dinero a fin de adquirirlo. Ese es el efecto de la enseñanza interactiva: conducir al estudiante al proceso didáctico.

Pero eso plantea otra pregunta: ¿Cómo transformamos nuestra comunicación de una senda de una sola vía a una senda interactiva de dos vías? No es tan difícil de hacer. Estas son algunas formas prácticas de que su mensaje sea mensaje interactivo:

1. Proporcione una guía y pida a la gente que rellene los espacios en blanco según usted enseña. Esto los obliga a prestar atención para no perderse las respuestas de los espacios en blanco. Muchas veces después enseñar, la gente se me aproxima y me pregunta sobre la respuesta a una pregunta en particular.

2. Dé a la audiencia un elemento interactivo. Durante un mensaje sobre la oración, quise hacer hincapié en que el poder de la oración no yace en la persona que la ofrece, sino en el Dios que la recibe. El poder no depende de nuestra fe, sino de la fidelidad de Dios.

Para ilustrar este punto, hablé acerca de la sonda espacial Voyager 1. Lanzada hace años, la sonda se encuentra en la actualidad saliendo por el puesto más avanzado de nuestro sistema solar. De hecho, llamé a la NASA y me dijeron que iba a la deriva por debajo del plano elíptico del sistema solar, a más de seis mil millones de kilómetros de la tierra. ¡Y la NASA seguía recibiendo señales de la sonda!

La señal que emitía tiene menos energía que la de una linterna de bolsillo, pero la NASA puede recibirla. Uno se pregunta: ¿Cómo pueden recibir una señal tan débil? La respuesta es simple: En Houston, Texas, hay un enorme receptor de satélite. (Yo tenía una enorme antena parabólica sobre el escenario). El receptor era tan potente que podía detectar una señal más débil que la de una linterna, a más de seis millones de kilómetros.

Vaya imagen de nuestras oraciones. Sus oraciones puede que sean débiles, como la señal de la sonda. Pero Dios es poderoso y recibe sus oraciones con claridad. Para que esta verdad fuera interactiva, los presentes en el auditorio recibieron una linterna. Luego apagamos todas las luces y todo el mundo encendió sus linternas al mismo tiempo. Eso fue una gran demostración de la fidelidad de Dios para recibir nuestras oraciones.

Además, la linterna de bolsillo estaba diseñada en forma de llavero para poder colgarla. Yo aun sigo viéndolas en los llaveros de la gente. Y están ahí para recordarles que Dios siempre oye nuestras oraciones.

3. Dé objetos que puedan llevarse. Uno de los métodos más eficaces de garantizar la interacción continua con el mensaje es dando algo que puedan llevarse. Cuando hicimos la serie «En busca de la felicidad», dimos un accesorio para llavero con cada una de las bienaventuranzas. Hasta ahora hemos dado pulseras, tornillos, linternas y otros objetos que hacen que la audiencia siga participando en el mensaje mucho después de su conclusión.

PREGUNTAS PARA LA DISCUSIÓN

1. Describa la iluminación en su entorno de enseñanza y adoración. ¿Cómo podría hacer que fuese más multisensorial?

2. Describa la calidad del sonido en su entorno de enseñanza y adoración. ¿Cómo podría hacer que fuese más multisensorial?

3. Hablen de cómo convertir las ilustraciones verbales en multisensoriales. Intente aportar un ejemplo.

TERCERA PARTE

CÓMO PREDICAR UN MENSAJE MULTISENSORIAL

En la tercera y última parte de este libro, quiero ofrecer algunos ejemplos de sermones multisensoriales que he presentado a la congregación de Christ Fellowship. Tenga en cuenta que hay otros líderes cristianos que enseñan en formato multisensorial, y usted desde luego puede aprender de ellos. Muchos de ellos son más capaces y más creativos que yo, y espero que los busque.

Un factor que puede diferenciar los siguientes mensajes es que son de una índole expositiva. Espero que usted pueda apreciar lo simple que es transformar una exposición de conferencia en una exposición multisensorial. Contemplaremos el uso de la enseñanza multisensorial desde las tres «referencias» de una enseñanza eficaz.

1. Atención: Asegúrese de recibirla.

2. Comprensión: Asegúrese de que lo entienden.

3. Retención: Asegúrese de que nunca se les olvide.

Ofreceré ejemplos de sermones en los que muestro cómo utilizar las varias técnicas de enseñanza multisensorial. Dicho de otra forma: Daré ejemplos de cómo hacer que su enseñanza sea convincente, clara como el agua e inolvidable. Un detalle más: Presentaremos tres niveles de sermones multisensoriales en las siguientes categorías:

1. Sencillo: un ejemplo de sermones multisensoriales que es sencillo de diseñar y de ejecutar.

2. Intermedio: un sermón multisensorial un poco más complejo que puede requerir más tiempo y recursos para llevarlo a cabo.

3. Avanzado: un sermón multisensorial mucho más complejo que requerirá recursos humanos, técnicos, y probablemente financieros.

Al considerar estos sermones, deberá hacerse una idea de lo simple y lo complicado que puede ser. Lo bueno es que usted puede trabajar a su propio ritmo. Cada sermón enumerará la(s) ilustración(es) multisensoriales junto con los materiales, recursos técnicos y recursos humanos necesarios para presentar el mensaje.

CAPÍTULO 10

ATENCIÓN:

ASEGÚRESE DE RECIBIRLA

Dichosos los ojos de ustedes porque ven, y sus oídos porque oyen.

JESÚS

El *lanzamiento* de cualquier cosa es crítico, ya sea de un negocio, una carrera, el trasbordador espacial o un sermón.

Los momentos más cruciales en una misión del trasbordador espacial ocurren durante la secuencia de lanzamiento. ¡El fracaso no es una opción! Por esa razón, casi todo el combustible se utiliza en los primeros ocho minutos... solo para poner al trasbordador en orbita. Los motores consumen media tonelada de combustible cada segundo durante el viaje al espacio. NASA ha abastecido al trasbordador con el más potente combustible conocido por la humanidad. No se escatima ninguna cantidad de dinero, ninguna cantidad de combustible es «demasiado combustible», y no existe ningún tipo de combustible que se considere demasiado potente.

La inversión que NASA realiza en tiempo, recursos y combustible durante el lanzamiento es asombrosa... y el efecto también. Tras el éxito de un lanzamiento, casi todo el combustible se ha utilizado. Sin embargo, debido al impulso que recibe en el lanzamiento, el trasbordador puede navegar libremente por el espacio por un periodo de tiempo ilimitado.

LANCE SU MENSAJE: 3-2-1... LANZAMIENTO DEL SERMÓN

¡Qué imagen tan viva del lanzamiento de un sermón! En los primeros cinco minutos, su mensaje levanta vuelo o se estrella y se quema. Así mismo. Es aquí, en la introducción, donde el mensaje debe captar la atención y mantenerla. Es aquí, en el despegue, donde usted alcanza los niveles de atención críticos, o el mensaje le explota en la cara.

Ya que esos primeros minutos son tan cruciales, ¿no tiene sentido invertir energía extra, tiempo extra y recursos extras en esa parte crítica del mensaje? Al preparar mis sermones, dedico toda una mañana a reflexionar sobre la secuencia del próximo mensaje. Es también durante estos momentos críticos del lanzamiento cuando dedico la mayor parte de mi energía multisensorial.

Casi todos los mensajes que lanzo comienzan con elementos altamente visuales y algunas veces elementos altamente interactivos. Me he dado cuenta que si la introducción es fuerte y cautivadora, la energía que genera en el lanzamiento proporcionará la inercia necesaria para propulsar el sermón a lo largo del resto de la presentación.

Aunque he pasado mucho tiempo reflexionando sobre cada porción de este libro, la mayoría de mi tiempo la he pasado en la introducción. ¿Por qué? Porque tenía que concebir una forma de captar su atención. Sabía que si no era capaz de captar su atención al comienzo, la calidad del resto hubiese sido irrelevante. Usted no lo hubiese leído. La introducción tenía que ser convincente, o usted no hubiese invertido su tiempo.

Consciente de esa realidad, me lo imagino hojeando libros en la librería. Intenté imaginarme los otros libros que competirían por su atención. Pensé en lo que se necesitaría para captar su atención inicial, y llegué a la conclusión de que sería la portada del libro. Es cierto, casi si todo el mundo juzga un libro por su portada y por su título. Tenemos que hacerlo. No podemos leer todo el libro antes de comprarlo.

A continuación pensé en la primera parte del libro. ¿Por qué? Porque es ahí donde presentaría algo del contenido, el cual provocaría su interés o lo apagaría. Necesitaba un tipo de comunicación que pudiese secuestrar de forma literal su atención. Traducción: Necesitaba imágenes visuales al principio. ¿Recuerda usted esta imagen visual?

El propósito era utilizar todo tipo de técnicas en el arsenal de la comunicación para persuadirle a comprar el libro. Ese es precisamente el concepto que estoy intentando trasmitir. Su introducción *no puede* fallar.

ATENCIÓN: ASEGÚRESE DE RECIBIRLA

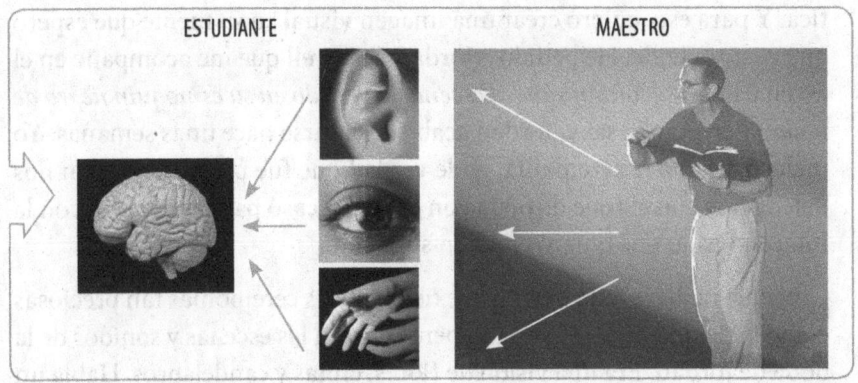

Los siguientes son ejemplos que muestran cómo utilizar varias técnicas de enseñanza multisensorial para captar la atención. En cada caso, la comunicación multisensorial se presentó en la introducción del mensaje.

SERMÓN 1: «BAUTISMO»
Nivel: Básico
Serie de sermón: Bautismo
Título del sermón: Bautismo: Su manifestación pública de amor
Texto del sermón: Hechos 2:41
Meta de la ilustración multisensorial: Ganar con rapidez la atención de la audiencia y mantenerla.

Recursos necesarios:
Materiales: Ninguno
Recursos técnicos: Ninguno
Recursos humanos:
1. Recién casados vestidos en traje de boda.
2. Música de la marcha nupcial

¿Quién necesita estar informado?
Ujieres
Equipo técnico

Manuscrito: Como se predicó
Hola a todos. Hoy vamos a hablar sobre el bautismo, y espero que sea entretenido y que a su vez aporte claridad a lo que el bautismo signi-

fica. Y para eso, quiero crear una imagen visual en su mente que espero que nunca olvide. He pedido a Jordan Caldwell que me acompañe en el escenario hoy. [*Jordan sube al escenario vestido en su esmoquin negro de boda*]. Por si no lo sabe, Jordan acaba de casarse hace unas semanas. Yo incluso asistí a la ceremonia, ¡y de verdad que fue preciosa! Jordan nos deleita hoy con el traje de boda con el que se casó para ayudarme con la imagen visual que quiero crear en su mente.

Creo que no hace falta decir que existen pocas ceremonias tan preciosas como la de una boda. He estado pensando en las escenas y sonidos de la boda de Jordan. Era una visión de flores, cintas y candelabros. Había un gran grupo de amigos y familiares reunidos en el auditorio con motivo de la celebración. Había jóvenes vestidos con esmóquines. Había ujieres, amigos del novio y el padrino. Había amigas de la novia y la dama de honor. Y allí también estaba Jordan, el hombre, la leyenda, el novio… en pie al frente de la capilla elegantemente ataviado y acompañado de toda la corte nupcial.

Pero amigos, la verdadera joya de cualquier boda es… la novia [*Julie aparecía por el pasillo central… Para asombro de la congregación, comienza la marcha nupcial, las puertas del auditorio se abren, y Julie se acerca por el pasillo vestida de novia y escoltada por su padre. Llega al frente del auditorio y Jordan y yo nos ponemos a su lado. Yo le digo*]: «Julie, estás tan guapa hoy como lo estabas en el día de tu boda. Gracias por ayudarme en el día de hoy».

[*A continuación me dirijo a la congregación:*] Señores, la ceremonia de su boda es un acontecimiento que nunca olvidarán. ¡Sea grande o pequeña, una ceremonia de boda es mágica! Pero bueno, como comprenderán, la ceremonia pública no es *necesaria*. Usted me preguntará: «¿Qué quiere usted decir con que no es necesaria?». Lo único que quiero decir es que la ceremonia pública no es necesaria para que una pareja esté legalmente casada. Pueden estar legalmente casados haciendo dos cosas: La primera, decir: «Sí, quiero» ante una persona autorizada. La segunda, tramitar los documentos legales. Eso es todo. La ceremonia pública no es necesaria.

¿Entonces por qué se molesta la pareja en hacer todos los preparativos de una ceremonia de boda pública? ¿Por qué no tener una boda privada, solamente con la novia, el novio y el que los casa? ¿Por qué hacerla pública? La respuesta es sencilla: En una boda pública, los novios dan a conocer que se aman. En una ceremonia pública, la pareja está diciendo: «Queremos que la gente *sepa* que nos amamos. Queremos que la gente *sepa* que nos entregamos el uno al otro».

¿Tienen ellos que tener una ceremonia pública? ¡Claro que no! Pero no se pierdan ustedes esto: La ceremonia pública constituye una declaración pública. El novio dice: «Yo quiero que el mundo sepa que la amo». La novia dice: «Yo quiero que el mundo sepa que lo amo».

[*Yo pregunto a Julie, que se encuentra en pie delante de mí al frente de la iglesia:*] Julie, ¿por qué quisiste casarte en público?

[*Julie responde:*] Porque quiero que el mundo sepa que amo a Jordan.

[A continuación, pregunto a Jordan:] Jordan, ¿Por qué quisiste casarte en público?

[*Jordan responde:*] Porque quiero que el mundo sepa que amo a Julie.

Jordan, puedes besar otra vez a la novia. [*Jordan y Julie salen al son de la música nupcial. El grupo aplaude con vigor. El momento fue inolvidable para todos los asistentes*].

[*Yo vuelvo a dirigirme a la audiencia:*] Ahora, permítanme pasar la página y aducir una analogía entre una ceremonia de boda y una ceremonia de bautismo, porque son muy similares.

Declaración: El bautismo lo diseñó Dios para que fuera como una ceremonia de boda entre usted y el Señor Jesús. Fíjese: Cuando usted se bautiza, es una declaración pública de su amor por Cristo. Usted proclama: «Quiero que el mundo sepa que amo a Jesús. Quiero que el mundo sepa que me entrego a él. Quiero que el mundo sepa que él me ha salvado». Le recuerdo que el bautismo no es lo que nos salva, sino una declaración pública de que ya somos salvos.

¿Cómo es eso?

[*Transición:*] Averigüemos lo que dice la Palabra de Dios:

[I. Cristo se nos declara]

Apocalipsis 3:20: «Mira que estoy a la puerta y llamo. Si alguno oye mi voz y abre la puerta, entraré, y cenaré con él, y él conmigo». ¡Me encanta ese versículo! Jesús se presenta como alguien que está a la puerta de nuestra vida, llamando a la puerta de nuestro corazón. Y la idea es que quiere que abramos esa puerta y que le dejemos entrar en nuestra vida.

Tenga en cuenta que muchos sienten que Dios está llamando a la puerta de su corazón, pero tienen miedo de dejarlo entrar porque temen lo que él quiere hacer de sus vidas. Pero Jesús dice: «Ábreme la puerta de tu corazón, que solo quiero entrar y cenar contigo».

Andy Stanley dice: «No existen palabras más afectivas que Jesús hubiese podido añadir al final de este versículo que decir: "y cenaré con él, y él conmigo"». En esos días, cuando alguien le invitaba a comer, el objetivo principal no era consumir alimentos. El objetivo principal era pasar tiempo juntos, y ese es el objetivo de Jesús cuando llama a la puerta de su corazón. Tome nota de esta verdad: Jesús les llama a aquellos que abren la puerta «su novia». En otras palabras, Jesús se describe como un novio que pide la mano en matrimonio, y cuando le abrimos la puerta de nuestro corazón, nos convertimos en la novia de Cristo. En Juan 3:29, Jesús dice esto acerca de nosotros: «El que tiene a la novia es el novio». Nosotros le pertenecemos.

Todo el vínculo entre Dios y nosotros es una relación. No tiene nada que ver con la religión; tiene que ver con una relación. Jesús nos pide nuestra mano en una relación matrimonial. Mira a Jordan pidiendo la mano de Julie. [*Por cierto, Jordan le pidió a Julie que se casara con él mientras servían en uno de nuestros ministerios infantiles. La declaración fue filmada conforme se arrodillaba ante Julie y frente a todos los niños. ¡La cinta mostraba a los niños aplaudiendo y a Julie sonriendo de oreja a oreja! Después de mostrar la cinta a la congregación, no quedó ojo sin lágrimas en la audiencia*]. Así es como Dios viene a nosotros. Nos pide que establezcamos una relación eterna con él.

[II. Decir: «Sí, quiero» hace que sea *oficial*]

Lo que estoy a punto de decir es de suma importancia; no se lo pierda. Cuando usted invita a Cristo a su corazón equivale a decir: «Sí, quiero» en un casamiento. Y cuando usted dice: «Sí, quiero» a la declaración de Cristo, es algo legal y oficial. No es necesario que esté en la presencia de un pastor. No es necesario que esté en una iglesia. No es necesario que esté bautizado. Aceptar a Cristo en su vida por la eternidad asegura su salvación. Es algo personal. ¡Es algo entre usted y Dios! Romanos 10:13 dice: «Todo el que invoque el nombre del Señor será salvo».

[III. El bautismo lo hace *público*]

Hechos 2:41 dice: «Los que recibieron su mensaje fueron bautizados». No se pierda la secuencia. El ser cristiano comienza cuando se acepta el mensaje. Ese es el momento en que comienzan las relaciones, cuando uno acepta la proposición. La parte bella de todo es esta: El bautismo hace públicas sus relaciones con Cristo.

«Los que recibieron su mensaje fueron bautizados». ¡Me encanta! Nuestro bautismo es como una ceremonia nupcial. ¿Tiene uno que estar bautizado para ser creyente? En teoría no. Es como preguntarse: «¿Tenemos que tener una ceremonia pública para casarnos?». Técnicamente, ¡no! La ceremonia, sin embargo, demuestra al mundo el amor que uno tiene por el otro. Es una demostración visual del amor que uno tiene por el otro. Eso es lo que el bautismo representa entre Jesús y nosotros. Es una demostración visual de nuestra inmersión en Jesús. Una cosa más: Dios quiere que esta ceremonia se lleve a cabo de una forma específica. ¿No es la forma de dirigir la ceremonia de boda algo importante para el novio y la novia? ¡Claro que lo es! Es de suma importancia. Igual es con Dios y nosotros. Existen tres cosas que Dios quiere que hagamos bien al pensar en nuestra ceremonia del bautismo.

1. El bautismo es exclusivamente para los que se han comprometido con Cristo.

«Los que recibieron su mensaje fueron bautizados». Esas palabras comunican exclusividad. Solo los que aceptan el mensaje han de ser bautizados. La palabra «aceptaron» es una traducción de la palabra griega *apodecomai*. La palabra significa alargar la mano y tomar algo; adoptar algo como si fuese de uno propio; comprometerse. En otras palabras, la ceremonia del bautismo está exclusivamente reservada para los que se han comprometido con Cristo. Al igual que una boda está exclusivamente reservada para aquellas personas que se han aceptado como amantes, la ceremonia del bautismo está exclusivamente reservada para los que se han comprometido con Cristo. La ceremonia del bautismo está reservada solo para los que lo aman.

Señoritas, si un tipo se les acerca y les dice: «Oye, vamos a organizar una ceremonia de boda porque es algo precioso. Pero no quiero comprometerme contigo». Usted le respondería con algo así: «Estás loco». Una ceremonia sin compromiso mutuo hace que la ceremonia no sea más que una burla.

2. El bautismo ocurre después de que se comprometa a Cristo... no antes.

«Los que recibieron su mensaje fueron bautizados». Primero nos comprometemos con Cristo, y después celebramos la ceremonia del bautismo. Dicho de otra forma: Hacemos la ceremonia de boda después de decirle: «Sí, quiero» a Cristo, no antes. Uno no le dice a otra persona: «Celebremos la boda, y después de la ceremonia decidiremos si nos amamos». ¡De ninguna manera! El compromiso se hace antes, y después uno hace la ceremonia del bautismo.

A propósito, esa es la razón por la que bautizar a bebés no tiene sentido. Un bebé no se ha comprometido con Cristo. Un bebé no puede decidir seguir a Cristo. Entonces, ¿por qué tantas religiones bautizan niños? Bueno, mucha gente, especialmente en el área de Miami, cree que hay poder mágico en las aguas del bautismo, y al bautizar a un bebé uno lo salva del juicio[1]. Pero no hay nada mágico en esta agua. ¡El agua proviene del abastecimiento de aguas y residuos de Miami-Dade!

3. El bautismo es un acto de inmersión total.

«Los que recibieron su mensaje fueron bautizados». Permítame repetir la pregunta: «¿Es la forma en que se conduce la ceremonia de boda algo importante para el novio y la novia?». ¡Por supuesto que sí! Lo mismo es cierto con nuestro Señor, y esto constituye una parte vital de la ceremonia. El concepto íntegro del bautismo consiste en representar una *inmersión total* en Cristo. ¿Ha oído alguna vez decir de alguien: «Está totalmente inmerso en eso»? Ese el concepto del bautismo.

Présteme atención: La palabra «bautismo» es una traducción de la palabra griega *baptizo*, que significa «sumergir algo». La traducción, desgraciadamente, no tradujo la palabra, sino que la transcribió. En otras palabras, se ha deslizado el griego *baptizo* al castellano sin aportarle significado alguno.

En realidad, sin embargo, la palabra significa «sumergir» o «remojar». Por ejemplo, la palabra se utiliza para describir la introducción de vestidos en un tinte para teñirlos por completo. Es el concepto de estar totalmente inmerso. Esa es la imagen que se pretende captar con el bautismo.

El estar sumergidos muestra que no estamos parcialmente comprometidos con Cristo, sino totalmente sumergidos en él. Eso es lo que hace que la ceremonia sea tan significativa para nosotros y para el Señor. Estamos proclamando públicamente: «Nos encontramos totalmente sumergidos en nuestro Señor».

Yo sé que algunos se estarán diciendo, «Pues a mí me salpicaron después de convertirme... ¿Vale eso?». Escúcheme: Dios mira más el corazón que la ceremonia. Si a usted lo salpicaron y sintió el amor abrumador de Jesús, ¡puede estar seguro de que a él le encantó! De cualquier forma, lo importante es esto: Si Cristo que murió por nosotros está tan inmerso en su amor por usted que estuvo dispuesto a morir en su lugar, ¿no se da cuenta que sería una bendición para él que le dijera: «Jesús, quiero hacer esto otra vez, y quiero hacerlo como tú quieres»? [*Después de este mensaje, 189 personas en Christ Fellowship siguieron a Cristo en las aguas del bautismo. Muchos aceptaron a Cristo después del mensaje*].

Efecto multisensorial:
Subir al escenario con el novio ataviado por completo en traje de boda captó de inmediato la atención de todo el mundo. La imagen de la ceremonia pública de boda no solo captó la atención de la gente, sino que también le ayudó a entender dos asuntos: (1) Jesús quiere tener de veras una relación con nosotros, y (2) el bautismo es una ceremonia pública.

SERMÓN 2: «LA PRUEBA IRREFUTABLE DEL CRISTIANISMO»
Nivel: Simple
Serie de sermones: CSI Miami
Título del sermón: La prueba irrefutable del cristianismo
Texto del sermón: Hechos 2:1-4
Meta de la ilustración multisensorial: Captar la atención de la audiencia para aclarar la evidencia teológica que prueba la verdad del cristianismo.

EL PODER DE LA PREDICACIÓN Y LA ENSEÑANZA MULTISENSORIAL

Recursos necesarios:

Materiales: Prepare el escenario como una sala de juzgado, con el escritorio del juez y banderas sobre la plataforma del escenario.

Podios en la sala para los fiscales y abogados defensores.

Recursos técnicos: Música de Perry Mason reproducida en el sistema de sonido.

Recursos humanos:
1. Juez
2. Alguacil
3. Fiscal: Santana, o Satanás el acusador
4. Defensor: el pastor
5. Jurado: la congregación

¿Quién necesita estar informado?

Ujieres
Equipo técnico

Introducción

El pastor y Santana bajan por el pasillo al comienzo del mensaje. Los dos visten traje y corbata y portan maletines para presentar la idea de un juicio. Durante su aparición, se oye la música de Perry Mason por el sistema de sonido. Al mismo tiempo, la jueza y el alguacil aparecen por el lateral y ocupan el centro del escenario. La jueza toma su asiento sobre la plataforma para iniciar el juicio. El juicio comienza conforme el alguacil, interpretado por el líder de adoración, lee el texto del mensaje: Hebreos 2:1-4.

Libreto: Hablado

Alguacil: Se abre la sesión en la sala del juzgado. La honorable Jueza Green preside la sesión. El caso en cuestión: «Incredulidad contra Cristianismo».

Jueza: [*interpretada por la Honorable Jueza Greene, del Condado Miami-Dade*]: Buenos días, Dr. Blackwood y Sr. Santana. Sr. Santana, en calidad de fiscal, puede usted proceder con su declaración inaugural.

Fiscal, Sr. Santana: [*Santana, interpretado por un hombre joven de la iglesia, toma el atril en la sala y comienza su acusación de la fe cristiana*] Gracias, Su Señoría. Su Señoría, quisiera presentar la moción de que rechacemos este caso en base a las demandas infundadas del cristianismo. Su Señoría, *usted* sabe, yo sé, y la buena gente de este jurado sabe que el cristianismo es como las demás religiones. Está basado solo en las emociones. No hay ni una pizca de evidencia que lo respalde. Se trata de una fe a ciegas. Su Señoría, puesto que no hay evidencia para probar la verdad del cristianismo, presento una moción de rechazo.

Jueza Green: Gracias por esas sabias palabras, Sr. Santana, pero yo soy la jueza en esta sala, y como tal, soy yo la que tomo esa decisión. Dr. Blackwood, puede usted hacer su declaración inaugural.

Abogado defensor: [*interpretado por el pastor Blackwood. El pastor toma su atril y comienza su defensa pública de la fe cristiana. Santana, el acusador, toma asiento y el sermón comienza ya conforme el pastor presenta la increíble evidencia que aporta prueba incuestionable a la fe cristiana*]: Gracias, Su Señoría. Miembros del jurado, el fiscal quiere que crean que la fe cristiana es una fe fútil, irreflexiva, ignorante, ciega. Quiere que se imaginen que el cristianismo está basado solo en la emoción, que está desprovisto de evidencia y desprovisto de sustancia, y que está en bancarrota en cuanto a pruebas. Pero, como de costumbre, el Sr. Santana no nos está diciendo la verdad.

Sí, existen miles de religiones que afirman poseer la fe verdadera. Y el Sr. Santana tiene razón. Ninguna presenta evidencia. Ninguna ofrece pruebas que validen sus afirmaciones. Todas llaman a la gente a una fe ciega, a una fe sin evidencia. Uno tiene que *esperar* que sea verdad, y *esperar* que uno haya depositado el alma en la fe verdadera.

¡Pero el cristianismo es diferente! El cristianismo llama a la gente a una fe basada en la evidencia. El cristianismo no es una fe basada en sentimentalismos. Es una fe basada en una prueba intelectual y evidencia sólida. Recuerden esto, miembros del jurado: Dios no quiere prescindir de su mente y apelar directamente a sus emociones. Al contrario, empieza con su mente. Dios tiene pruebas en cuanto a Jesús. Dios presenta la evidencia y los llama a pensar. Después, en base a una seria consideración de la evidencia, los llama a entregar su veredicto.

Miembros del jurado: Se les ha pedido que entreguen un veredicto sobre la fe cristiana. En calidad de defensor público de la fe, mi meta hoy es concienzudamente simple. Solo quiero presentarles la evidencia que demuestra que Jesús es el Cristo. Después, en base a esa evidencia, pueden entregar el veredicto en cuanto a si es verdad o mentira.

Por cierto: Lo que el Sr. Santana no quiere que sepan es que el destino eterno de su alma depende del veredicto. Así es: Ustedes, el jurado, están siendo procesados. La vida eterna y la muerte eterna están en juego.

Ahora bien, permítanme decir esto: He establecido intencionadamente una atmósfera de tribunal por esta razón: Estamos estudiando el libro de Hebreos los fines de semana en Christ Fellowship, y el texto del capítulo 2:4 está escrito en términos legales-judiciales. En este texto, Dios acumula la evidencia como un abogado defensor con el fin de demostrar que Jesús es el único Salvador verdadero.

Alegato: El cristianismo es una fe basada en evidencia y sustancia. No está basado en sentimientos ni sentimentalismo y cuenta con una base sólida de evidencia a sus pies.

Hebreos 11:1 en la Versión Reina Valera Antigua expone el fundamento de la fe cristiana: «Es pues la fe la sustancia de las cosas que se esperan, la demostración de las cosas que no se ven». Tome nota: La fe cristiana no consiste en un llamado a una fe ciega. Es una fe basada en la sustancia y la evidencia. Por cierto, esas dos palabras, *sustancia* y *evidencia*, tienen connotaciones legales procesales.

Por ejemplo: La palabra *sustancia* es la palabra compuesta griega *hupostasis*. El prefijo *hupo* significa «debajo»; *stasis* significa «algo que está en pie». *Hupostasis*, por tanto, significa «algo que está en pie debajo, algo sustancial», es decir algo que puede ayudar a comprobar una verdad.

La palabra *evidencia* viene de la palabra griega *elencos*, que denota «el acto de presentar evidencia de la veracidad de algo»[2]. Ese es el propósito del libro de Hebreos: Dios acumula la evidencia para que usted esté persuadido.

Interrogador: Rick, existen muchas creencias por ahí. ¿Cómo *sabemos* que Jesús es el verdadero Cristo?

Declaración de transición: Averigüémoslo según progresamos con este texto.

[I. El testimonio de Dios]

Hebreos 2:1-3: «Por eso es necesario que prestemos más atención a lo que hemos oído, no sea que perdamos el rumbo. Porque si el mensaje anunciado por los ángeles tuvo validez, y toda transgresión y desobediencia recibió su justo castigo, ¿cómo escaparemos nosotros si descuidamos una salvación tan grande?».

La Biblia es un libro sobre la salvación de las personas. El significado literal de la palabra *salvación* es «salvar o rescatar». Es ahí donde se concentra todo el drama de la redención. Jesús vino al mundo y murió en una cruz para salvarnos de la destrucción eterna. Los que aceptan ese mensaje serán salvos, ¿cierto?

Pero este es el dilema: Existen miles de creencias que afirman lo mismo y miles de personas que han afirmado ser el Mesías. Entonces, ¿cómo sabemos que Jesús es el verdadero Mesías? ¿Cómo podemos estar seguros?

Escúchenme: Solo hay una forma de saber con certeza cualquier cosa. ¡Evidencia! Sin evidencia, uno puede tener fe en algo, pero sin saber si es cierto. Dios lo sabe, y Dios sale al paso para dar su testimonio y presentar evidencia:

Hebreos 2:4: «Dios ratificó su testimonio acerca de ella». La palabra *ratificó* traduce la palabra griega *martureo*. *Martureo* hace referencia al testimonio de un testigo ante un tribunal. ¡Esto es explícito! Dios mismo sube a la tribuna de los testigos para testificar de la verdad del evangelio. Lea Hechos 2:22 en su Biblia: «Pueblo de Israel, escuchen esto: Jesús de Nazaret fue un hombre acreditado por Dios».

Otra vez, Dios procede a acreditar la autenticidad de Jesús. Pero este pasaje nos dice cómo Dios certifica la verdad de Jesús. «Pueblo de Israel, escuchen esto: Jesús de Nazaret fue un hombre acreditado por Dios». La palabra *acreditado* es una palabra descriptiva en el texto griego y traduce la palabra compuesta griega *apodeiknumi*. El prefijo denota la separación de dos cosas. Esto va aquí y esto va allá. *Deiknumi* significa «mostrar, establecer verdad». *Apodeiknumi*, por tanto, significa: «Establecer la verdad de algo poniendo espacio entre la verdad y la mentira». Eso es lo que un abogado litigante hace: establecer la verdad mediante la separación de lo verdadero de lo falso. La verdad va aquí, y la mentira va allí.

Eso es precisamente lo que Dios hace en la Biblia. El Señor valida la verdad del evangelio poniendo un espacio entre Jesús y los falsos mesías y poniendo un espacio entre el cristianismo y las otras religiones falsas. ¿Y como hace Dios esto? ¡Evidencia! ¡Hechos innegables!

[II. El testimonio de la evidencia]

Hechos 2:22: «Pueblo de Israel, escuchen esto: Jesús de Nazaret fue un hombre acreditado por Dios». ¿Cómo? «Con milagros, señales y prodigios, los cuales realizó Dios entre ustedes por medio de él». ¿Ve? La evidencia consiste en tres factores: milagros, prodigios y señales. Vuelva a leer Hebreos 2:4, donde Dios también ratificó su testimonio acerca de su salvación. ¿Cómo? «Con señales, prodigios, diversos milagros». Dios presenta evidencia a modo de pruebas A-B-C:

La prueba A es: señales

La prueba B es: prodigios

La prueba C es: milagros

Hoy, estudiaremos la prueba A. Las *señales* que prueban que Jesús es el verdadero Mesías. La palabra «señales» (*semeia* en griego) tiene que ver con el cumplimiento de la profecía. Permítame explicarlo: A lo largo del Antiguo Testamento, Dios prometió que un Salvador vendría, un Mesías que salvaría al mundo de pecado. Aquellos que lo reconocieran y lo aceptaran serían salvos.

Hay un problema: Al mismo tiempo que Dios dio esa promesa de la venida de un Salvador, Satanás inundó el mundo con falsos mesías, lo cual dificultó saber quién era el verdadero Mesías. Entonces, ¿cómo podemos saber con seguridad? La respuesta yace en la profecía predictiva. Dios hizo una decisión «infalible» a través de esas predicciones:

Reflexionemos un momento. En el Antiguo Testamento, escrito cientos y miles de años antes de que Jesús viniese, Dios dio un sistema de 331 profecías acerca de la llegada del Mesías. Las profecías predecían al detalle cosas acerca de su vida: el tiempo de su llegada, el lugar de su nacimiento, sus antepasados, cómo moriría y cosas parecidas.

Esta es la clave: Solo el verdadero Mesías podría cumplir todas las 331 profecías, y de ese modo probar así que era el Mesías. Tome nota: Jesús cumplió todas esas predicciones. Dios presenta estas profecías como evidencia. Dios acumula 331 profecías cumplidas en su caso.

Consultemos algunas de esas profecías para ver cómo Jesús las cumplió al pie de la letra. Leamos primero Daniel 9. Permítame preparar el terreno: Esta es una profecía predictiva de la primera venida de Jesús.

ATENCIÓN: ASEGÚRESE DE RECIBIRLA

Fue escrita hace más de quinientos años antes del nacimiento de Jesús, pero hace una predicción asombrosa.

Daniel 9:25: «Entiende bien lo siguiente [eso es como decir: "Asegúrate de enterarte de esto"]: Habrá siete semanas desde la promulgación del decreto que ordena la reconstrucción de Jerusalén». ¡Daniel acaba de marcar un día, el día del punto de partida de esta profecía. El punto de partida de esta profecía es «el día que se promulgó el decreto que ordena la reconstrucción de Jerusalén». Uno puede preguntar: «¿Qué día fue ese?». La respuesta es el 14 de marzo de 445 a.C. Ese es el día en el que Artajerjes promulgó el decreto que ordenaba la reconstrucción de Jerusalén. Ese día está grabado en los libros de historia.

Ahora, sigan la secuencia: Marcando ese día (14 de marzo de 445 a.C.) como el punto de partida, «habrá siete semanas desde la promulgación del decreto que ordena la reconstrucción de Jerusalén hasta la llegada del príncipe elegido...» [Pare aquí]. ¿Se da usted cuenta de lo que Daniel está a punto de hacer aquí? Se dispone a predecir el tiempo cuando el Mesías vendrá. ¿Se da cuenta? Daniel vive en la era del año 500 a.C., pero esta a punto de predecir con exactitud la fecha de la primera venida del Mesías.

«Entiendan bien lo siguiente: Habrá siete semanas desde la promulgación del decreto que ordena la reconstrucción de Jerusalén [14 de marzo de 445 a.C.] hasta la llegada del príncipe elegido. Después de eso, habrá sesenta y dos semanas más». Añadimos todos esos números y sacamos sesenta y nueve «sietes». Hagamos de matemáticos. La palabra «siete» se refiere a «períodos de tiempo de siete años». ¿Y cuántos períodos de siete años hay? Sesenta y nueve en esta profecía. Entonces, 69 multiplicado por 7 años, ¿cuántos años son? Suman 483 años judíos o 173.880 días.

¿Entienden? Daniel dice: Si tomas el 14 de marzo de 445 a.C. y viajas 483 años judíos al futuro, esa sería la fecha de la venida del Mesías. Por tanto, amigos, si el punto de partida es el 14 de marzo de 445 a.C. y avanzamos 483 años en el futuro (173.880 días), llegamos al 6 de abril de 32 d.C. Usted se preguntará: «¿Qué significado tiene ese día?». Ese es precisamente el día que Jesús cabalgó a Jerusalén y se presentó oficialmente como el Mesías, es decir, el Domingo de Ramos.

¿Ya ven? Daniel 9 predijo el día exacto en el que el Mesías llegaría. No una fecha aproximada, sino una fecha exacta. El 6 de abril de 32 d.C. A propósito, cualquier «aspirante a Mesías» que no se presentase el 6 de abril de 32 d.C. estaría descalificado. ¿Cierto? ¿Se da usted cuenta de cómo esto limita las opciones? Esa es solo una de las profecías. Hay un total de 331. [*El pastor escribe «6 de abril de 32 d.C.» en una tarjeta como evidencia número 1 de la prueba A*].

Examinemos la profecía del Salmo 22. El Salmo 22 fue escrito mil años antes de que Jesús naciese, y en él el salmista predice el método exacto con el que se daría muerte a Jesús. El Salmo 22 es una meticulosa descripción de la muerte y la crucifixión. Las Escrituras presentan una descripción explícita de: (1) la penetración de las manos y los pies, (2) la dislocación de las articulaciones, (3) la deshidratación y la conmoción, y (4) las suertes echadas por los vestidos, práctica habitual entre los soldados romanos durante la crucifixión.

Lo increíble acerca de esa profecía es esto: La crucifixión ni siquiera la habían inventado en 1000 a.C. La crucifixión la inventaron los persas allá por el año 400 a.C., y los romanos la adoptaron en 150 a.C. y la utilizaron para crucificar a Jesús en 32 d.C. Aun así, las Escrituras describen y predicen con exactitud la manera que utilizarían para dar muerte a Jesús. Como verdadero Mesías, Jesús cumplió esa profecía al pie de la letra.

¿Ya ve? Cualquier «aspirante a Mesías» que no estuviese presente el 6 de abril de 32 d.C. y que no muriese por crucifixión quedaría descalificado. [*El pastor escribe «Crucifixión» en la tarjeta como evidencia número 2 de la prueba A*].

Piensen en la próxima profecía: ¿Alguna vez se ha preguntado por qué el Nuevo Testamento comienza con una larga lista de genealogías? La genealogía sigue el linaje de Jesús hasta David y hasta Abraham. La razón es obvia: Mil años antes de que Jesús viniese como Mesías, la Biblia predijo que cuando el verdadero Mesías viniese, podría remontar su linaje a David y a Abraham. Jesús nació de ese linaje real y por consiguiente reunía las condiciones necesarias para ser el Mesías. [*El pastor escribe «Genealogía» en una tarjeta como evidencia número 3 de la prueba A*].

No se pierdan la evidencia: Cualquier «aspirante a Mesías» (1) que no estuviese presente el 6 de abril de 32 d.C, (2) que no muriese por crucifixión, y (3) que no hubiese nacido del linaje de David y Abraham quedaría descalificado como Mesías. Pero eso son solo tres profecías. Hay un total de 331 profecías, y Jesús cumplió las 331 al pie de la letra.

¿Ve usted como las profecías aseguran al verdadero Mesías? Permítame ofrecerle una imagen: Esto es un candado. [*El pastor muestra un candado*]. Usted sabe que un candado tiene una serie de engranajes y palancas que engranan un cerrojo que gira sobre un poste a presión por medio de muelles. La seguridad que el candado proporciona reside en el hecho de que solo la llave debidamente mellada corresponderá a todas las palancas, todos los engranajes y todos los muelles, y por consiguiente tendrá la capacidad de girar el cerrojo. Claro, cuanto más complejas sean las palancas y los muelles, más exacta tendrá que ser la llave que les corresponda.

Las profecías del Antiguo Testamento son tan complejas como un candado. Dios dio 331 profecías bien explícitas que el verdadero Cristo cumpliría.

Se declararía oficialmente Mesías el 6 de abril de 32 d.C.

Cabalgaría sobre un asno para hacer esa declaración.

Lo matarían por crucifixión.

Nacería del linaje de David y Abraham.

Nacería en la ciudad de Belén.

Existían 331 profecías predictivas que solo el verdadero Mesías podría cumplir. Dios diseñó este sistema de tal manera que dejara fuera a todos los impostores y retuviera solo al Mesías verdadero. Jesús y solo Jesús pudo cumplir las 331 profecías, demostrando así que de veras era el Mesías. Escúchenme: No tienen por qué dudar de Jesús. Dios no nos llamó a una fe ciega. Dios nos ha dado una evidencia sólida.

Efecto multisensorial

La escena de la sala del juzgado captó la atención de la audiencia al comienzo del mensaje y la mantuvo hasta el final. El resultado obtenido al presentar la evidencia en el contexto de un juicio le proporcionó una credibilidad intelectual a las afirmaciones del evangelio. La prueba es realmente abrumadora. Hubo muchas conversiones a raíz de este mensaje.

CAPÍTULO 11

COMPRENSIÓN:

ASEGÚRESE DE QUE LO ENTIENDEN

De lo contrario, verían con los ojos, oirían con los oídos, entenderían con el corazón

JESÚS

Nada detiene el ímpetu de un sermón como la ambigüedad. Para una audiencia es decepcionante ir a un culto en busca visión y orientación y marcharse confundida e insegura. Después de una enseñanza de ese tipo, la gente por lo general no vuelve.

Nuestra congregación asiste a los cultos esperando una clara llamada a la acción. Están listos para responder a la visión que proyectamos, el reto que presentamos y el texto que proclamamos. Lo único que piden es que exista claridad: «Prediquen un mensaje con claridad para que podamos responder debidamente». Si lo que presentamos es una enseñanza ambigua, se quedan paralizados y decepcionados.

La solución obvia es la claridad. Si la ambigüedad es lo que detiene la inercia de su enseñanza, la claridad la mantiene en movimiento. Pocos métodos garantizan la claridad como la enseñanza multisensorial. Si la comprensión es considerada como lo que «une los puntos», la enseñanza multisensorial es lo que «pone los puntos más cercanos».

Pocos pasajes explican con tanto detalle el desastre que creamos cuando no ofrecemos claridad como 1 Corintios 14. En un maravilloso mensaje titulado «El poder de la claridad», Bill Hybels explica cuán crucial es que el pastor-maestro sea claro[1]. La siguiente analogía de un trompetista proviene de esa enseñanza.

LA CLARA LLAMADA DE LA TROMPETA

¿Qué ejército perfeccionó el uso de trompetas para la guerra militar? Fue el ejército romano al desarrollar una sofisticada unidad de trompetistas adiestrados para soplar cuarenta y tres sonidos diferentes, cada uno de los cuales comunicaba una orden diferente.

En aquellos días, no existían las comunicaciones de radio. Por eso, en el campo de batalla, los sonidos de la trompeta se utilizaban para comunicar órdenes específicas. El comandante era el encargado de dar las órdenes a los trompetistas. Los trompetistas a su vez tocaban el sonido específico que correspondía a la orden. Los soldados en el campo de batalla oían ese sonido y sabían exactamente lo que el comandante había ordenado.

Por ejemplo, había un sonido específico que comunicaba la orden de atacar en la batalla. Había un sonido opuesto que comunicaba la orden de retirada de la batalla. Pero esos sonidos de trompeta tenían que ser distinguibles y tenían que ser claros y certeros.

En base a esa información, ¿qué es lo que la Biblia dice acerca del pecado imperdonable del trompetista militar? ¿Qué es lo que nunca debe hacer? La Biblia dice que nunca debe soplar un sonido incierto; nunca debe soplar un sonido que no sea claro. Lea 1 Corintios 14:8: «Y si la trompeta no da un toque claro, ¿quién se va a preparar para la batalla?». Esa porción de las Escrituras describe una escena explícita. Imagínese a diez mil soldados en marcha hacia el enemigo, pero que se paran en espera de las órdenes del comandante. El comandante, entretanto, inspecciona el campo de batalla para determinar si deben atacar al enemigo o huir del enemigo. Al final, toma su decisión. La orden es atacar.

El comandante llama entonces a todos sus trompetistas y les dice: «Tomen sus puestos y emitan el sonido con sus trompetas para comunicar la orden de ir a la carga en la batalla». Imagínese ahora la escena: Los diez mil soldados están listos para atacar o retirarse, cualquiera que sea la orden. Y esperan el mandato.

Enseguida observan cómo los trompetistas se alinean sobre las colinas. Ven que los trompetistas se llevan las trompetas a los labios. En ese momento, ocurre lo que la Biblia dice que nunca debe ocurrir. El que toca la trompeta no debe soplar un sonido incierto. ¿Se imagina a diez mil soldados mirándose entre sí y diciéndose: «¿Qué diablos quiere decir eso?». Esa falta de claridad paralizaría a todo un ejército.

Pero eso es precisamente lo que mucha gente de nuestras iglesias se pregunta cada fin de semana. «¿Qué diablos quiere decir eso?» Quieren hacer algo para Dios, pero a menudo el mensaje no es claro. La falta de claridad es el pecado imperdonable del trompetista, y también es el pecado imperdonable de los pastores y maestros.

Qué imagen más gráfica del deber de un maestro de la Palabra. Somos los trompetistas de Dios. Captamos el mensaje que nos da el Comandante de la Palabra y trasmitimos esa señal a las tropas. El ejército de Dios está dispuesto a responder a su Palabra. Lo único que piden es *claridad*.

Lea 1 Corintios 14:8-9 una vez más: «Y si la trompeta no da un toque claro, ¿quién se va a preparar para la batalla? Así sucede con ustedes. A menos que su lengua pronuncie palabras comprensibles, ¿cómo se sabrá lo que dicen?». La palabra *comprensible* viene de la palabra griega *eusemos*, que significa «claro... evidente»[2] Dicho de otro modo, la enseñanza del pastor debe ser clara y concreta a fin de que nadie confunda la comunicación.

La investigación en la primera parte de esta obra demuestra que la comunicación multisensorial hace que nuestra enseñanza sea más clara. Cuando entretejemos la comunicación multisensorial en nuestra enseñanza y creamos un entorno didáctico multisensorial, podemos mantener la atención de la gente y clarificar cosas que puede que no sean muy claras.

Mi costumbre siempre ha sido recurrir a técnicas multisensoriales, sobre todo cuando estoy abordando temas de difícil comprensión. Cuando la comunicación verbal se respalda con elementos visuales e interactivos, los conceptos teológicos se vuelven más fáciles de comprender. Los siguientes son ejemplos de sermones en los que utilicé la técnica de enseñanza multisensorial para hacer clara una verdad teológica.

SERMÓN 3: «EL TONTO DE LAS CUERDAS»

Nivel: Intermedio
Serie de sermón: La Pasión del Cristo
Título del sermón: El tonto de las cuerdas
Texto del sermón: Juan 18:1-11
Meta de la ilustración multisensorial: Clarificar la verdad teológica acerca del control de Jesús sobre su propia muerte.

Recursos necesarios:
Materiales:
1. Guantes de boxeo
2. Un lateral de un cuadrilátero de boxeo sobre el escenario
3. El pastor aparece con las manos vendadas tipo boxeador cuando sube al escenario.

Recursos técnicos:

1. Grabación del vídeo de la pelea entre Ali y Foreman en Zaire, África, y vídeo de la pelea más reciente entre Foreman y Frazier. También videoclips de la película *La Pasión*.

2. Proyección del vídeo en pantallas o televisores situados en un auditorio más pequeño.

¿Quién necesita estar informado?

Equipo técnico

Manuscrito: Como se predicó

Yo fui algo de boxeador cuando era un chaval. Mi padre se encargó de que lo hiciese. Si sabe usted algo acerca del boxeo, seguro que sabe esto: si está uno luchando contra un luchador, es decir, un golpeador pesado, uno nunca, nunca le deja que lo sujete contra las cuerdas. [*El pastor retrocede contra las cuerdas como si alguien le estuviese sujetando contra ellas.*] Estar «contra las cuerdas» es estar indefenso. Estar «contra las cuerdas» es estar impotente. Es estar a merced del que te esta sujetando allí. Un boxeador, por tanto, nunca se quedaría sobre las cuerdas intencionalmente... ¿o sí?

Entren ustedes en esta escena eléctrica. [*El vídeo muestra la imagen y el sonido de la multitud congregada para ver la pelea entre Ali y Foreman*]. La tarde es la del 30 de octubre de 1973. El lugar es Zaire, África. ¿El acontecimiento? El campeonato mundial de pesos pesados. Los luchadores son: George Foreman, un verdadero luchador, y Muhammad Ali.

Si usted sabe algo de Muhammad Ali, sabrá que él no era un golpeador pesado. Ali podía soltar golpes de KO, pero no era un luchador pesado. No vencía a sus oponentes pegándoles duro, sino siendo más listo que ellos. Los golpeaba mental y estratégicamente, y en ningún momento lo demostró de mejor forma que durante su pelea contra George Foreman.

Tenga en cuenta que Foreman era enorme y tenía la capacidad de soltar golpes demoledores. De hecho, meses antes había tumbado a Joe Frazier y lo había dejado sin conocimiento. [*Un film muestra a Foreman derribando a Frazier con un poder devastador*]. En los prolegómenos de esta batalla, todo el mundo pensaba que Foreman iba a hacer lo mismo con Ali.

Pero Ali tenía un plan para Foreman que acabaría con él. Esta era su estrategia: Desde la primera campana, Ali se fue solo contra las cuerdas, sí. Foreman no lo forzó a ir contra las cuerdas, sino que Ali lo hizo adrede. Estando allí, Foreman desató siete asaltos de golpes atronadores. [*El film muestra a Foreman moliendo a Ali con Ali contra las cuerdas*].

Si hubiese presenciado la pelea, usted hubiera pensado que Ali estaba a merced de Foreman. Hubiera pensado que estaba impotente contra este asalto. De hecho, la esquina de Ali le gritaba: «¡Sal de las cuerdas! ¡Sal de las cuerdas!». ¡Ángelo Dundee, su entrenador, le gritaba que saliese de las cuerdas! Pero Ali se quedó sobre las cuerdas intencionalmente. Uno se preguntará: «¿Por qué se quedó en las cuerdas?». La respuesta es sencilla: Ese era el plan; esa era la estrategia.

Durante siete asaltos, Ali se apoyó en las cuerdas y aguantó todo lo que Foreman le tiró. Hasta que Foreman había tirado todo lo que tenía. Y entonces, para el asombro de todo el mundo, Ali soltó un potente gancho derecho.

[*El film muestra a Ali recibiendo los golpes de Foreman y luego soltando el gancho derecho. El locutor grita: «¡Foreman se desploma!», y la multitud se vuelve loca. Yo vuelvo a hablar a la audiencia*]. ¡Y Foreman se desplomó, completamente derrotado! El plan de arrimarse a las cuerdas había funcionado.

Ahora permítanme pasar página y transferir esa escena a una escena mucho más aleccionadora. Cuando leemos el relato de la crucifixión de Jesús y cuando vemos la película *La Pasión de Cristo,* nos inclinaríamos a pensar que Jesús estaba a merced de sus asesinos. Nos inclinaríamos a pensar que Jesús estaba indefenso. De hecho, cuando veo la película y veo a Jesús sufriendo sobre la cruz, yo quiero decir: «Jesús, bájate de la cruz. Llama a los ángeles». Pero entienda esto: ¡Jesús fue a la cruz porque quiso! Ustedes podrán preguntar: ¿Por qué? La respuesta es sencilla. Esa fue su estrategia para derrotar a Satanás y a la muerte.

En la cruz[3], Jesús permitió a Satanás que diese rienda suelta a todo lo que tenía. [*Muestre imágenes de la película* La Pasión, *especialmente la escena de Cristo colgado sobre la cruz*]. Durante horas, Jesús soportó las primeras palizas, golpes con palos, treinta y nueve latigazos con un flagelo, una corona de espinas, la carga de una cruz hasta el lugar de la crucifixión, ser clavado a la cruz. Durante seis horas, permaneció sobre la cruz y aguantó todo lo que Satanás pudo tirarle. Hasta que Satanás le hubo tirado todo lo que tenía. Y entonces, para asombro de todos, resucitó y le aplastó la cabeza a Satanás para siempre.

Declaración: Cuando Jesús estaba sobre la cruz, lo tenía todo bajo control. Jesús dijo en Juan 10:17-18: «Entrego mi vida para volver a recibirla. Nadie me la arrebata, sino que yo la entrego por mi propia voluntad. Tengo autoridad para entregarla, y tengo también autoridad para volver a recibirla». Oigan esto: Desde su arresto en el huerto hasta su resurrección, Jesús lo tuvo todo bajo control absoluto. No estuvo a merced de Satanás, ni estuvo a merced de los asesinos. Su muerte fue un plan calculado; una estrategia para aplastar a Satanás y para rescatarnos del infierno. La verdad se descubre con toda claridad en la narrativa de Juan 18:1-12.

[I. El plan de acción (Juan 18:1-3)]

«Cuando Jesús terminó de orar...». La versión Reina Valera dice aquí: «Habiendo dicho Jesús estas cosas». ¿Qué cosas? Todas las cosas que mencionó desde Juan 13 al 17. Miren: En el capítulo 13, Jesús y los doce se habían reunido en el aposento alto con motivo de su última cena juntos. Tras desenmascarar a Judas Iscariote y enviarle a la oscuridad, Jesús comenzó a expresar su amor por los restantes once. Los instruyó, los animó y oró por ellos. Las palabras que les habló en el aposento alto están escritas en Juan 13—17.

Conforme llegamos al capítulo 18, procedemos a pasar una página importante en la narrativa. «Cuando Jesús terminó de orar, salió con sus discípulos y cruzó el arroyo de Cedrón». Deténgase aquí e incorpórese a la escena: Jesús y los once discípulos salen del aposento alto, descienden por las laderas de Jerusalén hacia el Valle de Cedrón, y cruzan el arroyo.

Históricamente eso no tiene el mayor significado, y permítame decirle por qué. Como bien sabe, Jerusalén celebraba la Pascua durante este tiempo. La Pascua era una ceremonia judía anual en la que millones de judíos acudían a Jerusalén para ofrecer sacrificios. De hecho, uno de los censos realizados durante esta época revela que 3,2 millones de judíos llegaron a Jerusalén para sacrificar 362 mil corderos durante la semana de la Pascua.

Imagínense la escena: Todos los corderos eran inmolados en el templo, y la sangre fue rociada sobre el altar como sacrificio a Dios para cubrir pecados. Como se podrán imaginar, todo esto causó un reguero de sangre en el templo. La sangre de los corderos corría, lo cual hace que nos planteemos una pregunta: ¿Qué hacía el pueblo judío para deshacerse de toda esa sangre? ¿Dónde la enviaban?

La repuesta es sencilla: construyeron un canal que descendía al pequeño arroyo en el Valle del Cedrón. Su construcción consistía en una depresión desde el altar al arroyo de Cedrón, siendo por ese canal por donde la sangre de esos corderos corría. Un historiador escribe: «El pequeño Arroyo de Cedrón se ponía rojo de sangre durante la Pascua».

Vea usted: cuando Jesús pasó al Valle del Cedrón, el arroyo habría estado rojo con la sangre de los corderos que acababan de inmolar. Conforme Jesús cruzaba el arroyo, habría visto la sangre, y esa misma sangre debe haberle hecho pensar vívidamente en el final sacrificio de sangre a que se sometería. Como «el Cordero de Dios», Jesús había venido a poner fin a todo aquel sistema de sacrificios. La sangre de aquellos corderos nunca quitó el pecado de la gente. Solo lo cubrió. La sangre de Jesús no cubre el pecado; la sangre que derramó en el Calvario lo elimina de una vez por todas.

Ahora cuando leemos Juan 18:1, ¡sí que tiene significado! «Cuando Jesús terminó de orar, salió con sus discípulos y cruzó el arroyo de Cedrón. Al otro lado había un huerto en el que entró con sus discípulos». Jesús y los once cruzaron el arroyo de Cedrón y entraron a un huerto.

El huerto, naturalmente, fue el Huerto de Getsemaní. Fue el huerto donde Jesús fue a orar y a prepararse antes de que «todo el infierno» literalmente se le echase encima. Cuando terminó de orar, el versículo 2 dice: «También Judas, el que lo traicionaba, conocía aquel lugar, porque muchas veces Jesús se había reunido allí con sus discípulos». Judas sabía dónde se encontraba Jesús. Sabía que Jesús iría a ese huerto, porque ese huerto en realidad era su casa. Jesús dijo: «Las zorras tienen madrigueras y las aves tienen nidos, pero el Hijo del hombre no tiene dónde recostar la cabeza» (Mateo 8:20). Cuando llegaba la tarde y todo el mundo se marchaba para estar con sus familias, Jesús se iba a este huerto.

Por eso Judas sabía dónde encontrarle. «Así que Judas llegó al huerto al frente de un destacamento de soldados y guardias de los jefes de los sacerdotes y de los fariseos, e iban portando antorchas, lámparas y armas». Detengámonos aquí y contemplemos la escena: Judas llega al huerto con un destacamento de soldados. La frase «destacamento de soldados» es una traducción de la palabra griega *speira*. Una *speira* era un destacamento de soldados romanos auxiliares. No se pierda usted este detalle: el destacamento se componía de hasta unos seiscientos soldados.

Así que Judas se presentó en el huerto al frente de seiscientos soldados y algunos de los guardias de los jefes de los sacerdotes y fariseos. Ellos llevaban antorchas, lámparas y armas. ¿Qué pasa con eso? ¿Por qué viene acompañado de seiscientos infantes con antorchas, lámparas y armas para arrestar a un hombre solitario? Le diré por qué: ¡Muchos de ellos lo habían visto resucitar a los muertos! ¡Lo habían visto dar vista a los ciegos! ¡Habían oído acerca de su increíble poder! Aparte de eso, posiblemente hubiesen pensado que Jesús estaba escondido en el huerto. Se imaginaron que iban a tener que buscarlo en los rincones y grietas de los cerros para someterlo.

Muy al contrario, Jesús es el que está a punto de someterlos a ellos. Ya hemos visto cuál es el plan. Presten atención:

[II. El poder de Jesús (Juan 18:4-9)]

«Jesús, que sabía todo lo que le iba a suceder, les salió al encuentro. "¿A quién buscan?"». ¿Lo entienden? Jesús no estaba escondido, ni agachado. ¡Él mismo salió a su encuentro! ¡Cambió las cosas! ¡Ellos vinieron a confrontarle, pero fue él quien los confrontó a ellos! «¿A quién buscan?».

«"A Jesús de Nazaret" —contestaron». [Fíjense en esto]. «Jesús les dijo: "Yo soy"». Deténganse a pensar por un momento. Jesús no dijo: «Yo soy él». Solo dijo: «Yo soy».

¿A quién pertenece el nombre «Yo soy»? Ese es el nombre de Dios. Cuando Moisés se postró ante Dios en la zarza ardiente, Dios dijo, «[Mi nombre es] YO SOY EL QUE SOY» (Éxodo 3:14). ¡Ese nombre se remonta a la preexistencia de Dios! ¡Es el nombre que representa el poder de la Deidad! Por cierto, ¿quién era Jesús? Él era Dios Todopoderoso encarnado. Y los soldados que fueron a arrestarle estaban a punto de enterarse de esa verdad.

«Cuando Jesús les dijo: "Yo soy", dieron un paso atrás y se desplomaron». Al pronunciar su nombre «Yo soy», seiscientos soldados cayeron al suelo. Fueron a someter a Jesús, y Jesús los sometió a ellos.

Con afabilidad, Jesús les comunicaba que no iban a tomarle por la fuerza. Jesús dijo: «Entrego mi vida para volver a recibirla. Nadie me la arrebata, sino que yo la entrego por mi propia voluntad. Tengo autoridad para entregarla, y tengo también autoridad para volver a recibirla».

Y después leemos en el versículo 7: «"¿A quién buscan?" —volvió a preguntarles Jesús. "A Jesús de Nazaret" —repitieron». Uno se tiene que preguntar acerca de aquellos hombres. Se acababan de levantar del suelo y repiten: «A Jesús de Nazaret». Jesús responde: «Ya les dije que yo soy. Si es a mí a quien buscan, dejen que éstos se vayan». Los soldados vinieron a arrestar a todos los doce, pero Jesús protegió a sus discípulos y se aseguró de que los dejasen en libertad.

Ya hemos visto «El plan en acción» y «El poder de la palabra de Jesús».

Ahora:

[III. El plan de Dios (Juan 18:10-11)]

«Simón Pedro, que tenía una espada, la desenfundó...» ¡Qué bueno! ¡Seiscientos soldados, armados hasta los dientes, y Pedro desenfunda su espada ante ellos! ¡Eso es tener agallas! ¿Y por qué no? ¡Pedro sabía el poder que tenía el que estaba a su lado! Lo había visto resucitar a los muertos. Él lo había visto caminar sobre las aguas, y sabía lo que había provocado la caída de los soldados a tierra. ¡Por eso Pedro desenfunda su espada! «Simón Pedro, que tenía una espada, la desenfundó e hirió al siervo del sumo sacerdote, cortándole la oreja derecha». (El nombre del siervo era Malco).

¿Se lo imaginan? Aquel viejo guerrero, llamado Malco, solo estaba cumpliendo con su deber. El sumo sacerdote los había enviado a arrestar a Jesús, y estaba cumpliendo órdenes. Cuando se disponía a arrestar a Jesús, en un arranque de ira, Pedro desenfundó su espada y le cortó de un solo tajo la oreja a Malco.

¡Imagínense el efecto! ¡Pedro le corta la oreja a Malco! ¡Malco se lleva la mano hasta donde estaba la oreja y siente el chorro de sangre, e inmediatamente seiscientas espadas romanas salen de sus vainas! No hace falta decir que las cosas se podían poner muy feas. Me encanta la pasión de Pedro, pero estaba fuera de lugar.

Sin embargo, fíjense como Jesús mantiene el control: «"¡Vuelve esa espada a su funda!", le ordenó Jesús a Pedro». El Evangelio de Lucas revela otro increíble dato acerca de este momento. En Lucas 22:50-51 leemos: «Y uno de ellos [Pedro] hirió al siervo del sumo sacerdote [Malco], cortándole la oreja derecha. "¡Déjenlos!", ordenó Jesús. Entonces le tocó la oreja al hombre, y lo sanó». ¡Caramba! Con un dominio propio completo y majestuoso, Jesús dice: «¡Vuelve esa espada a su funda!». Seguidamente, no se agacha para recoger la oreja de Malco de la tierra y pegársela. No. ¡Simplemente toca la parte donde estaba y le da a Malco una oreja nueva! ¿Cómo? ¡Él es Dios! Silenciosamente, seiscientas espadas romanas vuelven a sus vainas. ¡Jesús nunca pierde el dominio propio! Controla a los hombres, los acontecimientos y la historia para causar su propia ejecución.

Quisiera hacer un comentario acerca de esta escena: Existe una leyenda que hemos recibido de la historia de la iglesia primitiva (es decir, la historia de la iglesia poco después de la muerte y resurrección de Cristo). Si uno comprueba en los anales los nombres de las personas que recibieron a Cristo por fe, ahí aparece el nombre de Malco, el siervo del sumo sacerdote. ¡Aquel hombre presenció el poder del Mesías, y ese poder lo cambió para siempre!

«"¡Vuelve esa espada a su funda!" —le ordenó Jesús a Pedro—. "¿Acaso no he de beber el trago amargo que el Padre me da a beber?"» (Juan 18:11). ¿Cuál es ese trago amargo? Es la terrible copa del trago amargo: ¡la cruz! Esa fue la oración que Jesús oró en el huerto: «Padre, si quieres, pasa de mí esta *copa*; pero no se haga mi voluntad, sino la tuya». Esa copa era estar dispuesto a ser golpeado y torturado, y a cargar con los pecados del mundo. Ese es el plan de Dios. Jesús está diciendo: «¡Pedro, apártate de mí camino! El Padre y yo elaboramos este plan antes de la fundación del mundo. Esta es la única forma de que tú o cualquier otra persona pueda ser rescatada del infierno. Tengo que hacer esto para que puedas ser salvo».

Isaías 53:10 nos recuerda: «El Señor quiso quebrantarlo y hacerlo sufrir, y como él ofreció su vida en expiación, verá su descendencia y prolongará sus días». Jesús lo controló y lo supervisó todo majestuosa, omnipotente y soberanamente para ejecutar ese plan.

Y hoy día lo adoramos, no como una víctima pobre y desgraciada. ¡No, adoramos su majestad como el «YO SOY, Dios Todopoderoso», que derramó su sangre para que nosotros pudiésemos vivir!

Efecto multisensorial

Este mensaje hizo que mucha gente sintiese el poder y la deidad de Jesucristo. Ellos ya no lo consideraban una víctima a merced de hombres malvados, sino aquel que controló a los hombres, los acontecimientos y la historia para dar lugar a nuestra salvación.

SERMÓN 4: «QUÉ ES EL HOMBRE — TERCERA PARTE»

Nivel: Avanzado
Serie de sermones: ¿Qué es el hombre?
Título del sermón: Qué es el hombre — Tercera parte
Texto del sermón: Hebreos 2:6-8

Meta de la ilustración multisensorial: Aportar claridad a los complejos temas relacionados con la creación y la evolución. Responder a las preguntas planteadas por las mismas Escrituras en el texto: «¿Qué es el hombre?».

Recursos necesarios

Materiales
1. Motor de barco sobre el escenario: Abrir por la mitad si es posible, quitando la parte superior para revelar el motor, el eje impulsor y la hélice.
2. Vídeo del motor flagelar

Recursos técnicos: Vídeo
Recursos humanos: Ninguno

¿Quien necesita estar informado?

El equipo técnico para mostrar el film en el momento adecuado.

Manuscrito: Como se predicó

Este es un motor fuera de borda Yamaha. [*Motor fuera de borda montado sobre el escenario*]. ¿Saben para qué sirve un fuera de borda? Permite que el barco se desplace por el agua. Un fuera de borda puede propulsar una embarcación hacia adelante hacia atrás, así como girar a la derecha o la izquierda. Este corte transversal revela la sencilla mecánica de una unidad fuera de borda. [*Instalamos un motor fuera de borda sobre el escenario con los paneles desmontados para que se viera el eje de transmisión vertical así como los engranajes y la hélice*]. El motor en la parte superior hace girar un eje de transmisión vertical, que a su vez hace girar un engranaje, una hélice, y propulsa la embarcación sobre el agua.

Sin embargo, cuando uno mira más de cerca aprecia la complejidad de un motor fuera de borda. Esta unidad consta de cientos de piezas complejas. [*Se quita la tapa superior del fuera de borda revelando todas las piezas complejas del motor*]. Hay pistones, levas, válvulas, ejes, rodamientos, rotores y una hélice. Todas estas piezas han sido fabricadas y montadas según especificaciones, y se disparan en una secuencia exacta.

La funcionalidad del motor se explica mediante una fascinante ley física. Esa ley se llama «ley de complejidad irreducible». Esta ley implica que para que este motor pueda operar, han de cumplirse tres factores esenciales. [*Señalando al motor, el pastor dice*]:

1. Cada una de estos cientos de piezas tiene que estar dentro del motor.

2. Cada una de estos cientos de piezas tiene que estar en su lugar preciso dentro del motor.

3. Todas estas piezas tienen que funcionar de una forma exacta y dispararse en una secuencia exacta.

Y a no ser que cada una de estas piezas esté dentro del motor, en su lugar exacto, y disparandose en una secuencia exacta, el motor no funcionará. ¡Lo que vemos aquí es de una complejidad increíble!

A propósito, si yo les preguntase cómo surgió este motor fuera de borda, no tendrían que pensarlo demasiado. El orden, el arreglo y la complejidad nos dicen que alguien lo creó. Algo como esto no surge así por así. Es el producto de un diseño inteligente.

Ahora, permítame pasar la página y decir lo siguiente: ¿Sabe que dentro de este cuerpo hay miles de millones de motores fuera de borda microscópicos aun mucho más complejos que este? ¡Así es! Ahora, para demostrárselo tenemos que meternos en su «yo molecular». Vamos a introducirnos por debajo de su piel, pasando las células, pasando la bacteria, y profundizando hasta las moléculas más grandes y más pequeñas para encontrar estos increíbles motores fuera de borda.

Reflexionemos por un momento. Las unidades más fundamentales de la vida son las células. Las células son los componentes básicos de la vida, y su cuerpo es un universo material de células. A propósito, Charles Darwin, el tipo que salió con la idea de la evolución, pensó que una célula era una mera masa de protoplasma, igual que un trozo de gelatina. ¡Pero en el último siglo, nuestros conocimientos de la célula humana han sido ampliados enormemente con nueva información!

Cuando observamos el interior de la célula, nosotros apreciamos la actividad de toda una ciudad molecular, con máquinas y motores y sistemas de información. Por ejemplo, hay «camiones moleculares» que transportan suministros a la célula. Hay máquinas que captan la energía de la luz solar y la convierten en energía utilizable. Sigan prestándome atención:

Una de estas máquinas moleculares se llama «flagelo bacteriano». [*Se proyecta en las pantallas un film del motor flagelar*]. El flagelo bacteriano es un motor microscópico que propulsa a la bacteria a través de líquidos. Al igual que un motor fuera de borda propulsa una embarcación sobre el agua, el flagelo bacteriano propulsa a la bacteria a través del líquido en el que vive.

Tomen nota de esto [*imagen microscópica de motor flagelar*]. Los bioquímicos utilizan una micrografía electrónica para magnificar los flagelos cincuenta mil veces, y cuando miran en el interior de este motor, ven una complejidad increíble. Ven un eje de transmisión, engranajes, un estator, un rotor y una hélice. Cuando uno ve esto por primera vez piensa: ¡CARAMBA, eso es un motor fuera de borda. Eso es un fuera de borda Yamaha de lo más complejo!

¡Pero miren este detalle! El «fuera de borda flagelar» tiene un motor enfriado por agua. Ese motor gira a 100 mil revoluciones por minuto, y está cableado con sensores que se detienen y giran en un espacio muy reducido. Y escuchen esto: La ley de la complejidad irreducible que opera en el motor de la embarcación es la misma que opera en el flagelo.

En otras palabras, para que el motor flagelar funcione, cada una de estas piezas tiene que:

1. Estar dentro del organismo
2. Estar en su lugar preciso
3. Dispararse en una secuencia exacta

¡Y a no ser que cada una de estas piezas esté dentro del motor, en su lugar exacto, y disparandose en una secuencia exacta, el motor no funciona! ¡Increíble complejidad!

Pero la pregunta que yo quiero plantear en el día de hoy tiene que ver con el origen: ¿De dónde vino el motor flagelar? ¿De qué forma se montó este complejo motor fuera de borda? Y la pregunta mayor es: ¿De dónde surgieron todos esos sistemas biológicos? Por supuesto, la pregunta fundamental es: ¿De dónde vino el hombre? De hecho, esa es la pregunta del texto (Hebreos 2:6): «Como alguien ha atestiguado en algún lugar: "¿Qué es el hombre?"».

Amigos, esa es la pregunta más fundamental de la vida. ¿Qué es el hombre? No, ¿quién es el hombre? ¿Qué es el hombre? Solo hay dos posibles respuestas a esa pregunta. (1) El hombre es el producto de un Creador. (2) El hombre es el producto de la evolución. Esta es mi declaración hoy:

Declaración: Yo quiero demostrarles que la teoría de la evolución es científicamente deficiente. En otras palabras, la teoría de la evolución no puede ser confirmada científicamente. No tiene base biológica, química ni matemática.

Interrogativa: Ustedes preguntarán: ¿Cómo viola la evolución las leyes científicas?

Declaración de transición: ¡Hagamos una reflexión aun más profunda!

[I. La teoría de la evolución]

Versículo 6: «Como alguien ha atestiguado en algún lugar: "¿Qué es el hombre"». Detengámonos aquí. Cuando se pregunta: «¿Qué es el hombre? ¿De dónde vino el hombre?», el evolucionista empieza eliminando a Dios como posible respuesta a priori. En otras palabras, incluso antes de empezar a considerar el tema de los orígenes, el evolucionista elimina a Dios como una de las posibilidades, ¡no en base a la ciencia, no en base a la física, sino por la religión!

¡Ah, sí! No se equivoque: ¡el evolucionista es ante todo ateo! ¡No es un científico en busca de preguntas, sino un ateo que intenta deshacerse de Dios! Francis Crick (Premio Nobel) y biólogo evolucionista escribe: «Los biólogos deben siempre recordar que lo que ven nadie lo diseñó sino que evolucionó».

Caramba, tiene que recordarse que evolucionó. ¡Absurdo! Pero fíjese: antes de preguntarse del origen, el evolucionista ya ha descartado a Dios: Descartan el Diseño Inteligente. Amigo, lo mires por donde lo mires, eso no es investigación científica. Eso se llama predisponer el plan. Y como el ateo descarta a Dios, la evolución es lo único que le queda.

Ahora vayamos al grano. ¿Qué es la evolución? Ron Carlson (maestro mío del Seminario Teológico Grace) enseña: «Hace unos tres o cuatro mil millones de años existía un gran océano inorgánico de nitrógeno, sales de amoníaco, metano y dióxido de carbono. El evolucionista dice que este océano estaba burbujeando, gorgorito a gorgorito. Y un día, ¡pum!, apareció un aminoácido. Y luego aparecieron polipéptidos. Y después aparecieron moléculas de proteínas. Y a partir de ahí la teoría de la evolución dice: la materia inerte siguió una línea ascendente de complejidad y llegó a formar una materia viviente. La materia viviente siguió una línea ascendente de complejidad y llegó a formar una materia consciente. Y posteriormente la materia consciente siguió una línea ascendente de complejidad para convertirse en materia autoconsciente».

Por tanto, la teoría de la evolución asume la progresión ascendente desde el caos hasta una organización cada vez más y más grande. De la sencillez a mayor y mayor complejidad. De materia inerte a materia viviente, y todo ocurrió por casualidad y por medio de la selección natural. Pero la pregunta es esta: ¿Es eso científicamente posible? ¿Está la evolución basada en una ciencia verdadera? La respuesta es «no» por varias razones, y voy a centrarme en dos de ellas.

[II. Los defectos en la teoría de la evolución]

La evolución es científicamente deficiente por las siguientes razones:

COMPRENSIÓN: ASEGÚRESE DE QUE LO ENTIENDEN

(1) La ley de la biogénesis. Usted y yo sabemos que existen leyes físicas que gobiernan nuestro mundo, como por ejemplo la gravedad, la entropía y la termodinámica. También existen leyes químicas que gobiernan nuestro mundo, como la materia, los compuestos químicos, y otras similares. Y existen leyes biológicas que gobiernan nuestro mundo. Una de las leyes biológicas más fundamentales es la ley de la biogénesis. Esta ley básicamente afirma: «La vida solo puede comenzar a partir de la vida». O dicho de otra forma: «La vida no puede comenzar de la materia inerte. La vida no puede evolucionar a partir de materia inerte».

Y aun así, eso es precisamente lo que la evolución propaga: que la materia inerte siguió una línea ascendente en complejidad y llegó a formar una materia viviente. Esa suposición viola las leyes fundamentales de la biología. Toda la base de la evolución descansa sobre una imposibilidad biológica, y eso constituye un problema para el evolucionista. Pero prepárese, porque no importa qué lógica científica se le presenta al evolucionista, soñará alguna teoría disparatada, porque para él la respuesta no puede ser Dios.

Por tanto, contradecirá las leyes físicas, químicas y biológicas, que son las unidades fundamentales en la investigación científica, y soñará alguna disparatada hipótesis. Tienen que mantener una imaginación disparatada. Pero preste atención: esta es una de las leyes físicas de las que no pueden deshacerse. El Dr. George Wald, maestro emérito de biología de la Universidad de Harvard (ganador del Premio Nobel de biología), escribió lo siguiente en *Scientific American*: «Cuando se trata del origen de la vida, uno solo ve dos posibilidades de cómo surgió. Una es la generación espontánea. La otra es el acto creativo sobrenatural de Dios. No existe una tercera posibilidad».

Luego escribió estas increíbles palabras: «La generación espontánea, la idea de que la vida surgió de la material inerte, Luis Pasteur la refutó científicamente hace 160 años. Eso nos lleva a una única conclusión. La vida surgió por un acto creativo sobrenatural de Dios. Sin embargo, no estoy dispuesto a aceptar eso filosóficamente porque no quiero creer en Dios. Por tanto, elijo creer en aquello que sé que es científicamente imposible: la generación espontánea».

¿Qué es lo que el Dr. Wald estaba diciendo? Estaba diciendo que uno solo tiene dos opciones. (a) El hombre es el producto de Dios. (b) El hombre es el producto de una generación espontánea, lo cual es imposible.

Existe una segunda razón por la que la evolución es científicamente deficiente:

(2) La ley de la complejidad irreducible. Volvamos al motor flagelar. [*La imagen aparece en las pantallas*]. La complejidad irreducible dice que para que este motor funcione, cada una de estos cientos de piezas debe estar dentro del motor, en su lugar exacto, y operando en una secuencia exacta. Y a no ser que cada una de estas piezas esté dentro del motor, en su lugar exacto, y disparandose en la secuencia exacta, el motor no funciona. ¡Punto!

El problema de la evolución es que según ella las piezas de este motor surgieron de forma gradual por espacio de millones y millones de años. Usted dirá: «¿Y qué?». Bueno, si la generación espontánea estuviese activa, habría eliminado cualquier pieza de ese motor que no hubiese funcionado de inmediato. Por tanto, cuando la cola surgió, si no avanzó de inmediato una célula, si no empezó de inmediato a mover la bacteria, la evolución hubiese sido eliminada. En otras palabras, la única forma en la que el motor pudiera haber avanzado por evolución es habiendo estado completamente montado al mismo tiempo, no a base de modificaciones graduales.

Pero incluso el evolucionista sabe que la evolución no podría haber montado este complejo motor de la nada. Darwin reconoció: «Si pudiese demostrarse que cualquier órgano complejo existía y no fuese posible que hubiese sido formado por numerosas, sucesivas y ligeras modificaciones, mi teoría se derrumbaría». ¡Se derrumba por todos lados, Charles!

El evolucionista se imagina que las leyes físicas y biológicas fueron de alguna forma quebrantadas, pero ademas tiene que imaginarse que las leyes de la probabilidad también fueron quebrantadas. ¿Qué es lo que quiero decir? Lo siguiente:

En el Centro para la Investigación de la Probabilidad en la Biología, los científicos han aplicado las leyes de la probabilidad a la posibilidad de que una sola célula nazca por casualidad. Para darle a la evolución el beneficio de la duda, los científicos calcularon un mundo donde los aminoácidos se unen a un ritmo un billón y medio más rápido de lo que lo hacen en su estado natural. Pero, incluso a ese ritmo, para lograr una sola célula, la célula más pequeña conocida por el hombre —microplasma hominis H 39— se necesitarían 10 elevado a la potencia de 119.741 años [10^{119741}]. Nosotros no podemos comprender un número como ese, así que permítanme darles una imagen. Si yo tomase trozos finos de papel y escribiese ceros pequeños en ellos, y representara 10 elevado a la potencia de 119.741, los pequeños ceros llenarían todo el universo conocido. Eso son los años que se necesitarían para desarrollar una sola célula. Por cierto, el científico francés Emil Borel señala que si hay algo a nivel cósmico que excede el índice de probabilidad de 10 elevado a la 50 potencia, no ocurriría nunca.

Este es el meollo de la cuestión: ¿Qué es el hombre? El hombre no es el producto de accidentes evolutivos fortuitos. La evolución es una secta religiosa del siglo XX, carente de evidencia científica que la respalde. El versículo 6 de nuevo: «Como alguien ha atestiguado en algún lugar: "¿Qué es el hombre, para que en él pienses? ¿Qué es el ser humano, para que lo tomes en cuenta?"».

Esa es una pregunta retórica. «Dios, ¿por qué piensas en el hombre? ¿Por qué nos tomas tanto en cuenta?». La respuesta está en el versículo 7: «Lo *hiciste*». La Biblia dice que el hombre no es el resultado de la evolución, sino el resultado final de un acto creativo de Dios. Y es precisamente por eso que Dios nos ama y se interesa tanto en nosotros.

Efecto multisensorial

Hubo varias conversiones a Cristo después de este mensaje. Recibí muchos testimonios anecdóticos, especialmente de jóvenes universitarios y de escuela secundaria, sobre cómo la imagen del motor fuera de borda hizo que la enseñanza fuese muy clara.

CAPÍTULO 12

RETENCIÓN:

ASEGÚRESE DE QUE NUNCA SE LES OLVIDE

¿Es que tienen ojos, pero no ven, y oídos, pero no oyen?
¿Acaso no recuerdan?

JESÚS

Los científicos de la NASA crearon un montón de tecnologías de vanguardia durante la carrera espacial. Muchas de ellas no solo nos ayudaron a llegar a la luna, sino que han sido utilizadas en la vida normal y cotidiana desde su invención. Uno de los materiales que los científicos de la NASA lograron fue el velcro. Este es un material de dos partes que permite la unión de un trozo con otro. Un lado del velcro está diseñado con miles de ganchos pequeños. El otro lado esta diseñado para adherirse a esos ganchos. El producto funciona de maravilla.

Qué imagen de la comunicación multisensorial. La presentación verbal, visual e interactiva funciona como los ganchos del velcro. ¡Cuando uno diseña un sermón para que sea multisensorial, está diseñando la enseñanza para que se pegue! La investigación realizada en esta obra demuestra que tal declaración no es meramente palabras, sino un hecho basado en la investigación neurológica y teológica.

Los siguientes son ejemplos que muestran la forma de utilizar varias técnicas de enseñanza multisensorial a fin de crear memoria a largo plazo.

SERMÓN 5: «CÓMO VIVIR UNA VIDA INOLVIDABLE»
Nivel: Básico
Serie de sermones: Mateo
Titulo del sermón: Cómo vivir una vida inolvidable
Texto del sermón: Mateo 26:6-13

Meta de la ilustración multisensorial: Crear memoria a largo plazo

Recursos necesarios:
Materiales:
1. Fichas pequeñas. Rocíe perfume sobre las fichas antes de que empiece el culto. Las fichas llevaran la fragancia del perfume «inolvidable» y serán repartidas a los miembros de la audiencia a la salida del auditorio. Si es posible, imprima la palabra «Inolvidable» al frente de la ficha. Al dorso de la ficha, imprima los pasos necesarios para vivir una vida inolvidable.
2. Film. Comience la introducción del sermón en un cementerio. Grabe la introducción y si es posible proyéctela sobre las pantallas. Si no existen recursos de vídeo, simplemente hable sobre la muerte desde el púlpito.

Recursos técnicos: Vídeo
Recursos humanos: Ninguno

¿Quién necesita estar informado?
Los ujieres para que repartan las fichas perfumadas a la conclusión del culto.
El equipo técnico para proyectar el film a su debido tiempo.

Manuscrito: Como se predicó

[*Charla pregrabada desde el cementerio.*] Hola a todo el mundo, me dirijo a ustedes desde el cementerio. ¡Ah sí! Pero antes de que se precipiten a la puerta de salida, vuelvan a sentarse y permítanme que les explique. ¿Por qué tememos tanto al pensar en la tumba? No es solo el hecho de que tememos a la muerte. Bueno, en parte sí es cierto, pero, quizá más que eso, ¡lo que tememos es que se olviden de nosotros! Ojos que no ven, corazón que no siente. Y la verdad es que eso es precisamente lo que ocurre. Yo oigo a la gente prometer a un ser querido fallecido en la tumba: «Papá, *nunca* te olvidaremos». «Cariño, *nunca* te olvidaré». «Amigo, *siempre* me acordaré de ti». Eso es algo que dicen con toda sinceridad, y quizá nunca olviden.

Pero la realidad es que con el paso de los años nos olvidarán. Nuestro cuerpo es enterrado y con él la memoria de nuestra existencia. De acuerdo, puede que nuestros hijos no nos olviden. Posiblemente nuestros nietos se acuerden de nosotros. Pero, con el paso de suficientes generaciones, la gente ni siquiera sabrá que un día existimos, mucho menos se acordará de nosotros.

Hágase esta pregunta: «¿Sabe usted quiénes eran sus tatara-tatara-tatara-tatara-tatarabuelos?». Ellos están enterrados en algún sitio, pero es poco probable que usted o cualquier otro ser viviente sepa quiénes eran, dónde están enterrados, o siquiera si pasaron por este mundo. Hasta ese punto llega la vida. Nos olvidan. El ateo Mark Twain lamentaba esta realidad al escribir algo así: «Cuando morimos, desaparecemos del mundo, un mundo que llora por nosotros un día, y después se olvida de nosotros para siempre». [*Fin del vídeo. Vuelta al auditorio. El pastor habla*].

¿Han entendido eso? Cuando morimos, la gente nos llora por un día en la tumba, y después se olvidan de nosotros para siempre. No le quepa la menor duda; el que nos olviden totalmente es el fin inexorable de todos nosotros. Es como si las generaciones sucesivas tuviesen amnesia generacional cuando se trata de recordar nuestra existencia. La realidad es, independientemente de lo muy extraordinario que nos consideremos, que todos somos muy *olvidables*.

Usted puede que esté diciéndose: «Gracias Rick, por esas palabras tan alentadoras. ¡Estoy contentísimo de haber venido a la iglesia hoy!». Espere un momento, pues tengo buenas noticias:

Declaración: Dios nos da a todos la oportunidad de vivir una *vida inolvidable*. Dios nos da, literalmente, la suprema oportunidad de vivir una vida que dure mucho más que nuestra existencia.

Interrogativa: Usted se preguntará: «¿Cómo puedo vivir una vida que nadie olvide? ¿Cómo puedo vivir una vida inolvidable?».

Declaración de transición: Averigüemos lo que ocurre cuando analizamos la interacción entre una mujer y el Hijo de Dios. Existen tres acciones que esta joven demostró y que producen una vida inolvidable.

Consulte Mateo 26:13: «Les aseguro que en cualquier parte del mundo donde se predique este evangelio, se contará también, en *memoria* de esta mujer, lo que ella hizo». ¿Traducción? Esta joven hizo cosas que causaron que su vida fuese «inolvidable para Dios». Y si analizamos las tres cosas que hizo, descubrimos tres acciones que producen una vida inolvidable para Dios. Aquí están: si usted quiere vivir una vida inolvidable, empiece consigo mismo:

[I. Venga a Cristo]

«Estando Jesús en Betania, en casa de Simón llamado el Leproso, se acercó una mujer». [*Detengámonos aquí y entremos en la escena*]. Esta mujer, quienquiera que sea, entra en la casa donde Jesús está como invitado y se dispone a cerrar la brecha entre ella y Cristo. ¡Esto fue el principio de su vida inolvidable!

Ahora permítame describir la escena. Se desarrolla en casa de Simón. A propósito, en tan solo unas horas posteriores a este encuentro, Jesús será arrestado, juzgado y ejecutado. Los acontecimientos que ocurren después de los de la cena en esta casa transcurren de forma vertiginosa y sin pausa hasta la muerte y sepultura de Jesús.

Pero, permítame describirle la situación en esta casa: Para empezar, las casas del antiguo Israel estaban construidas en torno a un patio. El patio albergaría un pequeño huerto, una fuente y una mesa de comer. Esa es precisamente la estructura de esta narrativa. Jesús y su pequeño grupo de discípulos han sido invitados a la casa de Simón, y todos se encuentran alrededor de la mesa comiendo y sin duda conversando. ¡Sin embargo, su conversación está a punto de ser interrumpida! «Estando Jesús en Betania, en casa de Simón llamado el Leproso, se acercó una mujer».

Le tengo que decir que lo que aquella mujer hizo fue culturalmente inaceptable. El antiguo mundo judío no era muy diferente al mundo Talibán de nuestros días en lo referente a las mujeres. Una mujer perteneciente a la cultura judía antigua no tenía derechos políticos, ni tampoco derechos sociales. El antiguo Israel era un sociedad controlada y dominada por los hombres, y una de las formas en las que esa influencia se manifestaba en la vida cotidiana era así: Las mujeres no podían entrar porque sí en la presencia de los hombres. Eso era considerado algo socialmente inaceptable. Y, sin invitación y arriesgándose al máximo, aquella joven entra en la casa, va hasta el patio, y ante la presencia de Jesús. ¡En realidad, ante la presencia de Dios!

Piénselo: Las normas culturales le estaban diciendo que no entrase a esa sala. La cultura le estaba diciendo: «Sé prudente, mantén la distancia. No te arriesgues a acercarte a Cristo». Pero en su corazón algo la obligaba a acercase a Dios. Algo dentro de ella anhelaba a Cristo, y por eso se arriesgó. Fue a él. Y Jesús la recibió, no con brazos cruzados, sino con brazos totalmente abiertos. Ese fue el comienzo de su vida inolvidable.

Amigo, ¿se da cuenta? Quizá usted no asiste a la iglesia, y quizá ni siquiera está seguro de por qué está aquí hoy. Pero hay algo en usted que anhela a Dios, que anhela a su Creador. Usted anhela estar cerca de él y tener comunión con él. Sin embargo, la cultura y sus amigos quizá le estén diciendo: «Mantenga la distancia de Jesús. ¡No se arriesgue!». Pero si usted acude a él, lo recibirá con los brazos bien abiertos y para usted será el principio de la vida eterna y de una vida inolvidable.

Ahí es donde empieza todo. Si quiere hacer algo que hará que su vida sea una vida inolvidable para Dios:

[II. Dé a Dios lo que de todos modos usted no puede retener]

«Estando Jesús en Betania, en casa de Simón llamado el Leproso, se acercó una mujer con un frasco de alabastro lleno de un perfume muy caro».

Hablemos de este frasco de alabastro, porque conforme lo hacemos, comprenderemos un poco mejor el profundo amor que esta joven tenía por Jesús. Para empezar, este frasco de alabastro estaba hecho de carbonato de cal. Estos frascos a menudo tenían forma de capullo de rosa, y se utilizaban para contener perfumes muy costosos. Este perfume en particular era de nardo, y el Evangelio de Juan nos dice que tenía un valor de trescientos denarios. ¿Cuánto era eso? Convertido a nuestra divisa, serían unos veinte mil dólares. En otras palabras, este era un perfume de alto precio.

Lo que hay que entender es que en esos días no había bancos donde poder guardar las monedas. Por eso, la gente invertía en artículos valiosos como este frasco de perfume como forma de tener cierta seguridad financiera. A menudo un padre le otorgaría un frasquito de perfume parecido a su hija el día de su nacimiento, y este sería la posesión más valiosa en su haber. Su concentración era tan fuerte que alcanzaba para toda una vida.

Pero aquella joven entra en este patio —con el corazón agitado, la cara ruborizada y llena de amor— y se dispone a verter el perfume sobre Jesús. «Estando Jesús en Betania, en casa de Simón llamado el Leproso, se acercó una mujer con un frasco de alabastro lleno de un perfume muy caro, y lo derramó sobre la cabeza de Jesús mientras él estaba sentado a la mesa».

¿Por qué lo hizo? Me parece algo excesivo. Pero como podrán ver, no fue algo excesivo. Fue la preparación para «después de la muerte». Sígame, y se lo explicaré: El momento exacto de este acto ocurre apenas unas horas antes del arresto de Cristo. Pronto arrestarían a Jesús, y lo juzgarían, lo ejecutarían y lo enterrarían apresuradamente. En base a ese contexto, volvamos a leer el resto de la narrativa.

«Al ver esto, los discípulos se indignaron. "¿Para qué este desperdicio?", dijeron. "Podía haberse vendido este perfume por mucho dinero para darlo a los pobres". Consciente de ello, Jesús les dijo: "¿Por qué molestan a esta mujer? Ella ha hecho una obra hermosa conmigo [...] Al derramar ella este perfume sobre mi cuerpo, lo hizo a fin de prepararme para la sepultura"».

Después de que Jesús salió de esa casa, los acontecimientos que marcaron el comienzo de su ejecución empezaron a desarrollarse de una forma precipitada. En esos días, cuando una persona moría, el protocolo establecido consistía en envolver rápidamente el cuerpo en lienzos rociados con perfume barato. Lo hacían para que el cuerpo no oliese tan mal. Los judíos no embalsamaban los cuerpos, por lo que el olor corporal de los cadáveres pronto se intensificaba. Por eso, envolvían los cadáveres como si fuesen momias y los rociaban con perfume hasta que pudiesen meterlos en la tumba.

De alguna forma, aquella joven sabía que Jesús iba a morir y lo iban a sepultar enseguida. Con eso en mente, roció su cuerpo antes de tiempo, y no con perfume barato, ¡sino con el perfume más caro que se pudiese imaginar! No creo que se detuvo a pensar: «¿Estoy haciendo lo correcto? ¿Debo arriesgar mi seguridad financiera en un momento de emoción incontrolada?».

¿Se da cuenta? Dios nos da una oportunidad de dar algo que sobrevivirá a nuestro dinero, a nuestra vida y a nuestro tiempo. Creo que ella aprovechó la oportunidad de darle a Dios. Piénselo: Si ella se hubiese quedado con su tesoro, ¿cuál hubiera sido el efecto? A corto plazo, le habría facilitado la vida... quizá. Pero ella se dio cuenta que se trataba de una oportunidad única en la vida de dar a Dios. Se le dio una oportunidad de darle a Dios de una forma que se recordaría para siempre. Ann Ortlund, en su maravilloso libro *Up with Worship*, escribe:

«La deliciosa fragancia descendía por su brillante pelo y espesa barba y envolvía su cuerpo con el delicioso aroma. Hasta su túnica y los pliegues de su ropa interior estaban empapados con su perdurable fragancia. Donde quiera que él fuese durante las siguientes cuarenta y ocho horas, el perfume lo acompañaría: al aposento alto, al huerto de Getsemaní, a la casa del sumo sacerdote, a la residencia de Pilato, y a las crudas manos de los que echaron suertes sobre sus ropas al pie de la cruz».

¡Qué idea tan provechosa! Nos recuerda que la devoción de esa joven permaneció con Jesús porque, unas horas después, lo arrestaron, juzgaron y crucificaron. Y puesto que él nunca se desprendió de sus prendas, el aroma lo acompañó hasta su muerte. Cuando todo el mundo lo abandonó, cuando sus amigos lo traicionaron, cuando sus enemigos lo estaban desgarrando a pedazos, ¡la fragancia seguía en él! Hasta el momento en el que lo despojaron de sus vestiduras y lo clavaron a la cruz, la fragancia le recordó el amor y la devoción de esa joven. E incluso luego, el aroma permaneció en su pelo.

Qué recordatorio más maravilloso de cómo nuestros regalos no se olvidan. Darle a Dios es uno de los actos más inolvidables que podemos hacer por nuestro Salvador. A la salida hoy, usted recibirá una ficha con el perfume «Inolvidable» rociado en ella. La ficha también contiene un bosquejo de este sermón. Señoras, guárdenlas en sus bolsos. Caballeros, guárdenlas en sus carteras como un recuerdo de cómo vivir una vida inolvidable

[III. Aproveche la oportunidad de servir]
Dios nos da en la vida oportunidades de servirle. Algunas veces esas oportunidades no vuelven a presentarse. Podemos aprovechar esas oportunidades y hacernos de recompensas para la eternidad, o podemos perder la oportunidad para siempre. Algunos de ustedes necesitan hacer algo para Dios. Lo han pensado y lo han analizado, y entretanto el tiempo y las oportunidades se están esfumando. Usted tiene la oportunidad de hacer algo para Dios que será recordado para siempre.

Me asombra ver cuántas iglesias no están dispuestas a arriesgarse por Dios. Calculan tanto las cosas que no tienen el concepto de la fe y el riesgo. Su única filosofía es: «Dios, tuvimos miedo de perder lo que nos encomendaste. Señor, tomamos el talento que nos diste y lo enterramos».

Efecto multisensorial

El efecto de este vídeo hizo que el mensaje fuese atractivo, pero el perfume sobre la ficha casi ha inmortalizado este mensaje. La gente me dice que hasta la fecha llevan la ficha en su bolso o cartera. El aroma y el bosquejo les recuerdan la manera de vivir una vida inolvidable.

SERMÓN 6: «NIÑOS EN CONSTRUCCIÓN»

Nivel: Intermedio
Serie de sermones: Un niño
Título del sermón: Niños en Construcción
Texto del sermón: Marcos 10:13-16
Meta de la ilustración multisensorial: Ganar la atención de la audiencia y crear memoria a largo plazo

Recursos necesarios:

Materiales: Mezcla de cemento, carretilla, palas, uniformes de trabajo de construcción, molde de madera con la silueta de un niño.
Recursos técnicos: Ninguno
Recursos humanos: Tres o cuatro personas vestidas con ropa de trabajo para ayudar a echar cemento y ayudar a regarlo en el molde.

Manuscrito: Como se predicó

Hoy visto ropa de construcción porque quiero hablarles de un proyecto de construcción. Quiero que construyamos algo para el año que viene. No me refiero a construir un auditorio o un nuevo gimnasio, no. Quiero que me ayuden a construir algo mucho más importante que una estructura. Me estoy refiriendo a construir niños, y concretamente, niños para Dios. Quiero que construyamos niños que posean una fe sólida, niños que posean confianza en lo que creen, y niños que pueden sobrellevar los retos de la fe.

Ahora bien, para demostrar el principio de cómo construir niños sólidos, he prefabricado el molde de un niño, y quiero que algunos de ustedes me ayuden a construir un niño en este molde. Lo que quiero que sepan es que para construir un niño sólido y confiado en la fe, lo tenemos que construir con cemento. Suban y ayúdenme. [*Los ayudantes suben al escenario*].

Consideren esto: Ahora mismo, el cemento está fresco, y eso es bueno porque necesitamos moldearlo. El cemento fresco es moldeable, flexible, y en cierta manera educable. Lo puedo trabajar con facilidad y le puedo dar forma en el molde. [*El pastor y los ayudantes echan el cemento fresco con palas en el molde construido con la forma de un niño para que se conforme al molde. La congregación observa el trabajo*].

Pero tengan algo presente: Una vez que el cemento empieza a cuajarse es difícil moldearlo. El cemento hay que moldearlo antes de que se endurezca. Uno tiene que darle forma antes de que cuaje y se endurezca.

Ahora permítanme pasar la página y resaltar algo: «Los niños son como el cemento fresco». Esa frase viene de un libro escrito por Anne Ortlund. ¿Qué quiero decir? Lo siguiente: A una edad temprana la mente de los niños es flexible. Su fe puede ser formada, y sus creencias moldeadas a la Palabra de Dios. Pero conforme crecen, cualesquiera que sean sus creencias —sean buenas o malas, verdaderas o falsas— empiezan a cuajarse y a endurecerse como el cemento. Si vamos a formarlos con el molde que Jesús nos ha dado en la Palabra, tenemos que hacerlo mientras que el «cemento esté fresco». Tenemos que hacerlo mientras son jóvenes, antes de que el corazón se les endurezca.

Ciertas investigaciones demuestran que a la edad de trece años la mayoría de las personas ya han formado de forma irrevocable sus creencias espirituales. En otras palabras, lo que uno cree a los trece años es probablemente lo que uno muere creyendo. Esto no excluye las experiencias transformadoras que pudiesen ocurrir después de esa edad. No obstante, esa es la norma. Recuerden ustedes estas palabras: Aquel que forma al niño mientras el cemento está fresco es el que moldea al niño. Nadie entendía mejor esto que el propio Jesús.

Declaración: Cristo ama a los niños. Esa frase no es solamente lo que dice una linda canción. También es doctrina sólida. A Jesús le importan los niños. Quiere relacionarse con ellos, y en este texto nos muestra cómo vincular los niños a él. Él también nos muestra cómo construir niños con una fe consolidada. Escúchenme, Christ Fellowship. Jesús nos ha llamado a que lo ayudemos a construir niños así.

Interrogativa: ¿Cómo construimos niños para Jesús?

Declaración de transición: Averigüémoslo a través de la Biblia.

[I. Cristo ama a los niños]

Cantemos esa canción. [*La congregación canta la canción*]. Vuelvo a decir, amigos, que no se trata simplemente de una rima bonita, sino que de veras Jesús los ama. Fíjense en la narrativa. «Empezaron a llevarle *niños* a Jesús [...] y después de *abrazarlos*, los bendecía poniendo las manos sobre ellos».

Llegado a este punto en el ministerio de Jesús, dondequiera que él iba, las multitudes salían a su encuentro. ¿Se lo imaginan? Durante el pasado año y medio, Jesús ha estado haciendo milagro tras milagro, ¡hasta el punto que casi ha erradicado las enfermedades de Palestina! Ha sanado a los enfermos, dado vista a los ciegos y resucitado a los muertos. ¡Fue increíble!

¡Cuando nos introducimos en la escena de Marcos 10, vemos que las multitudes están alteradísimas! Tanto era así que los discípulos tienen que controlar a la gente para evitar que acosen a Jesús. Pero fíjense en lo que comienza a ocurrir: «Empezaron a llevarle niños para que los tocara». ¡Me encanta! Había algo en Jesús que hacía que fuese una persona accesible. Había algo en Jesús que hacía que la gente se sintiese cómoda con él. Creó un ambiente propicio para que la gente se acercase a él, tanto que hasta los niños se sentían cómodos en su presencia.

¿Se dan cuenta? A pesar de que era el Dios Todopoderoso encarnado, los niños se sentían cómodos en su presencia. ¿Por qué? Porque Jesús amaba a los niños, y estos notaban que los amaba. Le gustaban los niños, y viceversa. Pero les digo que hay otro factor acerca de Jesús y los niños que me fascina. Los niños no solo se sentían atraídos a él, sino que Jesús les dedicaba tiempo. «Empezaron a llevarle niños a Jesús para que los tocara, pero los discípulos reprendían a quienes los llevaban».

Imagínenselo: Los padres querían que sus hijos pudiesen llegar hasta Jesús, pero los discípulos en la práctica les estaban diciendo: «Saquen a esos niños de aquí. ¿Saben quién es ese hombre? Es el Dios Todopoderoso. No tiene tiempo para los niños». Cuando Jesús se dio cuenta, se indignó y les dijo: «Dejen que los niños vengan a mí». ¡Qué bello!

Jesús sacó tiempo para recibir a los niños. Siempre dedicaba tiempo para invertir en sus vidas y edificarlos. Sabía que Satanás les dedicaría tiempo. Satanás tiene a alguien que invierta en sus vidas. Satanás tiene a alguien que forme sus mentes y corazones.

Jesús sabía esta verdad. Cuando los niños son pequeños, sus corazones son como el cemento fresco. Sus mentes se pueden moldear y formar, y *alguien* lo hará. ¿Quién moldeará las mentes de los niños? La respuesta es esta: Aquel que invierta tiempo con ellos cuando son cemento fresco.

Un niño pasa un promedio de veinte horas semanales en frente de la televisión escuchando y aprendiendo. Un padre habla a su hijo un promedio de treinta y ocho minutos a la semana. Permítanme repetir la pregunta: ¿Quién moldeará las mentes de nuestros niños? Respuesta: ¡Aquel que invierta tiempo cuando son cemento fresco!

Alguien le preguntó a un ejecutivo de la cadena de televisión MTV: «¿Cómo se siente uno teniendo la mayor influencia sobre los adolescentes?» La respuesta fue: «No solo tenemos la mayor influencia sobre ellos; ¡somos sus dueños!». ¿Cómo es posible que haga una declaración tan descarada? La respuesta es sencilla: Ellos pasan tiempo con los niños cuando sus mentes son «cemento fresco».

Los niños pasan ocho horas al día en colegios públicos, ¿y qué es lo que tradicionalmente oyen? «Dios no te creó. No tienes que darle cuentas a Dios. Eres una error cosmológico del universo». Me encantan nuestros maestros, pero el sistema público educativo se ha propuesto indoctrinar a los niños en cuanto a la vida, y ese cemento fresco está en un molde antidiós y anticristo. Los creyentes se preguntan por qué estamos perdiendo la batalla para ganar las mentes de los niños. Es muy sencillo: Otros se están ocupando de moldear el cemento mientras está fresco.

A propósito: La cadena MTV se gasta un promedio de $1,4 millones de dólares por un vídeo de cinco minutos. Ellos disponen de equipos de alta tecnología y personas con un alto nivel de motivación para vender música y escenas sexualmente explícitas a nuestros niños. Sin embargo, la iglesia en general gasta poco o nada en sus niños. Les proporcionamos a aquellos que trabajan con los niños cuatro paredes blancas, un micrófono de juguete, y les decimos: «Adelante, gánense a los niños». Después intentamos convencer a los chavales de que realmente ellos son importantes para nosotros. ¡Por favor!

 No se equivoquen, hermanos: ¡Yo me he embarcado en una misión! Quiero que nuestros chicos tengan lo mejor cuando se trata de enseñarles acerca de Jesús. Quiero competir con Satanás a un nivel en el cual él no puede competir. Quiero que nuestro ministerio de niños cuente con una instalación de vanguardia, equipos de alta tecnología, personal entregado y recursos humanos aportados por ustedes. Usted me dirá: «Yo no sé cómo enseñar a los niños. Yo no sé cómo formarlos». Permítanme darles un ejemplo del mismo Jesús de cómo hacerlo.

[II. El modelo de Jesús para cultivar a los niños]

«Después de abrazarlos, los bendecía poniendo las manos sobre ellos». La palabra «bendecía», *eulogeo*, significa «alabar, celebrar con alabanza, dar tu bendición a alguien». La idea es que Jesús dedicó tiempo a animar a los niños; les habló de una forma que sirvió para edificarlos y alabarlos. Él se puso a su nivel y les tendió la mano. «Los bendecía poniendo las manos sobre ellos».

¡Qué ejemplo de cómo hacer el ministerio para niños! Uno no tiene que ser experto, ni tampoco saber mucho de ciencia. Permítanme darles la clave para alcanzar a los niños para Jesús.

1. Jesús creo un ambiente que hizo que los niños **quisiesen** estar con él. Christ Fellowship, tengamos un ministerio para niños que haga que los niños quieran estar aquí y aprender acerca de Jesús. Algunas iglesias crean un ambiente que hace que los niños no quieran estar con Jesús. El mensaje fundamental que muchas iglesias trasmiten a los niños es este: «Jesús no es divertido, así que no esperen divertirse aquí! Jesús es aburrido, y nuestra intención es que eso no cambie».

Hay más niños aburridos en cuanto a Jesús que los que han podido ser persuadidos a no creer en él. Nuestra misión es crear un ministerio para niños que sea atractivo y emocionante como Jesús mismo; un ministerio para niños que sea tan emocionante que los chicos estén rogándoles a mamá y a papá: «Llévenme a la iglesia». Podemos crearlo, pero solo si ustedes adoptan la visión y ayudan.

2. Jesús **encontró tiempo** para los niños. Fíjense que no he dicho que *tenía* tiempo para los niños. No, Jesús *encontró* tiempo para ellos. Dedicó tiempo a invertir en sus vidas. Esta mañana él está buscando a algunas personas que quieran dar una hora por semana para invertirla en la vida de los niños.

3. Les habló con *palabras de ánimo*. «Y después de abrazarlos, los bendecía poniendo las manos sobre ellos». Los bendecía con palabras de ánimo. «Los amo. Me importan». Y eso es lo que hacemos aquí. Los bendecimos con nuestras propias palabras. Aun más; les hablamos del amor de Jesús y nos ocupamos de ellos. Les enseñamos las verdades de la Palabra. Conformamos sus mentes a su Palabra. La Palabra de Dios es el molde con el que construimos.

4. *Llamó* a los niños a que fuesen *a él*. «Cuando Jesús se dio cuenta, se indignó y les dijo: "Dejen que los niños vengan a mí"». De veras que me molesta que algunas iglesias decidan no influenciar a los niños con Jesús. Algunas iglesias y algunos padres adoptan una «política de no influencia» cuando se trata de Jesús y sus hijos, como si Jesús no fuese un Salvador, sino un asunto político o religioso. Su argumento es el siguiente: «Decidimos no influenciar a nuestros hijos en cuanto a Jesús. Decidimos que lo averigüen por su cuenta. Decidimos que sean ellos los que decidan».

¡Qué manera de excusarse! Amigos, ¿tengo que recordárselos? Esto no es un asunto político, ni siquiera un asunto religioso. Esto es un asunto de vida eterna o muerte eterna. Lo que está en juego es el cielo y el infierno. Cierto es que al fin y al cabo ellos son los que tienen que decidir. Dios exige eso. Pero si no les enseñamos lo que han de creer, otros les enseñaran qué creer. Otros formarán sus mentes con un molde que Dios no aprueba. Permítanme decirlo con la mayor sencillez posible: Si no moldeamos el cemento mientras está fresco, Satanás se ocupará de que otros le den forma con un molde antidiós y anticristo.

Observen esto: El cemento ya está empezando a endurecerse y a cuajarse [*El pastor golpea suavemente con una pala el cemento que ha sido echado anteriormente para demostrar que ya está empezando a endurecerse*]. Este es el tipo de trabajadores que necesitamos:

- Maestros: Para echar el cemento. La Biblia nos da el molde.

- Personas que bendicen: Gente con la capacidad de edificar a los niños con su mera presencia en la clase, escuchándolos y animándolos.

- Trabajadores de la construcción: Para cerciorarse de que el maestro tiene todo lo que necesite para enseñar.

Donantes: Necesitamos financiar la obra.

Y escúchenme, cuando vengan a trabajar con los niños, no vengan vestidos con ropa formal. Vengan con ropa normal de trabajo. Hay trabajo por hacer.

Efecto multisensorial

El efecto de este mensaje fue inolvidable. Mucha gente se ofreció para trabajar con nuestros chicos después de este mensaje.

EPÍLOGO

USTED TIENE QUE LEER ESTA HISTORIA

ESCRIBO CON LÁGRIMAS EN LOS OJOS

Estoy escribiendo en la noche de Nochebuena después de nuestro culto de Nochebuena, y las lágrimas se me desbordan de los ojos según tecleo estas palabras. Le diré que mí manuscrito para *El poder de la predicación y la enseñanza multisensorial* ya lo he entregado al editor, pero espero que me permitan añadir esta historia. Esto es lo que ocurrió.

Esta noche, el pastor Eric Geiger habló durante nuestro culto de Nochebuena. Decidí sentarme en la parte trasera del auditorio y así poder experimentar un culto de adoración de Navidad por primera vez en muchos años. Hay muchas experiencias que los pastores nos perdemos porque estamos ocupados hablando mientras que el Espíritu Santo está obrando en la audiencia. Sin embargo, esta fue una experiencia que estaba llamado a ver. Estos son los acontecimientos.

Conforme la porción musical de la adoración llegaba a su término, una pareja joven entró y se sentó en la parte trasera del auditorio. Se colocaron delante de mí y hacia la izquierda de donde yo estaba sentado. A su lado tenían dos niños pequeños, sentados entre el esposo y la esposa. En pocos minutos, empecé a observar el desarrollo de un conflicto de vida o muerte... un conflicto de *vida eterna* o *muerte eterna*

Eric empezó a enseñar a partir de Lucas 19:10: «El Hijo del hombre vino a buscar y a salvar lo que se había perdido». El mensaje fue una poderosa revelación de la misión rescatadora navideña. Sin embargo, según enseñaba, me di cuenta que el esposo nunca levantó la cabeza para mirar a Eric. Parecía totalmente resuelto a no levantar la vista. Su mirada, en cambio, permanecía fija hacia abajo, en su cartera, en la que barajaba sus tarjetas de crédito y su dinero. Al mismo tiempo que ocurría todo esto, yo tenía el presentimiento de que su esposa era creyente. Era evidente que ella había invitado a su esposo al culto con la esperanza de que él conociese al Salvador.

EPÍLOGO

A medida que Eric presentaba el maravilloso mensaje de salvación, la esposa continuaba extendiendo el brazo por encima de los niños para tocar el hombro de su esposo. De forma cariñosa y suplicante le amonestaba para que levantase la mirada, pero este se rehusaba. Lo curioso es que me parecía que amaba a su esposa, pero estaba claro que no quería estar en la iglesia. Quizá, él solamente vino para contentarla a ella o para que lo dejase en paz. De cualquier forma, pasaron veinte minutos y el joven esposo siguió con la cabeza metida en su cartera. A estas alturas, su esposa parecía como si estuviera muriéndose por dentro. Era evidente que él no quería prestar atención al mensaje o a Cristo.

Entonces, sin embargo, Eric empezó a hablar acerca de cierto infante de marina de los Estados Unidos, Dave Karnes, cuya valentía y misión de rescate fueron documentadas en la película de Oliver Stone, *World Trade Center*. Tras una breve descripción del acontecimiento en la vida real, Eric dio paso al equipo técnico para que proyectasen una serie de videoclips pertenecientes a la película.

ÉL LEVANTÓ LA MIRADA

¡Amigos, tan pronto como ese clip apareció en la pantalla, aquel joven esposo levantó la mirada! ¡No podía creer lo que veía! Era la primera vez que había prestado atención durante todo el mensaje. Lo miré sin perderme detalle, y oré por su alma. Esta es la historia detrás de todos los clips de la película, y este es el drama que él presenció durante la proyección del film.

Dave Karnes, un ex infante de marina convertido en hombre negocios, presenció el desarrollo de los acontecimientos del World Trade Center por televisión igual que muchos de nosotros. Sin embargo, conforme observaba las imágenes, sintió la obligación de ir a la ciudad de Nueva York para ayudar. Los clips del film muestran escenas con las palabras del presidente Bush diciéndole a la nación que estábamos siendo atacados. Conforme el presidente hablaba, el ex infante de marina dijo: «Tengo que ir a ayudar».

A partir de ahí, el film describió la respuesta de Karnes conforme se preparaba para su misión. En primer lugar, fue a la iglesia a orar. A continuación, fue al peluquero para que le cortase el pelo al estilo de los infantes de marina. Por último, después de ponerse su uniforme militar, Karnes se subió a su Porsche y condujo a 250 km por hora hasta el sur de Manhattan. A propósito, cuando comprobé la atención de la audiencia en Christ Fellowship, me di cuenta que *todas* las miradas estaban clavadas en las pantallas.

El próximo clip mostró la destrucción del World Trade Center. El ex infante de marina obtuvo permiso para entrar a los escombros de los edificios.

El film hace un seguimiento al infante conforme proyecta la luz de su linterna a la oscuridad y llama a los supervivientes. De repente, oye la voz de un hombre atrapado en la oscuridad. Ese hombre era Will Jimeno, que junto a John Mclaughlin sobrevivieron a la tragedia.

Jimeno grita al infante: «¡Por favor, no nos deje! ¡Por favor, no nos deje!». En ese momento el infante dijo algo que nunca olvidare mientras viva: «Señor, somos la infantería de marina de los Estados Unidos. *¡Usted es nuestra misión!*».

El joven esposo que estaba en frente de mí nunca retiró la mirada de las pantallas. Él estaba totalmente absorto. En ese momento, Eric empezó a trazar un paralelo entre la misión de rescate de aquel infante de marina y la misión de rescate de Cristo. Dijo lo siguiente: «Si usted está aquí esta noche y nunca ha aceptado a Cristo, debe de saber que corre peligro de estar perdido para siempre. Corre peligro de estar apartado de Dios para siempre. Cristo vino con el propósito expreso de rescatarle. *Usted es su misión*».

En ese preciso momento, el esposo extendió el brazo y tocó la mano de su esposa, indicando que sentía convicción. La esposa tenía los ojos llenos de lágrimas y yo los míos. Eric pasó a pedir un compromiso, y yo contemplé cómo este hombre oró para recibir al Señor. Más tarde él rellenó una tarjeta de decisión.

Posteriormente, al término del culto, presencié algo más que me dejó boquiabierto. Para cerrar el culto, nuestra congregación cantó la canción «Rescate». Casi todo el mundo levantaba sus manos alabando a Dios. Aquel joven, que acababa de confiarle su vida a Cristo, levantó tímidamente las manos e intentó cantar la canción con nosotros. Me sentí como un espectador silencioso de la obra redentora del Espíritu Santo.

Pero no se pierdan lo más significativo: El hombre estaba totalmente desconectado hasta que llegó el componente visual del vídeo. El Espíritu Santo utilizó aquel clip para atraer a ese hombre a Cristo. Es obvio que Eric es un comunicador fenomenal por derecho propio, pero fue necesario el uso de un recurso visual para captar la atención de este hombre. Supongo que será fácil criticar lo que yo presencié, pero piense usted en esto: Si este hombre fuese su amigo o su hijo o su esposo o su esposa, ¿sería usted tan crítico? ¿O alabaría a Dios por la pasión de Eric para hacer lo que fuese necesario a fin de llegar a los inconversos de nuestro mundo?

Mi oración es que usted pueda presenciar este tipo de efecto cuando utilice la enseñanza multisensorial. Mi oración para usted es que tenga historias parecidas que cambien las vidas y destinos de la gente para siempre.

DISEÑO Y METODOLOGÍA DE INVESTIGACIÓN

PROPÓSITO DE INVESTIGACIÓN

En base a los objetivos bíblicos de enseñanza, la meta de esta investigación fue explorar la relación entre tres metodologías de predicación y la atención, la comprensión y reatención de los estudiantes. Esos distintos métodos de enseñanza son:

1. Enseñanza monosensorial: Comunicación verbal

2. Enseñanza multisensorial: Comunicación verbal + Visual

3. Enseñanza multisensorial avanzada: Comunicación verbal + Visual + Interactiva

RESUMEN GENERAL DEL DISEÑO

Bajo la dirección de asesores doctorales del Seminario Teológico Bautista del Sur (Southern Baptist Theological Seminary), se llevaron a cabo tres experimentos distintos durante fines de semana con el fin de determinar la relación de las tres diferentes metodologías de enseñanza con la atención, comprensión y retención del estudiante en cuanto al material didáctico.

Los experimentos consistieron en tres Diseños de Grupo de Control Único Pos-prueba Cuasi-experimentales. El diseño toma como modelo el presentado en el libro de texto *Practical Research and Design* de Paul Leedy y Jeanne Ormord[1]. La única diferencia es que nosotros estábamos trabajando con una muestra de población mucho más diversa. La variable independiente era las tecnologías de enseñanza y la variable dependiente era el efecto sobre la atención, comprensión y retención. La información posterior de la prueba fue más tarde recopilada para medir la influencia. La muestra fue estratificada en tres agrupamientos de los tres cultos:

1. Muestra de control – Tx: Exposición a la presentación monosensorial

2. Muestra 1 del Test — Tx^1: Exposición a la presentación multisensorial

3. Muestra 2 del Test—Tx^2: Exposición a la presentación multisensorial avanzada.

Los experimentos se desarrollaron en la siguiente secuencia:

Semana 1: El investigador desarrolló un sermón expositivo, que fue presentado en tres ocasiones.

1. La primera presentación fue a la congregación del *sábado por la tarde*, y el estilo de la presentación fue *verbal, visual e interactivo*.
2. La segunda presentación del mismo sermón fue a la congregación del *domingo hora A*, y el estilo de la presentación fue *verbal*.
3. La última presentación del mismo sermón fue a la congregación del *domingo hora B*, y el estilo de la presentación fue *verbal y visual*.

Semana 2: El investigador desarrolló un segundo sermón expositivo, que fue presentado en tres ocasiones.

1. La primera presentación fue a la congregación del *sábado por la tarde*, y el estilo de la presentación fue *verbal*.
2. La segunda presentación del mismo sermón fue a la congregación del *domingo hora A*, y el estilo de la presentación fue *verbal y visual*.
3. La ultima presentación del mismo sermón fue a la congregación del *domingo hora B*, y el estilo de la presentación fue *verbal, visual e interactivo*.

Semana 3: El investigador desarrolló un tercer sermón expositivo, que fue presentado en tres ocasiones.

1. La primera presentación fue a la congregación del *sábado por la tarde*, y el estilo de la presentación fue *verbal y visual*

2. La segunda presentación del mismo sermón fue a la congregación del *domingo hora A*, y el estilo de la presentación fue *verbal, visua, e interactivo*.

3. La última presentación del mismo sermón fue a la congregación del *domingo hora B*, y el estilo de la presentación fue *verbal*.

MUESTRA DEMOGRÁFICA

El experimento se llevó a cabo en la iglesia Christ Fellowship en Miami, Florida, Estados Unidos. La población proporcionó varias ventajas para dirigir un experimento como este:

1. El contexto proporcionó al investigador una población diversa en una congregación compuesta de sesenta y una nacionalidades. Las estadísticas están basadas en registros de la iglesia que datan de abril de 2004.

2. El contexto geográfico en el que la iglesia está ubicada demuestra una amplia gama de diversidad educativa y socioeconómica[2].

3. La iglesia facilitó tres cultos diferentes en los que se llevaron a cabo el test Cuasi-experimental de tres puntas.

4. Un total de 1.604 adultos participaron en las pruebas. Se evaluaron a todos los que cumplían con los requisitos de las pruebas, y se eliminaron a todos aquellos que no cumplían los requisitos de las pruebas de los resultados. Al final, un total de 923 muestras fueron consideradas muestras viables de pruebas.

TOMA DE MEDICIONES DE ATENCIÓN

La atención de la audiencia fue medida mediante la observación de individuos en cada servicio durante las presentaciones monosensoriales y multisensoriales. La observación fue realizada mediante el uso de cámaras de alta resolución y grabaciones de vídeo. Las observaciones post-tratamiento de las cintas de vídeo indicaron el número de distracciones de la audiencia durante las presentaciones monosensoriales y durante las presentaciones multisensoriales. Posteriormente se recabó información para determinar la relación entre las metodologías de enseñanza y la atención de la audiencia.

Literatura precedente confirmó que la atención *básica* podía ser medida mediante pruebas de retención posteriores a la exposición de la enseñanza. No obstante, la medición de niveles de atención precisa observación. Estos niveles incluyen la observación de retención, fijación ocular y períodos de visión[3].

Observaciones durante el tratamiento. Siguiendo este precedente, este investigador intentó medir los niveles de atención mediante la observación de individuos sentados en un área concreta del auditorio durante la presentación de cada metodología de enseñanza. Las cámaras se enfocaron sobre esos individuos durante la presentación de los métodos de enseñanza. Esta muestra fue inferior a las muestras de retención y comprensión, porque las cámaras tenían que permanecer enfocadas en los ojos de cada individuo.

Los niveles de atención fueron medidos mediante la observación de fijaciones oculares y períodos de visión. «Las mediciones de observación de atención requieren que un calificador que se encuentre presente en la sala emita un juicio sobre el enfoque de la atención del estudiante».

Los procesos de observación requieren con frecuencia que el calificador juzgue cuál de las varias categorías de comportamiento describe mejor las acciones del estudiante durante un breve intervalo de tiempo. Una definición de comportamiento de la atención: la desatención dentro de tal sistema podría incluir una lista de actividades específicas (orienta los ojos al texto o al maestro, observa la pizarra, cierra los ojos, trabaja o juega con materiales no asignados, etc.), o una descripción general de enfoque (es decir, el pupilo está haciendo lo que no es debido en esa situación)[4].

Observaciones Pos-Tratamiento. Después de la filmación, un panel de «calificadores de sala» vio las filmaciones y se centró en cada individuo durante el tiempo específico y posteriormente trazó los resultados de cada uno de ellos. Los resultados fueron determinados por el número de movimientos de cabeza y distracciones oculares del punto determinado de enfoque. El panel fue instruido a no contar como distracciones movimientos tales como los apuntes de notas o la risa. Los individuos fueron anónimos y designados por un número, no por sus nombres.

TOMA DE MEDICIONES DE COMPRENSIÓN Y RETENCIÓN

La comprensión y retención de la audiencia fueron medidas mediante un examen que consistía en rellenar espacios en blanco al término de la semana final de tratamiento. Las preguntas habían sido diseñadas con el fin de determinar la comprensión y retención del estudiante del material enseñado durante los tratamientos monosensoriales, multisensoriales y multisensoriales avanzados.

Para poder participar en la prueba, los individuos tenían que cumplir los siguientes dos requisitos:

1. Estar presentes durante las tres semanas de pruebas para que pudiesen someterse a los tres métodos de enseñanza.

2. Responder a todas las preguntas de la prueba.

La información fue más tarde recopilada para determinar la relación de las metodologías de enseñanza con la comprensión y retención del estudiante. En todas las pruebas, la variable independiente fue la metodología de enseñanza y las variables dependientes fueron la atención, la comprensión y la retención. El experimento se desarrolló a lo largo de tres fines de semana de enseñanza.

A la conclusión de la posprueba, se recopiló la información para determinar la relación de las metodologías de enseñanza con la comprensión y retención del estudiante. La contabilización cruzada con pruebas de Ji al cuadrado se llevó a cabo para ver si existían diferencias en el porcentaje de sujetos que respondieron correctamente por tipo de presentación. Estas pruebas se realizaron sobre los artículos de retención y comprensión para cada semana por separado ya que la encuesta fue administrada una sola vez. Para pruebas de Ji al cuadrado significativas, se cumplieron comparaciones retrospectivas por pares de los tipos de presentación utilizando el proceso Bonferoni de control secuencial de Holm para la probabilidad de error de Tipo I. Todas las pruebas fueron significativas si $< .05$. SPSS para Windows (v.12) fue utilizado para todas pruebas.

CONTROLANDO VARIABLES DE CONFUSIÓN

1. El maestro fue el mismo en los tres tratamientos.

2. El mensaje fue el mismo en los tres tratamientos.

3. El contexto fue el mismo en los tres tratamientos.

4. Las muestras fueron seleccionadas al azar y voluntariamente.

5. Se obtuvo una muestra representativa de raza, edad y cultura.

6. A pesar de que los grupos fueron seleccionados de forma aleatoria, la educación, la motivación y otras variables no pudieron ser controladas. La selección aleatoria debería haber aportado una mezcla adecuada de estas variables.

7. Cada participante retuvo su anonimato.

8. Cada grupo recibió la misma prueba de salida.

9. El Efecto Hawthorne fue controlado, ya que las muestras no tenían conocimiento del experimento hasta la prueba de salida.

10. El investigador reconoce que él podría influenciar de forma deliberada los resultados de las pruebas al no mostrar entusiasmo con la presentación del sermón. Por tanto, se reclutó a un individuo para que observase a este pastor-investigador al presentar los nueve sermones a la congregación. El individuo dijo lo siguiente: «El pastor-investigador mostró extremada pasión en todas las presentaciones de los sermones y no pareció alterar su presentación salvo en lo referente al tipo de metodología».

APÉNDICE B

USO DE MATERIAL GRÁFICO EN LA SERIE DE SERMONES

CONTENIDO DE LA SERIE

Esta fue una de las series de sermones más conmovedoras que yo jamás haya dirigido. Se predicaron un total de seis mensajes sobre seis atributos de Dios. El primer mensaje describía la misericordia de Dios, y fue precedido de alabanza acerca de la misericordia y un cuadro de la mano de Dios extendida hacia abajo. El segundo mensaje trataba sobre el juicio e iba acompañado de un cuadro en el que aparecía la mano de Dios extendida hacia arriba. El tercero fue sobre la compasión, y el cuadro que fue presentado ante ese mensaje representaba el corazón de Dios. El cuarto mensaje versaba sobre los celos de Dios, y el cuadro representaba el trono de Dios. El quinto mensaje trataba sobre la sabiduría de Dios, y el arte representaba la cabeza de Dios. El último mensaje hablaba de la santidad, representada por los pies de Dios. A continuación aparecen fotografías de los cuadros de cada atributo según se reprodujeron durante los mensajes.

1. Misericordia: La mano de Dios extendida hacia abajo

2. Juicio: La mano de Dios extendida hacia arriba

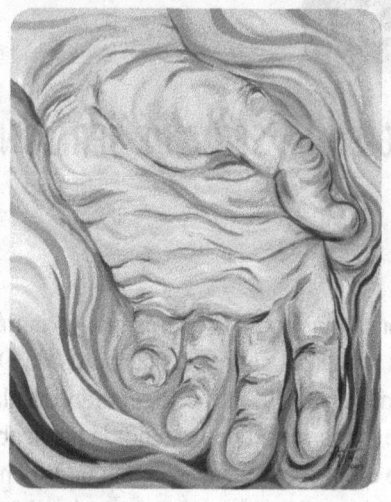

3. Compasión: El corazón de Dios

4. Celo: El trono de Dios

5. Sabiduría: La cabeza de Dios

6. Santidad: Los pies de Dios

Durante el último mensaje acerca de la santidad, cuatro de los cuadros fueron suspendidos verticalmente del techo del lugar de culto. La cabeza de Dios estaba arriba de todo, y luego en orden descendiente se veía el corazón, el trono, y los pies. La idea era de representar el miembro vertical de la cruz.

Abordando el tema de la santidad de Dios, la pregunta del último mensaje era la siguiente: ¿Cómo puede la gente pecaminosa llegar un día a la presencia de tal santo Dios? Al final del mensaje nosotros dimos la respuesta en formato gráfico. Yo puse pintura roja en el centro de los pies de Dios, indicando así los clavos que le pusieron en la cruz. A continuación, puse pintura roja en cada mano que había sido pintada y que ahora posaban a ambos lados del escenario.

Posteriormente, las manos de Dios fueron levantadas por un grupo de nuestro equipo de drama a la posición de la crucifixión. Según eran levantadas, nuestra banda de alabanza dirigió a la congregación cantando «Cuando veo la Maravillosa Cruz». Toda la congregación estaba llorando.

FUENTE DE ENERGÍA + LÍNEAS DE ENERGÍA = PODER RECIBIDO

Estoy escribiendo la conclusión de esta sección a la luz de una vela porque acabamos de perder el suministro eléctrico en nuestra casa. He llamado a la compañía del suministro eléctrico en Florida con mi teléfono móvil y me han comunicado que existe un apagón en nuestra zona que afecta a 809 viviendas.

De cualquier forma, el problema no está localizado en la central de energía nuclear. ¡Y qué energía! Una Central de Energía Nuclear de Turkey Point en Miami genera alrededor de 1.400 millones de vatios de electricidad, suficiente energía para abastecer las necesidades anuales de más de 450.000 viviendas. Por tanto, el problema no tiene nada que ver con la fuente de energía.

El problema tampoco está localizado en nuestra casa. Nuestra casa tiene una instalación eléctrica diseñada para recibir la energía que el reactor nuclear de Turkey Point nos transmite. Sin embargo, Rhonda y yo estamos sentados en una cocina que está casi a oscuras. Ella está leyendo una novela a la luz de una vela y yo estoy escribiendo este pasaje tan bien como puedo con tan solo la luz de la vela.

La pregunta sigue siendo la misma: ¿Por qué no estamos recibiendo suministro de energía? La razón es muy sencilla. Hay una línea del suministro caída entre la central nuclear y nosotros. La debilidad no se encuentra en la fuente de energía, y la debilidad no se encuentra en la capacidad de nuestra casa para recibir la energía. La debilidad está en las líneas de suministro que trasmiten el poder.

Qué imagen de la predicación. Nosotros tenemos una fuente de energía literal en la Palabra de Dios. «La palabra de Dios es viva y poderosa», dice Hebreos 4:12. La Biblia tiene cantidades increíbles de poder porque contiene el poder de Dios mismo.

En los lados opuestos de las líneas, la gente tiene una instalación hecha por Dios para recibir la Palabra. Aquellos de nosotros que somos salvos tenemos el Espíritu Santo para recibir la Palabra y conectarla a nuestras vidas. Incluso los inconversos poseen la capacidad de recibir ese poder de la Palabra de Dios y de ese modo ser salvos.

Cuando consideramos todo en conjunto, la interrupción no se encuentra en la fuente de energía de la Palabra, ni tampoco en el lado receptor de los seres humanos. La interrupción ocurre mayormente en la línea de comunicación entre la Palabra y la audiencia, es decir, en el maestro. Nosotros a menudo somos aburridos, imprecisos, y muy olvidables. Cuando eso ocurre, nuestra audiencia se queda «en la oscuridad».

La comunicación multisensorial es un sistema que garantiza que la interrupción nunca ocurre. La comunicación multisensorial transmite nuestro mensaje a los receptores sensoriales múltiples y aumenta los niveles de atención, comprensión, y reatención de la audiencia

NOTAS

PRIMERA PARTE: Presentación del efecto multisensorial

1. Jim Collins, *God to Great: Why Some Companies Make the Leap and Others Don't*. Harper Business, Nueva York, 2001, p. 1.

CAPÍTULO 1 — Bienvenido a la revolución multisensorial

1. John MacArthur, *Why Government Can't Save You: An Alternative to Political Activism*. Nelson, Nashville, TN, 2000, p. 69.

2. Michael Parkinson, «Billion Dollar Graphics: 3 Easy Steps to Turn Your Ideas into Persuasive Visuals and Billion Dollar Graphics: 40 Powerful Ways to Show Your Ideas». Publicación disponible a través de la Corporación 3M.

3. Lynell Burmark, *Visual Literacy: Learn to See, See to Learn*. Vision Shift International, Alexandria, VA, 2006.

4. Roy B. Zuck, *Teaching As Jesus Taught*. Baker, Grand Rapids, MI, 1995, p. 89.

5. Parkinson, «Billion Dollar Graphics».

6. Maurice Francis Kahn, «*The Influence of Choice on the Acquisition and Retention of Learning Materials in Different Modes of Instruction*», EdD diss., West Virginia University, 1972, p. 6.

7. Stephen Brookfield, *Becoming a Critically Reflective Teacher*. Jossey-Bass, San Francisco, CA, 1995, p. 29.

8. Collins, *Good to Great*, p. 3.

CAPÍTULO 2 — Elevar: De buena comunicación a comunicación fenomenal

1. Haddon Robinson y Torrey Robinson, *It's All in How You Tell It: Preaching First-Person Expository Messages*. Baker, Grand Rapids, MI, 2003, p. 9.

2. Ibíd, 9.

3. Henri J. Nouwen, *Creative Ministry*. Doubleday, Nueva York, 1978, p. 23.

4. James D. Berkley, ed., *Leadership Handbook of Preaching and Worship: Practical Insight from a Cross Section of Ministry Leaders*, Baker, Grand Rapids, MI, 1992, p. 93.

5. Reg Grant y John Reed, *The Power Sermon: Countdown to Quality Messages for Maximum Impact*, Baker, Grand Rapids, MI, 1993, p. 11.

6. David J. Hesselgrave, *Communicating Christ Cross-Culturally: An Introduc-*

tion to Missionary Communication, Zondervan, Grand Rapids, MI, 1991, p. 537 (énfasis en el original).

7. Christakis A. Dimitri, Frederick J. Zimmerman, David L. Digiuseppe, y Carolyn A. McCarty, «Early Television Exposure and Subsequent Attentional Problems in Children», *Pediatrics* 113/4 (2004) p. 8-9.

8. John R. W. Stott, *Between Two Worlds: The Art of Preaching in the Twentieth Century*, Eerdmans, Grand Rapids, MI, 1982, p. 70.

CAPÍTULO 3 — Previsión: Resultados dramáticos

1. Tony Evans, *Called for a Purpose,* Urban Alternative Dallas, TX, 2005, cassette.

2. Walter C. Kaiser Jr., *Toward an Exegetical Theology*, Baker, Grand Rapids, MI, 1981, p. 81.

3. Joseph M. Stowell III, «Preaching for Change» in *The Big Idea of Biblical Preaching: Connecting the Bible to People*, ed. Keith Willhite y Scott M. Gibson, Baker, Grand Rapids, MI, 1998, p. 125.

4. Véase Benjamin S. Bloom, *Taxonomy of Educational Objectives: Handbook 1*, David McKay, Nueva York, 1956.

5. Paul D. Leedy y Jeanne E. Ormord, *Practical Research: Planning and Design*, 7th ed. Prentice-Hall, Upper Saddle River, NJ, 2003, p. 237.

6. Gary D. Phye y Thomas Andre, eds., *Cognitive Classroom Learning: Understanding, Thinking and Problem Solving.* Academic Press, New York, 1986, p. 58.

7. Robinson y Robinson, *It's All in How You Tell It*, p. 9-10.

8. H. Hanse, «echo», *Theological Dictionary of the New Testament*, ed. G. Kittel; trad. G. W. Bromiley Eerdmans, Grand Rapids, MI, 1964, 2:816.

9. B. Reicke, «pros», *Theological Dictionary of the New Testament,* 6:720.

10. Véase *Standard New Testament Greek dictionary, A Greek-English Lexicon of the New Testament*, ed. Walter Bauer, Frederick W. Danker, et al., tercera ed. Univ. of Chicago Press, Chicago, IL, 2000, (abreviado BDAG), bajo *prosecho*, significado 2, p. 880.

11. J. Behm, «katanoeo», *Theological Dictionary of the New Testament*, 4:974-95.

12. Roy B. Zuck, *Teaching as Paul Taught.* Baker, Grand Rapids, MI, 1998, p. 159 (cursivas añadidas).

13. Véase BDAG, bajo *suniemi*, p. 972.

14. Este estudio fue publicado en *The International Journal of Science* [El diario internacional de la ciencia], May 28, 1999, p. 1531-33. Véase también Brenda Melo, Gordan Winocur y Morris Moscovitch, «False Recall and False Recognition: An Examination of the Effects of Selective and Combined Lesions to the Medial Temporal

Lobe/Diencephalons and Frontal Lobe Structures». *Psychology Press* (1999), p. 343-44.

15. Tony I. Rushworth y R. E. Passingham, «Specialization within the Prefrontal Cortex: The Ventral Prefrontal Cortex and Associative Learning» (2000), pp. 103-13. Obtenido el 2 de marzo de 2003 de www.ncbi.nih.gov/query.fcgi?cmd=Retrieve&db=PubMed&list.

CAPÍTULO 4 — Testigo presencial: La prueba neurológica

1. Linda Verlee Williams, *A Guide to Right Brain/Left Brain Education: Teaching for the Two-Sided Mind*, Simon & Schuster, Nueva York, 1983, p. 114.

2. Walter B. Barbee y Raymond H. Swassing, *Teaching Modality Strengths: Concepts and Practices*, Zaner-Bloser, Columbus, OH, 1979, p. 1.

3. Phye y Andre, eds., *Cognitive Classroom Learning*, p. 51.

4. Samuel Bogoch, *The Biochemistry of Memory: With an Inquiry into the Function of Brain Mucoids*. Oxford Univ. Press, Nueva York, 1968, p. 47.

5. Ibíd, p. 39 (cursivas añadidas).

6. Richard S. Lazarus, ed., *Sensory Psychology*, Prentice-Hall, Englewood Cliffs, NJ, 1965, p. 3.

7. Lynn Hamilton, *Facing Autism: Giving Parents Reasons for Hope and Guidance for Help*. Waterbrook, Colorado Springs, CO, 2000, p. 210.

8. A. T. Robertson, *Word Pictures in the New Testament*, Broadman, Nashville, TN, 1932, 5:205.

9. G. Delling, «aistheterion», *Theological Dictionary of the New Testament*, 1:187.

10. Ibíd, 1:188. Recuerde también aquí lo que se dijo en el capítulo 3 sobre *katanoeo* en Hebreos 3:1. Incluso las Escrituras reconocen el vínculo entre los sentidos y el cerebro en el proceso de aprendizaje.

11. Véase Mariaemma Willis y Victoria Kindle Hodson, *Discover Your Child's Learning Style: Children Learn in Unique Ways—Here's the Key to Every Child's Learning Success*. Prima, Rocklin, CA, 1999, p.145.

12. Lazarus, *Sensory Psychology*, p. 7 (cursivas añadidas).

13. Según información aportada en *Multiple Intelligences in the Classroom* de Thomas Armstrong, Association for Supervision and Curriculum Development, Alexandria, VA, 1994, p. 54 (cursivas añadidas).

14. Colin Blakemore, *Mechanics of the Mind*. Cambridge Univ. Press, Nueva York, 1977, p. 86-87 (cursivas añadidas).

15. Robert Ulrich, *Education in Western Culture*. Harcourt, Brace and World Nueva York, 1965, p. 93.

16. Tom Schultz y Joani Schultz, *Why Nobody Learns Much of Anything at Church and How to Fix It*. Group, Loveland, CO, 1993, p. 106.

17. Según aparece en Willis y Hodson, *Discover Your Child's Learning Style*, p. 155.

18. Ibíd.

19. John MacArthur, *Why Government Can't Save You: An Alternative to Political Activism*. Nelson, Nashville, TN, 2000 (cursivas añadidas).

20. *The Journal of the American Medical Association* cita varios estudios archivados que abordan las distinciones de los hemisferios cerebrales; véase «A Function of Magnetic Resonance Imaging Study of Left Hemisphere Dominance in Children», *JAMA & Archives* 59 (2002), pp. 13-18.

21. Fergus Reilly, «Eyesight: Brain Hemisphere Utilization», 3-4, obtenido el 8 de octubre de 2003 de www.cybersayer.com/eyesite/hemsphr.html.

22. Véase David A. Sousa, *How the Brain Learns: A Classroom Teacher's Guide*, Thousand Oaks, CA Corwin, 2001, p. 31.

23. Findley B. Edge, *Teaching for Results*, Broadman & Holman, Nashville, TN, 1956, p. 42.

24. Véase Barbee y Swassing, *Teaching Modality Strengths*, vii.

25. William R. Yount, *Created to Learn: A Christian Teacher's Introduction to Educational Psychology*. Broadman & Holman, Nashville, TN, 1996, p. 240.

26. G. Pask, «Techniques in the Study and Practice of Education», British Journal of Educational Psychology, 46 (1976), pp. 13- 25.

27. Véase, por ejemplo, Fredrick G. Morton, «An Explanatory Study of the Relationship between the Multiple Intelligences and the Preferred Teaching Method of Select Youth Ministries». PhD diss., New Orleans Baptist Theological Seminary, 1999, p. 26.

28. MacArthur, *Why Government Can't Save You*, p. 69 (cursivas añadidas).

29. Barbee y Swassing, *Teaching Modality Strengths*, p. 14.

30. Morton, «An Explanatory Study», p. 108.

31. Robert W. Pazmillo, *Principles and Practices of Christian Education*, Baker, Grand Rapids, MI, 2002, p. 108.

32. Harvey Silver y J. Robert Hanson, *Learning Styles and Strategies*. Thoughtful Education Press, Woodbridge, NJ, 1996.

CAPÍTULO 5 — Adoptar: La ratificación teológica

1. Arthur W. Hunt, *The Vanishing Word: The Veneration of Visual Imagery in the Postmodern World*, Crossway, Wheaton, IL, 2003, p. 190.

2. Bryon Snapp, «The Vanishing Word: The Veneration of Visual Imagery», obtenido en marzo de 2004 de PCANews.com (véase www.christianity.com/CC/CDA/CC_Home/CC_Search_ts/1,PTID23682\C.

3. John MacArthur, *Ashamed of the Gospel: When the Church Becomes Like the*

World. Crossway, Wheaton, IL. 1993, p. 69.

4. Andy Stanley y Ed Young, *Can We Do That? Innovative Practices That Will Change the Way You Do Church*. Howard, West Monroe, LA, 2002, p. 155.

5. Véase www.edwinhubble.com/hubble_quotes.htm (obtenido en febrero de 2008).

6. Calvin Miller, *The Empowered Communicator: Seven Keys to Unlocking an Audience*, Broadman & Holman, Nashville, TN, 1994, pp. 15-16

7. Zuck, *Teaching As Jesus Taught*, p. 178

8. MacArthur, *Ashamed of the Gospel*, p. 69.

9. Ibíd, pp. 69-70.

10. Miller, *The Empowered Communicator*, pp. 152- 53.

CAPÍTULO 6- Experiencia: El poder de la exposición bíblica y de la comunicación multisensorial

1. www.fastcompany.com/magazine/06/writestuff.html (obtenido en febrero de 2008).

2. Kaiser, *Toward an Exegetical Theology*, pp, 7-8.

3. Según citado en ibíd, p. 7.

4. John MacArthur, *Rediscovering Expository*. Word, Dallas, 1992, 22-23.

5. Dan Kimball, según la presentación en Arts Conference, Willow Creek Association, Barrington, IL.

6. Thom S. Rainer, *Surprising Insights from the Unchurched*. Zondervan, Grand Rapids, MI, 2001, p. 45.

SEGUNDA PARTE: Preparación de un mensaje multisensorial

1. Collins, Good to Great, p. 3.

CAPÍTULO 8 – Procedimientos: Diseño de viajes multisensoriales

1. Esta era una palabra que fue desarrollada por el equipo como una palabra eficaz, a pesar de que su significado puede que no tenga las connotaciones más positivas.

CAPÍTULO 9 – Procedimientos: Uso eficaz de los componentes multisensoriales

1. John F. MacArthur, *The Glory of Heaven: The Truth about Heaven, Angels, and Eternal Life*, Crossway, Wheaton, IL, 1996, p. 85.

2. Max Lucado, *Cure for the Common Life: Living in Your Sweet Spot*. W Publishing Group, Nashville, TN, 2005, pp. 51-52.

3. Andy Stanley, *Intimacy with God*, DVD. North Point Ministries Inc. Alpharetta, GA.

CAPÍTULO 10- Atención: Asegúrese de recibirla

1. Esta es una opinión que muchos católicos tienen en Miami. Debemos reiterar que la mayoría de la población de Miami no es protestante.

2. Véase BDAG, bajo *elenchos*, p. 315.

CAPÍTULO 11- Comprensión: Asegúrese de que lo entienden

1. Bill Hybels, «The Power of Clarity», Barrington, IL, Willow Creek Association, 2006, CDLS0610.

2. W. Grundmann, «*eusemos*», *Theological Dictionary of the New Testament*, 2:770.

3. *La Pasión de Cristo* es una película con muchas escenas violentas (por ese motivo ha sido calificada para mayores de edad); si hay niños en su audiencia, no se recomienda mostrar estas escenas.

4. George Wald, «Life: How Did It Get Here?». *Scientific American*, Agosto 1954, p. 46.

APÉNDICE A — Diseño y metodología de investigación

1. Leedy y Ormord, *Practical Research*.

2. Leavall Center for Evangelism and Church Growth, *A Demographic Study of Miami, Florida (5 Miles Ring) para FBC Perrine*, Nueva Orleáns, New Orleans Baptist Theological Seminary, 2002, p. 4.

3. Phye y Andre, eds., *Cognitive Classroom Learning*, p. 58.

4. Ibíd, p. 59.

CRÉDITOS FOTOGRÁFICOS

Alex Fagundo/www.candidlyelegant.com...... ojo (aparece por primera vez en la p. 14), manos (aparecen por primera vez en la p. 14), maestro (aparece por primera vez en la p. 15), 16, 24, 32 (caminando), 44, 50, 55, 59, 82

Por cortesía de NASA................................. p. 88, 105, 107 (ambas), 155 (ambas)

mammamaart/www.istockphoto.com................... oreja (aparece por primera vez en la p. 14)

David H. Lewis/www.istockphoto.com....................... cerebro (aparece por primera vez en la p. 14)

Copyright North Point Ministries................................p. 34

Doctor's Associates Inc...p. 40

William J. Falk..p. 43

Brad Showalter.. p. 45

Mark Strozier/www.istockphoto.com...........................p. 72

www.fotosearch.com .... p. 81 (todas)

Photo Disc.. p. 97

Aglika Arroyo.. p. 214-216

www.ingramcontent.com/pod-product-compliance
Lightning Source LLC
Chambersburg PA
CBHW011341090426
42743CB00018B/3407